AF462966

NOUVEAU TRAITÉ

DU BORNAGE

OUVRAGE TRAITANT

DES ACTIONS EN MATIÈRE DE BORNAGE.
DE LA COMPÉTENCE. — DES BIENS SOUMIS AU BORNAGE.
DES RÈGLES D'ATTRIBUTION DE PROPRIÉTÉ.
DE L'INSTRUCTION
DE L'ACTION EN BORNAGE. — DES RESTITUTIONS DE FRUITS
ET DES DÉPENS, ETC., ETC.

Par M. J.-L. JAY,

Rédacteur en chef des Annales des Justices de paix,
Auteur du Traité de la Compétence judiciaire des juges de paix; du Traité de la Procédure des justices de paix; du Traité des Conseils de famille; du Traité des Scellés; du Manuel des Greffiers des justices de paix; du Dictionnaire général et raisonné des justices de paix; du Bulletin des Lois des justices de paix, annotées et expliquées, etc., etc.

PARIS
AU BUREAU DES ANNALES DES JUSTICES DE PAIX,
RUE GUÉNÉGAUD, N° 27;
ET CHEZ AUG. DURAND, LIBRAIRE-ÉDITEUR,
RUE DES GRÈS, N° 7.

1859

NOUVEAU TRAITÉ

DU BORNAGE

OUVRAGE TRAITANT

DES ACTIONS EN MATIÈRE DE BORNAGE,
DE LA COMPÉTENCE. — DES BIENS SOUMIS AU BORNAGE,
DES RÈGLES D'ATTRIBUTION DE PROPRIÉTÉ,
DE L'INSTRUCTION
DE L'ACTION EN BORNAGE. — DES RESTITUTIONS DE FRUITS
ET DES DÉPENS, ETC., ETC.

Par M. J.-L. JAY,

Rédacteur en chef des Annales des Justices de paix,
Auteur du Traité de la Compétence judiciaire des juges de paix ; du Traité de la Procédure des justices de paix ; du Traité des Conseils de famille ; du Traité des Scellés ; du Manuel des Greffiers des justices de paix ; du Dictionnaire général et raisonné des justices de paix ; du Bulletin des Lois des justices de paix, annotées et expliquées, etc., etc.

PARIS
AU BUREAU DES ANNALES DES JUSTICES DE PAIX,
RUE GUÉNÉGAUD, N° 27 ;
ET CHEZ AUG. DURAND, LIBRAIRE-ÉDITEUR,
RUE DES GRÈS, N° 7.

1859

NOUVEAU TRAITÉ

DU BORNAGE.

TYP. HENNUYER, RUE DU BOULEVARD, 7. BATIGNOLLES.
Boulevard extérieur de Paris.

NOUVEAU TRAITÉ

DU BORNAGE

OUVRAGE TRAITANT

DES ACTIONS EN MATIÈRE DE BORNAGE.
DE LA COMPÉTENCE. — DES BIENS SOUMIS AU BORNAGE.
DES RÈGLES D'ATTRIBUTION DE PROPRIÉTÉ.
DE L'INSTRUCTION
DE L'ACTION EN BORNAGE. — DES RESTITUTIONS DE FRUITS
ET DES DÉPENS, ETC., ETC.,

Par M. J.-L. JAY,

Rédacteur en chef des Annales des Justices de paix,
Auteur du Traité de la Compétence judiciaire des juges de paix ; du Traité de la Procédure des justices de paix ; du Traité des Conseils de famille ; du Traité des Scellés ; du Manuel des Greffiers des justices de paix ; du Dictionnaire general et raisonné des justices de paix ; du Bulletin des Lois des justices de paix, annotées et expliquées, etc., etc

PARIS
AU BUREAU DES ANNALES DES JUSTICES DE PAIX,
RUE GUÉNÉGAUD, N° 27;
ET CHEZ AUG. DURAND, LIBRAIRE-ÉDITEUR,
RUE DES GRÈS, N° 7.

—

1859

DIVISION DES MATIÈRES

EXAMINÉES DANS

LE TRAITÉ DU BORNAGE.

Pages.

NOUVEAU TRAITÉ

DU BORNAGE

CHAPITRE Ier.

Définition et nature du bornage. — Bornage dans les temps anciens. — Importance du bornage. — Lois qui le régissent. — Travaux législatifs divers sur le bornage. — Rapport fait au Sénat sur le Code rural (*Bornage*).

1. Le bornage est une opération qui a pour but de fixer la ligne séparative de deux fonds de terre, de deux propriétés contiguës, au moyen de signes extérieurs et apparents, que l'on appelle *bornes*.

2. Le bornage, les bornes ont toujours été considérés comme un des moyens les plus sûrs de la conservation de la propriété. — L'importance du bornage a dû croître avec le respect de la propriété, avec la garantie dont on l'a entourée.

3. Le bornage est aussi important que le titre, plus important peut-être, car au-dessus du titre on place la possession, la longue possession, comme moyen d'acquérir la propriété. La possession, la prise de possession, la prescription par le long usage : *usucapio*, ont même été, avec le droit de

conquête, les principales sources, la première raison du droit du propriétaire.

Aussi, plus on remonte vers les temps anciens, dans les diverses législations, plus on trouve la possession puissante. La possession et les signes extérieurs par lesquels était, au commencement des législations, remplacé le titre écrit, ou sans lesquels le titre n'avait aucune force, sont donc, on peut le dire, la base de la propriété.

4. Les bornes étaient ces signes extérieurs, ce titre apparent aux yeux de tous qui attestait la possession, la corroborait, on pourrait presque dire la caractérisait.

5. Le *Deutéronome* contient, chapitre XIX, verset 14, et chapitre XXVII, verset 17, des malédictions contre ceux qui changent les bornes des héritages.

Solon, dans ses lois d'Athènes, régla avec le plus grand soin les formes et la garantie du bornage.

6. Les Romains avaient voué un véritable culte aux signes séparatifs des héritages, et ce n'est pas seulement par amour pour la paix et la concorde qui doivent régner entre voisins, qu'ils avaient été portés à diviniser les pierres ou les arbres consacrés, marquant le terme de la propriété; les bornes étaient pour eux l'attestation du droit; elles représentaient le droit de propriété même. En même temps qu'elles étaient le titre le plus certain du

propriétaire, elles protestaient sans cesse contre les empiétements ou les usurpations qu'un voisin se serait permis au préjudice de l'autre.

Suivant la loi de Numa, celui qui avait dérangé une borne de sa place était regardé comme sacrilége, et les sacriléges étaient punis de mort : *Sacrilegi capite puniuntur* (L. 9, D., *Ad legem Juliam peculatus*). Toutefois, la législation romaine a varié sur ce point, car il résulte de la loi 3, D., *De termino malo*, que celui qui avait été condamné pour suppression ou pour déplacement de bornes était noté d'infamie, et qu'il était en outre soumis à une peine arbitraire.

7. Presque tous les peuples ont pris les plus grandes précautions pour marquer la place des bornes d'une manière durable. « Lorsque Romulus voulut former l'enceinte de la ville qu'il venait de fonder, dit Plutarque, il fit d'abord creuser un fossé qui en décrivit le pourtour, et on y jeta les prémices de toutes choses dont on use légitimement comme bonnes et naturellement comme nécessaires. »

8. Chez les Indous on enterre des os sous la borne, et de plus quelques parcelles de toutes les choses dont l'homme se sert, de grosses pierres, des briques, du charbon et du sable, enfin des substances de toutes sortes que la terre ne corrode pas dans un temps considérable.

9. Dans le nord de l'Europe, on mettait sous la borne d'un champ du charbon, et de plus du verre et des pierres (Michelet, *Origines du droit*, p. 103). C'est à peu près ce qui se pratiquait sous l'ancienne jurisprudence française (Voir Denisart, v° *Bornage*) et ce qui se fait encore aujourd'hui.

10. Au moyen âge, lorsqu'on plaçait des bornes, on faisait de plus venir des enfants, on leur pinçait l'oreille, ou on leur donnait des soufflets, pour mieux leur imprimer le souvenir de ce qu'ils avaient vu. Dans certaines communes on les poussait sur les pierres nouvellement posées. De temps en temps, on visitait et on renouvelait les bornes; cette visite s'exprimait par *circumducere, peragrare, cavallicare*. Michelet, p. 102.

11. Les coutumes allemandes avaient établi des peines contre ceux qui, en labourant, déplaçaient les bornes. « On est d'avis, disaient-elles, que c'est justice d'enterrer un tel homme jusqu'à la ceinture dans le trou même où était la pierre, puis de passer sur lui avec une charrue et quatre chevaux ; c'est bien là son droit. » Michelet, *Origines du droit*, p. 104.

12. La coutume de Bretagne portait, art. 635 : « Que ceux qui ôtent ou arrachent bornes sciemment, et ceux qui mettent fausses bornes, doivent être punis comme larrons. Cependant, disait Duparc, cela ne s'observait pas à la rigueur; mais,

suivant les circonstances, il pouvait y avoir lieu à quelques peines afflictives. » T. VIII, p. 29, n° 14.

13. Suivant l'article 209 de la coutume de Paris, qui était le plus généralement suivie, « tout propriétaire pouvait être contraint de souffrir qu'il fût mis des bornes entre son héritage et celui de son voisin, ainsi que de supporter sa part des frais de bornage. »

14. D'après l'article 32, titre II, de la loi des 28 septembre-6 octobre 1791 : « Quiconque avait déplacé ou supprimé des bornes ou pieds corniers, ou autres arbres plantés ou reconnus pour établir les limites entre différents héritages, était condamné à une amende de la valeur de douze journées, et était puni d'une détention qui pouvait être portée à deux années, s'il y avait eu transposition de bornes à fin d'usurpation, et à une année seulement lorsque le délit n'était pas aggravé par cette dernière circonstance. » L'article 456 du Code pénal n'a pas maintenu cette distinction, qui était cependant équitable. D'après cette disposition, « Quiconque aura déplacé ou supprimé des bornes ou pieds corniers, ou autres arbres plantés ou reconnus pour établir des limites entre différents héritages, sera puni d'un emprisonnement qui ne pourra être au-dessous d'un mois, ni excéder une année, et d'une amende égale au quart des restitutions et des dommages-intérêts qui, dans aucun

cas, ne pourra être au-dessous de 50 francs. »

15. Outre les dispositions législatives qui existent sur le bornage, des observations nombreuses ont été présentées par la Cour de cassation et par les Cours d'appel, soit lors de la préparation du Code de procédure civile, soit relativement à un projet de Code rural de 1808, soit dans le rapport fait au Sénat en 1857, par la Commission chargée de préparer un nouveau projet de Code rural.

16. Les observations préliminaires de la Cour de cassation sur le projet de Code de procédure civile (1807), titre *Des actions*, plaçaient l'action en bornage au rang des actions *mixtes*. D'après ces observations :

« Si les parties n'étaient pas d'accord sur les endroits où les bornes doivent être placées, et si les titres produits de part et d'autre ne suffisent pas pour les déterminer, le juge pourra admettre la preuve par témoins sur le placement des anciennes limites, et, à défaut d'anciennes limites, sur une jouissance propre à opérer la prescription.

« L'action en bornage ne compète ni au fermier, ni à l'usufruitier, mais ils peuvent obliger le propriétaire à faire fixer dans un temps déterminé les limites de son bien.

« Cette action s'intente contre les propriétaires des fonds adjacents, et non contre les fermiers ou usufruitiers de ces mêmes fonds. »

17. Le projet de Code rural de 1808 contenait quatre articles sur le bornage :

« Art. 38. Tout propriétaire peut obliger son voisin au bornage de leurs propriétés contiguës; le bornage se fait à frais communs. Art. 646 du Code Napoléon.

« Art. 39. Dans le cas où un propriétaire réclamerait contre le placement d'une borne, les frais de la vérification seront supportés en entier par lui, si sa réclamation n'est pas fondée.

« Dans le cas contraire, les frais seront payés en commun, à moins qu'on ne prouve qu'une des parties, ayant déplacé les bornes, se trouve dans le cas prévu par l'article 156, au chapitre *De la police rurale*.

« Art. 40. Les propriétaires riverains, étant d'accord, procéderont au bornage de leurs propriétés, comme ils le jugeront convenable.

« En cas de contestation, le juge de paix nommera des experts et prononcera sur leur rapport.

« Art. 41. A défaut de titres, de bornes et de tous autres renseignements, les experts procéderont d'après la notoriété publique. »

18. Les Commissions consultatives nommées pour examiner ce projet de Code rural formulèrent de nouvelles règles relativement au bornage, d'après lesquelles trois experts ou prud'hommes, nommés par le juge de paix du canton ou par le

maire de la commune, devaient procéder au bornage, plutôt en qualité d'arbitres qu'en qualité d'experts; leur sentence, attributive de propriété suivant les cas, ne pouvait être déférée qu'aux tribunaux de première instance qui prononçaient sans appel.

On remarquait dans les articles de ce projet quelques règles qu'il importe de signaler.

« Art. 1er. A défaut de limites apparentes et certaines, tout propriétaire peut obliger son voisin au bornage de leurs propriétés contiguës. C. Nap., art. 646.

« Le bornage peut aussi être demandé par l'usufruitier, l'engagiste et l'emphytéote, à la charge d'appeler le propriétaire à y assister, si bon lui semble.

« Il se fait à frais communs et à proportion de l'étendue de chaque propriété.

« Art. 2. Les bornes seront plantées de la manière et avec les signes usités dans chaque pays pour faire connaître en tout temps qu'elles ont été placées de main d'homme.

« Elles seront ramenées, autant que possible, à la ligne droite. On pourra faire, à cet effet, des compensations de terrain d'une propriété à l'autre; ces compensations seront traitées comme des échanges en ce qui concerne les droits d'enregistrement et le transfert des hypothèques.

« Art. 3. Afin de procéder à un bornage régulier, il pourra aussi, suivant la nécessité des circonstances locales, être démembré de petites portions d'une propriété pour être incorporées à une autre, à la charge par celui qui devra en profiter de payer préalablement la valeur réelle des portions démembrées, avec un tiers en sus.

« Art. 4. Lorsque la ligne de séparation entre deux héritages est incertaine, on doit d'abord consulter les titres et les anciennes marques ou limites, s'il en existe, ensuite la possession, enfin les cadastres et autres renseignements publics; on pourra aussi faire arpenter les deux héritages, afin de connaître la contenance précise de chacun.

« Les anticipations peu considérables qui n'arrivent que par l'effet des variations réciproques dans le labourage des terres, dans le sciage des blés, dans le fauchage de prés, ou dans la coupe des bois taillis et autres cas semblables, ne tirent point à conséquence pour la prescription, si ce n'est du jour de la contradiction. »

19. Nous avons cité textuellement ces articles, parce qu'ils nous paraissent être l'expression des meilleures règles qui aient jamais été présentées en matière de bornage. Il ne faut pas oublier, en effet, que le bornage n'intéresse pas seulement les particuliers, l'ordre public y est aussi éminemment engagé. Il importe, en effet, au plus haut degré,

dans l'intérêt général, que les limites des propriétés soient bien arrêtées. Il n'y a pas de propriété bien assise, sans un bon système de bornage. Nous avons vu que dans les coutumes et les législations les plus anciennes, le bornage n'était pas seulement considéré au point de vue de l'intérêt particulier. Le *Digeste* romain, notamment au titre *Finium regundorum*, voulait aussi que les bornes fussent, autant que possible, ramenées à la ligne droite; que, pour parvenir à ce but, le juge ne s'arrêtât pas strictement au résultat de la possession, mais qu'il procédât par voie de compensation d'une portion de terrain par une autre; qu'il pût même, si les circonstances l'exigeaient, obliger un des voisins à céder une portion de son terrain en recevant une juste indemnité.

20. La législation nouvelle ne contient qu'un petit nombre de dispositions sur le bornage.

La première et la plus ancienne est l'article 3 de la section 1re du titre Ier de la loi des 28 septembre-6 octobre 1791, ainsi conçu : « Tout propriétaire peut obliger son voisin au bornage de leurs propriétés contiguës à moitié frais, » et l'article 32 du titre II de la même loi rapporté ci-dessus, nº 14.

La seconde est l'article 646 du Code Napoléon qui reproduit presque textuellement l'article 3 de la section 1re du titre Ier de la loi de 1791, en ces termes : « Tout propriétaire peut obliger son voisin au bornage de leurs propriétés contiguës; le bornage se fait à frais communs. »

La troisième, par ordre de date, est l'article 456 du Code pénal que nous avons aussi citée plus haut, n° 14.

La quatrième, enfin, est contenue dans l'article 6 de la loi des justices de paix du 25 mai 1838, d'après lequel « les juges de paix connaissent, à charge d'appel, des actions en bornage, lorsque la propriété ou les titres qui l'établissent ne sont pas contestés. »

21. Le Code Napoléon a rangé le droit de bornage parmi les servitudes (art. 646), et cela se justifie en ce sens que tout propriétaire est tenu de le subir : sous ce rapport, il est, comme la clôture, une charge du fonds. Cependant le droit qu'a tout propriétaire de forcer son voisin au bornage de leurs propriétés contiguës ne paraît pas être une véritable servitude, c'est-à-dire une modification de la propriété. Par la servitude, en effet, celui dont l'héritage est grevé perd, par cela même, une partie de son droit. Le bornage, au contraire, en déterminant la propriété de chacun, la confirme dans son intégrité; il a pour objet de réprimer les empiétements des propriétaires voisins; il fait cesser la promiscuité, et forme la garantie et comme le couronnement de la propriété immobilière.

22. Nous terminerons ce chapitre par un docu-

ment du plus haut intérêt, le rapport fait au Sénat par M. Casabianca, au nom de la Commission chargée d'examiner la proposition de M. de Ladoucette, sénateur, relative au Code rural. *Moniteur* du 20 août 1856, p. 926.

Sous le titre : *Livre Ier, titre II, Des servitudes*, § 2, *Bornage*, on lit dans le rapport :

« Le Code Napoléon a rangé parmi les servitudes l'obligation imposée à tout propriétaire de concourir, si le voisin le requiert, à l'abornement des immeubles contigus. Cette opération est facile et peu dispendieuse, toutes les fois que les parties sont d'accord sur les limites ; malheureusement il n'en est plus ainsi dès que s'élève une question de propriété ; il faut alors, quelque minime que soit la valeur du terrain contesté, recourir au tribunal de première instance. Ces sortes de procès nécessitent des expertises, et souvent des enquêtes et des descentes sur les lieux pour l'application des titres, quelquefois même la mise en cause de tous les voisins ; de là, des frais énormes et d'interminables incidents. Les parties reculent devant ces épreuves, et voilà pour quel motif on rencontre en France un si grand nombre de propriétés rurales qui n'ont ni bornes, ni clôtures, et dont la ligne séparative n'est marquée que par un sillon de charrue ; la facilité des empiétements les multiplie. — Combien de cultivateurs devenus petits propriétaires qui, si leur champ n'est pas borné, ne se font pas scrupule de l'agrandir au détriment de celui de leur voisin! C'est dans les campagnes la principale cause de désunion, de voies de fait ou de litige ruineux; la législation qui les préviendrait serait donc éminemment utile; mais par quels moyens? Ici des difficultés inextricables se présentent.

« Déclarer le bornage forcé et y faire procéder par voie administrative, ce serait ébranler le droit de propriété dans ses fondements, et couvrir la France de procès; attribuer dans tous les cas aux juges de paix la connaissance des actions en bornage, ce serait le renversement de l'ordre des juridictions; la question de limites se confondant avec celle du fonds, les juges de paix se verraient ainsi investis d'une haute attribution qui, de tout temps, a été réservée aux tribunaux de première instance et déférée en appel aux Cours impériales.

« La voie de la persuasion nous paraît devoir être plus efficace que celle de la contrainte législative, pour déterminer la masse des propriétaires à borner leurs champs. On nous a cité des juges de paix qui ont reçu de leurs administrés le mandat de délimiter eux-mêmes toutes les propriétés de leur ressort, qui se sont acquittés de cette tâche si importante à la satisfaction générale, et qui ont ainsi fait disparaître de leur canton tout germe de discorde. Nous émettons le vœu que le gouvernement donne de la publicité à ces faits, indique la marche qui a été suivie, invite les magistrats des localités, juges de paix, maires, adjoints, à imiter cet exemple; les y encourage par des récompenses honorifiques; fasse un appel à tous les autres fonctionnaires, aux membres des Conseils généraux des départements, des communes, des Chambres d'agriculture, des Comices agricoles, et les engage à user de toute leur influence, à unir leurs efforts pour fixer partout la propriété par des signes apparents et incommutables.

« Il serait à désirer que les plans cadastraux énonçassent les haies et les bornes divisoires; la place occupée par ces dernières serait déterminée, en marquant leur distance de la partie supérieure ou inférieure du champ. Des géomètres délégués ajouteraient ces annotations sur les plans et les matrices du cadastre; il y aurait là, sinon une preuve décisive, du moins une indication précieuse en cas de litige; presque tous les particuliers voudraient jouir de l'avantage qui en résulterait pour la propriété, et placer des bornes là où il n'en existe pas encore.

« On pourrait aussi faciliter l'opération du bornage en diminuant les frais judiciaires : la réduction des droits d'enregistrement porterait sur les actes que désignerait un règlement d'administration publique; on rendrait ainsi les expertises moins onéreuses; si on en chargeait des fonctionnaires déjà salariés par les communes ou l'Etat, arpenteurs, géomètres, agents voyers, employés des ponts et chaussées, on leur allouerait une taxe moins élevée qu'aux experts actuels, et on leur recommanderait de ne donner à leurs procès-verbaux que l'étendue strictement nécessaire. »

CHAPITRE II.

De la compétence en matière de bornage. — Caractère de l'action. — Action en bornage non différente de l'action en délimitation, contestation de la propriété ou des titres. — Juge compétent à raison de la situation des biens (Millet, p. 281). — Prorogation de la juridiction du juge de paix.

SECTION Ire. — *Caractère de l'action en bornage. — Est-elle personnelle, réelle ou mixte?*

23. La question de compétence est l'une des plus importantes et des plus difficiles qui puissent s'élever en matière de bornage.

La solution dépend un peu du caractère que l'on attribue à l'action. L'action est-elle personnelle, ou réelle ou mixte?

On s'étonnera peut-être de ce que nous soulevions cette question, en présence de l'objet même de l'action, du terrain, de l'immeuble, seule espèce en nature de propriété à laquelle le bornage puisse s'appliquer, et cependant plusieurs auteurs ont considéré l'action en bornage comme personnelle ou tout au moins comme mixte.

Ainsi, d'après Pothier (*Second appendice du Voisinage*), l'action en bornage est principalement personnelle, puisqu'elle naît de l'obligation personnelle que les voisins contractent réciproquement l'un envers l'autre, par le voisinage, *quasi contractu;* elle tient aussi quelque chose de l'action réelle, en ce que, par cette action, le voisin réclame ce qui fait partie de son héritage et qui pourrait se trouver avoir été usurpé par son voisin.

Poncet, dans son *Traité des actions*, considère l'action comme mixte, après avoir dit qu'elle a le caractère personnel résultant de l'obligation légale de borner, il ajoute : « L'action en bornage pourrait aussi être qualifiée réelle, comme ayant pour but de recouvrer la portion de notre héritage que le voisin a pu comprendre dans le sien ; tel est le sentiment de Voët, qui reconnaît cette prédominance de la réalité dans l'action en bornage. »

Dans la *Théorie de la procédure* du même auteur (tome Ier, *Introduction*, chap. v), on lit : « Quant à l'action en bornage, souvent elle se complique de la revendication d'une portion de terrain usurpée dans la confusion des limites; sous cet aspect, elle serait réelle, mais reste toujours le caractère de personnalité qui sort du quasi-contrat de voisinage et d'une obligation imposée par la loi; elle est donc mixte, soit qu'il y ait ou qu'il n'y ait pas de conclusions accessoires, à fin d'obtenir des prestations personnelles.

« Il peut arriver aussi que la plantation de bornes soit demandée pour l'état actuel de la possession, sans application de titres, sans arpentage et sans revendication de terrain; on aperçoit alors dans l'action une grande prédominance de personnalité. »

24. Nous ne saurions admettre ces différences résultant de ce que le bornage se ferait sans contestation de titres et de propriété, ou de ce que telle ou telle portion de terrain serait revendiquée. C'est l'objet même de l'action qui en détermine le caractère, et dès lors l'action en bornage nous paraît essentiellement réelle et immobilière, soit qu'elle se résume dans une simple opération de mesurage, soit qu'elle donne lieu à une attribution de terrain sur contestation des parties. Voir ci-après, n° 72

La même distinction entre la revendication de terrain et le simple placement de bornes se représentera, comme nous allons le voir, dans la question de compétence.

Section II. — *Examen de la question de compétence en matière de bornage.*

Nous chercherons la solution de la question de compétence : d'abord, dans les documents législatifs; ensuite, dans l'opinion des auteurs; en troisième lieu, dans la jurisprudence.

§ 1er. — Examen de la question de compétence d'après les documents législatifs.

25. Nous examinerons d'abord ce que les documents législatifs peuvent nous fournir pour l'interprétation de la loi, ou plutôt nous poserons le texte même du n° 6 de l'article 4 de la loi du 25 mai 1838, qui forme aujourd'hui la base du droit en cette matière :

« *Les juges de paix connaîtront à charge d'appel*. . . . . 2° Des actions en bornage. . . . . lorsque la propriété ou les titres qui l'établissent ne sont pas contestés. »

26. Le projet de loi, devenu depuis loi du 25 mai 1838, a subi bien des phases diverses avant d'arriver à la sanction. Il fut présenté à la Chambre des députés, le 23 janvier 1835; l'article 4 de ce premier projet déférait, par sa sixième disposition, « aux juges de paix la connaissance des actions en bornage entre propriétaires voisins, lorsque la propriété et les titres qui l'établissent ne sont pas con-

testés. Dans l'exposé des motifs, il n'y avait aucune explication, aucun développement sur cette action. »

Dans le rapport de la Commission de la Chambre des députés, fait par M. Amilhau, il n'en était pas dit davantage.

27. Ce premier projet de loi ayant été soumis par le gouvernement, dans l'intervalle de deux sessions législatives, à la Cour de cassation et aux Cours royales, fut auparavant, quant au bornage, l'objet d'une modification importante. En effet, dans le projet primitif, la disposition se trouvait placée au rang des contestations sur lesquelles les juges de paix pouvaient prononcer sans appel; dans les observations soumises avec le texte aux tribunaux, on lit : « *Tout le monde s'est accordé à ne confier la décision de ces sortes de contestations aux juges de paix qu'à charge d'appel;* on s'est fondé sur ce qu'elles étaient trop intimement liées avec le droit de propriété, pour ne les faire dépendre que d'un seul degré de juridiction ; nous nous rendons à ces motifs, et nous consentons à reporter cette disposition à l'article 5, ainsi que le demande la Commission. »

28. Dans la séance du 6 janvier 1837, le projet modifié fut présenté de nouveau à la Chambre des députés par le garde des sceaux, M. Persil :

« Le juge de paix, disait le second exposé des

motifs, est juge ordinaire de la possession. *Si le litige porte sur la propriété, l'examen des titres et la connaissance approfondie du droit sont nécessaires; dès lors doit cesser la juridiction exceptionnelle.* » C'est ce qu'explique le projet, en même temps qu'il défère au tribunal de paix les actions en bornage, ainsi que quelques autres contestations qui naissent des rapports du voisinage, discussions toujours peu importantes dans leur principe, à l'occasion desquelles il est si regrettable de voir aujourd'hui engager devant les tribunaux de première instance des procès que l'amour-propre élève aussi souvent qu'un véritable intérêt, et qui, plus tard, n'entretiennent la division qu'à raison des frais considérables qu'ils ont entraînés, dont chaque plaideur s'efforce de repousser le pesant fardeau comme une cause de gêne ou de ruine.

29. Le nouveau rapporteur nommé fut M. Renouard. Dans son rapport déposé le 29 mars 1837 à la Chambre des députés, il fait d'abord observer: « que le projet de loi contenait, entre autres additions, *celle des actions en bornage, que la loi du 24 août 1790 n'attribuait pas aux juges de paix, puisqu'elle ne leur déférait que les déplacements de bornes commis dans l'année.* Cette extension de compétence était vivement réclamée, et la division toujours croissante des propriétés en rendait la nécessité de plus en plus sensible. — Les frais que

les bornages entraînent les ont rendus beaucoup trop rares. *Il importe à l'ordre public que les limites des propriétés soient fixées.* Par là on prévient des procès et des voies de fait. *Seulement, il était nécessaire de constater que si des questions de propriété se trouvent engagées dans le litige, le juge de paix n'en devra pas connaître.* »

30. Dans les discours de présentation à la Chambre des pairs, par M. Barthe, ministre de la justice, on lit : « Au nombre des fréquentes contestations que font naître les rapports du voisinage, sont celles qui s'agitent au sujet de la *délimitation des propriétés*, de la distance à observer pour les plantations d'arbres ou de haies, et des constructions et travaux destinés à préserver de dommage les propriétés urbaines contiguës. *Ces discussions ne se jugent bien que par la vue des lieux ; c'est en leur présence que les titres s'interprètent sans équivoque, que les subterfuges échappent à la mauvaise foi, que les droits s'éclaircissent.* Ordinairement plus à la portée de son contentieux, et pouvant dans tous les cas mieux s'y transporter qu'un tribunal plus nombreux, *le juge de paix évitera aux parties les frais d'expertise ; il se servira à lui-même d'expert et de géomètre. La division sans cesse croissante des propriétés rend cette mission de plus en plus nécessaire.*

« Nous ne doutons pas que, si elle est bien comprise, ce magistrat ne trouve dans son accomplissement le principe de la plus heureuse influence.

« *Mais s'il s'agit moins de rechercher les bornes et de les poser, que de statuer sur une revendication de propriété, ou si, à l'occasion, soit de travaux de précaution à faire, soit de la distance à observer dans les plantations, la propriété ou les titres qui l'établissent sont contestés, de trop graves intérêts étant alors engagés, la compétence exceptionnelle s'arrêtera.* »

31. Le 19 juin 1838, M. de Gasparin disait dans son rapport à la Chambre des pairs, sur l'article 5 (Loi, art. 6) : « La loi nouvelle ajoute avec raison à la nomenclature de 1790 les actions en bornage et celles relatives à la distance prescrite par la loi, pour les plantations d'arbres et de haies ; cette disposition éteindra de bonne heure une foule de contestations de peu d'importance. »

32. La loi ne fut pas encore votée en 1837 ; une nouvelle présentation et un nouveau rapport eurent lieu en 1838. Le 15 février 1838, le ministre Barthe reproduisait devant la Chambre des députés les motifs de l'année précédente : « Aux avantages de l'épargne des frais et d'une décision qui ne se fera pas attendre, le juge de paix joindra autant de garanties qu'une autre juridiction..., s'il s'agit moins de rechercher les bornes et de les poser, que de statuer sur une revendication de

propriété..... de trop graves intérêts étant alors engagés, la compétence exceptionnelle s'arrêtera. »

33. A la séance du 6 avril 1838, rapport par M. Amilhau : « Nous avons approuvé complétement les dispositions relatives aux actions possessoires qui sont comprises sous une meilleure définition, les actions en bornage et celles relatives aux constructions et travaux énoncés en l'article 674 du Code civil. Quant aux actions en bornage, qui seules avaient été l'objet d'une critique en 1835, avec la division toujours croissante des propriétés, il importe à l'ordre public que les limites en soient fixées; c'est un moyen d'empêcher les usurpations et d'arrêter les procès. Au reste, c'est lorsque le fond du droit n'est pas en litige que le juge est autorisé à prononcer, et sa décision n'est jamais qu'en premier ressort. »

34. Lors de la discussion de la Chambre des députés, M. Taillandier demanda la parole sur le second paragraphe de l'article 6.

« M. Taillandier : *Lorsque la propriété ou les titres ne sont pas contestés*, ces mots s'appliquent-ils au premier membre de la phrase : *les actions en bornage*, ou au second : *les actions relatives à la distance prescrite par la loi*, ou à tous les deux?

« M. le rapporteur : L'intention de la Commission, comme de toutes les Commissions qui ont examiné le projet de loi, *a été d'appliquer cette disposition à tous les deux; mais ce n'est que quand la propriété n'est pas contestée, que le juge de paix connaît des actions en bornage.*

« M. Taillandier : Je demande à la Commission comment elle peut supposer qu'un procès en bornage s'établira lorsqu'il n'y aura pas de contestation sur le titre? Il est évident que si l'on pense qu'il y aura contestation sur le titre ou la propriété, il y aura lieu à procès.

« Une voix : Le juge de paix s'arrêtera.

« M. Taillandier : Cela donnera lieu à mille difficultés de compétence, pour savoir s'il y a difficulté sur le titre.

« M. le rapporteur : Lorsque le titre n'est pas contesté, ou que les parties ne sont pas d'accord sur le lieu du bornage, chacun remet ses titres au juge de paix, qui fait une visite des lieux et qui ordonne que la borne sera placée à l'endroit déterminé par un expert; si l'on conteste le titre, alors c'est une question de propriété; il faut aller devant les tribunaux ordinaires. Voilà la distinction que la Commission a établie. »

35. Tels sont les éléments d'interprétation que nous fournissent les documents législatifs. Comme on le voit, lors de la première présentation du projet en 1835, la question du bornage avait été peu étudiée. Le rapporteur de la Chambre des députés,

M. Amilhau, disait que déjà, par les lois précédentes, l'action en bornage était attribuée aux juges de paix, ce qu'était forcé de démentir un autre rapporteur; M. Renouard, en 1837, en faisant observer que la loi du 24 août 1790 n'attribuait aux juges de paix que les déplacements de bornes commis dans l'année.

Ce n'est que plus tard aussi qu'on a placé dans le projet de loi les actions en bornage au rang de celles sujettes à appel, et alors il paraît s'être fait dans l'esprit des auteurs du projet de loi un changement d'opinion sur les attributions confiées aux juges de paix en cette matière. Dans le principe, on les considérait sans doute comme n'ayant qu'à présider à une position de borne entre parties d'accord sur les limites de leur propriété, et à en dresser procès-verbal; mais alors on leur conféra les attributions de véritables juges; on voulut qu'ils prononçassent par jugement, et que leurs jugements fussent susceptibles d'appel.

36. Tout ce qui suit vient confirmer et consacrer l'opinion que c'est comme *juge*, comme ayant à prononcer sur une contestation, que le juge de paix est appelé à décider sur les délimitations de propriété entre voisins. Du moment, en effet, où il a été admis que le juge de paix *prononçait*, tous les interprètes du projet de loi se sont appliqués à bien poser les limites de sa juridiction.

37. Le juge de paix est juge ordinaire de la possession ; si le litige porte sur la propriété, s'il faut examiner les titres, la juridiction exceptionnelle cesse. Exposé des motifs de 1837.

38. L'extension de compétence du juge de paix en matière de bornage est vivement réclamée ; la division toujours croissante des propriétés en rend la nécessité de plus en plus sensible ; mais il importe de constater que si des questions de propriété se trouvent engagées dans le litige, le juge de paix n'en devra pas connaître. Rapport de M. Renouard en 1837.

39. « Les discussions de délimitation de propriété ne se jugent bien que par la vue des lieux ; c'est en leur présence que les titres s'interprètent sans équivoque et que les subterfuges échappent à la mauvaise foi, que les droits s'éclaircissent. Plus à portée de leur contentieux, les juges de paix éviteront aux parties les frais d'expertise ; ils se serviront à eux-mêmes d'experts et de géomètres. Mais, s'il s'agit moins de rechercher les bornes et de les poser que de statuer sur une revendication de propriété ; ou si, à l'occasion soit de travaux de précaution à faire, soit de la distance à observer dans les plantations, la propriété ou les titres qui l'établissent sont contestés, la compétence exceptionnelle s'arrêtera. » Discours de présentation de 1837.

40. « Lorsque le titre n'est pas contesté, et que

les parties ne sont pas d'accord sur le lieu du bornage, chacun remet ses titres au juge de paix qui fait une visite de lieux, et qui ordonne que la borne sera placée à l'endroit déterminé par un expert. Si l'on conteste le titre, alors c'est une question de propriété, il faut aller devant les tribunaux ordinaires. Voilà la distinction que la Commission a établie. » Explication du rapporteur sur interpellation de M. Taillandier.

§ 2. — Examen de l'opinion des auteurs sur la compétence en matière de bornage.

41. Nous avons puisé dans les rapports sur les projets de loi et dans les discussions auxquelles ils ont donné lieu tous les documents pouvant servir à l'interprétation, relativement à la compétence; nous allons maintenant faire connaître l'opinion des auteurs qui se sont occupés de la matière.

M. Marc Deffaux, l'un des premiers commentateurs de la loi de 1838, dit dans son *Commentaire* (p. 109): « L'action en bornage devra être intentée devant le juge de paix, lors même que le demandeur penserait que son adversaire contestera son droit de propriété ou son titre. En effet, il ne sera certain de la contestation que lorsqu'elle aura eu lieu devant le juge de paix, qui, en définitive, peut apprécier si elle porte sur la propriété ou sur le titre. »

42. M. Victor Foucher, dont le *Commentaire* a suivi également de près la loi sur la compétence des juges de paix, après avoir passé en revue les documents législatifs, s'exprime ainsi (n°s 274-275) : « Sous l'empire de la législation de 1790, les juges de paix ne connaissent que des actions possessoires en déplacements de bornes : la loi nouvelle leur a donné les actions en bornage, non pas seulement comme actions possessoires ou comme conséquence d'une action possessoire, mais comme actions ordinaires tendant à constater définitivement les limites de la propriété.

« L'action en bornage a son fondement dans l'article 646 du Code civil ; elle a pour but de faire cesser la confusion qui existe entre deux héritages voisins, en faisant pour la première fois placer des bornes, ou en remplaçant les bornes déplacées, ou encore en en faisant établir de nouvelles à frais communs.

« L'incompétence du juge de paix pour connaître des actions en bornage, dans les cas où la propriété ou les titres qui l'établissent sont contestés, l'empêche de statuer sur l'action en bornage jointe à une action en délimitation de propriété, parce que la demande en bornage n'étant alors que la conséquence du sort de l'action en délimitation, le juge ne pourrait la juger sans prononcer sur celle-ci, ce qu'il ne peut faire.

« En effet, l'action en délimitation de propriété porte sur la propriété elle-même; elle n'a lieu que pour faire cesser les contestations sur les véritables limites. Son résultat est donc d'attribuer la propriété des parties contestées d'héritages à l'une ou à l'autre partie; or, ce sont des questions que la loi n'a jamais voulu soumettre à la juridiction des juges de paix, qui, en cas de bornage, n'ont principe d'action qu'autant que la propriété n'est pas contestée. » Foucher, *Commentaire*, art. 6, n° 279.

43. M. Beline, professeur à la Faculté de Dijon, dans son *Traité des actions possessoires*, est d'avis qu'une question de propriété s'élève aussitôt que deux propriétaires contestent sur la place où doivent être posées les bornes; que tout l'espace intermédiaire devient à l'instant litigieux, puisqu'il est revendiqué par chacune des parties, et que le juge de paix ne serait pas, par conséquent, compétent pour prononcer sur pareille question.

La loi de 1838, dit M. Beline, attribue aux juges de paix la connaissance des actions en bornage, lorsque la propriété ou les titres ne sont pas contestés; mais, a-t-on dit, comment entendre cela? Peut-il y avoir procès en bornage sans contestation sur la propriété? De deux choses l'une : ou bien les parties sont d'accord sur la limite de leurs héritages, et il n'y a pas de procès; ou bien elles ne sont pas d'accord, l'une prétendant que la borne doit être placée à tel endroit, l'autre à tel autre, ce qui se présente toujours, et alors il y a litige sur la propriété, de sorte que le juge de paix ne sera jamais compétent.

L'auteur rappelle ensuite la réponse de M. Amilhau, qu'il trouve insuffisante; il croit que l'honorable rapporteur de la loi en 1838 ne s'est occupé que de la contestation des titres; qu'il a perdu de vue la contestation de propriété, laquelle dessaisit également le juge de paix. « Or, n'est-ce pas une question de propriété qui s'élève, lorsque les deux propriétaires disputent sur la place des bornes que l'un veut placer ici et l'autre là? Tout l'espace intermédiaire n'est-il pas litigieux? Chaque partie ne le revendique-t-elle pas?

« Le but du législateur, ajoute M. Beline, méconnu, à ce qu'il nous semble, par la Commission, sera facilement compris de tous ceux que le contact des campagnes a familiarisés avec les habitudes des propriétaires. Il n'est pas facile de les amener à borner volontairement, quand même aucune difficulté ne s'élève sur la délimitation des héritages. On leur parle, on leur écrit même, ils ne répondent pas; mais, sur l'assignation qu'on leur donne, ils consentent à borner en payant les frais jusque-là. Ce sont ces espèces de contestations journalières dans les campagnes que la loi a sagement placées dans les attributions de la justice de paix, parce qu'il est déplorable d'obliger les parties à en saisir un tribunal éloigné, devant lequel les frais sont plus considérables; mais entendre autrement la disposition, ce serait en contrarier les expressions, non moins que toutes les règles de la compétence. »

44. Plusieurs des auteurs qui se sont occupés de la compétence en matière de bornage ont distingué l'*action en bornage proprement dite*, à laquelle ils ont attribué un caractère purement possessoire, et l'*action en délimitation;* mais tous ne sont pas d'accord sur le sens à attribuer à ces dénominations. Ainsi, dans une consultation signée de quelques membres du barreau de Laon, que rapporte M. Millet, les deux actions sont ainsi définies :

« On distingue l'action en bornage proprement dite d'avec l'action en arpentage et bornage.

« L'action en bornage a pour objet la délimitation, rien que la délimitation des pièces d'héritage contiguës l'une à l'autre; elle a lieu toutes les fois qu'un propriétaire veut que les limites, souvent vacillantes à raison de la culture, ne soient pas changées, et que des anticipations, souvent difficiles à constater, ne soient pas commises à son préjudice.

« Cette action, d'après la disposition du n° 2 de l'article 6 de la loi du 25 mai 1838, qui est plus explicite sous ce point que la loi de 1790, est de la compétence du juge de paix.

« Ce magistrat connaît des limites de la possession à titre de propriétaire, de chacun des voisins, prescrit des mèsures pour que ces limites soient fixes et invariables, soit par la plantation de pierres, de pieux, suivant l'usage des localités, et peut même ordonner que les pièces bornées seront arpentées et portées sur un plan figuré sur un procès-verbal contradictoire, avec indication des portées de chaîne d'une borne à l'autre, afin de faciliter le récolement et le rétablissement des limites, si les bornes, par accident ou malveillance, ou par fraude, venaient à être déplacées ou à disparaître.

« Voilà bien l'action en bornage dont parle l'article 646 du Code civil. L'opération du bornage a lieu à frais communs, d'après cet article; c'est bien aussi de cette action que le juge de paix doit connaître, aux termes de la loi du 25 mai 1838. »

Ainsi, les auteurs de cette consultation n'attribuent absolument au juge de paix que le bornage en quelque sorte convenu, au moins consenti d'avance, et qui ne donne lieu à aucune contestation.

45. M. Masson, dans son *Commentaire* de la loi de 1838, établit une doctrine semblable, sauf qu'il appelle *action en délimitation* celle que les avocats consultants de Laon considèrent comme *simple bornage*.

« Aujourd'hui, dit-il, que les *demandes en bornage* sont exclusivement attribuées aux juges de paix, il est indispensable d'établir la différence qui les distingue de l'*action en délimitation*. La première a pour objet, ainsi que nous l'avons démontré, une opération purement matérielle, qui consiste à placer les bornes entre plusieurs propriétés contiguës, dont les limites ne sont pas douteuses. Par la seconde, au contraire, il s'agit de rechercher des limites incertaines à raison des anticipations successives commises sur la propriété; par cela même, elle comprend toujours, au moins implicitement, une demande en désistement qui lui est subordonnée. Or, cette demande est réelle de sa nature; elle soulève nécessairement une contestation au sujet de tout ou partie des propriétés à délimiter. Le titre ou la jouissance de la partie contre laquelle elle est dirigée deviennent suspects à l'instant même où elle est formée; il faut, pour en apprécier la mérite, se livrer à une interprétation de la possession ou des titres; il n'est pas douteux qu'elle ne peut être soumise à la juridiction du juge de paix, et sur-le-champ, et sur le vu de la citation, il doit se déclarer incompétent. »

46. M. Augier, dans son *Recueil des juges de paix* (t. XI, p. 275, n° 9), combat cette distinction.

« Quelques jurisconsultes, dit cet auteur, établissent entre l'*action en bornage* et l'*action en délimitation* une distinction qui nous paraît peu fondée. Le résultat de celle-ci, disent-ils, est d'attribuer à l'une ou à l'autre des parties des portions d'héritage qui sont l'objet de la contestation ; l'action en bornage, au contraire, ne tend qu'à conserver à chacune des parties l'intégrité de son héritage.

« C'est là, selon nous, un jeu de mots : la délimitation et le bornage tendent au même but, qui est de conserver ou de restituer à chaque partie ce qui lui appartient légitimement. La seule différence entre la délimitation et le bornage, c'est que l'un est le moyen, l'autre est le résultat ; pour arriver au bornage, il faut commencer par la délimitation. »

47. Lorsque l'on cite les opinions des auteurs qui se sont occupés du droit des justices de paix, il en est qu'on ne saurait omettre, celles de Curasson. Dans son *Traité de la compétence des juges de paix* (t. II, p. 322, première édition), voici comme ce jurisconsulte apprécie la distinction faite entre la demande en bornage et la demande en délimitation, qu'on a confondue avec celle en revendication.

« Il ne faut pas confondre le bornage avec la revendication proprement dite : il existe entre ces deux actions une énorme différence. La demande en revendication a pour objet, soit un corps de domaine, soit un héritage ou une portion d'immeuble qui doit être parfaitement déterminée; tandis que dans l'action en bornage, chacune des parties ne demande qu'à rentrer dans ce qui sera prouvé manquer à la contenance de son héritage par le résultat de la délimitation : ce n'est point l'immeuble, ce ne sont que les limites que le litige a pour objet; la revendication de ce qui peut manquer à la contenance n'est donc que l'accessoire, la conséquence du bornage. »

Dans le *Supplément* à la première édition, publié après sa mort, Curasson développe ainsi son opinion sur ce point : « Gardons-nous de confondre l'action en bornage avec la demande en revendication; il existe entre elles une énorme différence.

« Dans la demande en revendication, loin qu'il s'agisse de fixer les limites, le corps de domaine ou le fonds revendiqué est si peu équivoque, que sa contenance et ses confins doivent être précisés dans l'exploit d'ajournement, à peine de nullité. Le demandeur, qui revendique ainsi un objet parfaitement déterminé, avoue par la nature même de sa demande la possession du détenteur; il est donc tenu de prouver que cette possession est illégale : le détenteur est réputé propriétaire jusqu'à preuve contraire. Ainsi, c'est au demandeur à détruire cette présomption légale, en établissant sa propriété par un titre formel, ou par la preuve d'une possession qui en tienne lieu. Jusque-là, le défendeur qui détient n'a rien à prouver, et peut se borner à dire : *Possideo quia possideo.*

« Dans l'action *finium regundorum*, c'est différent : il s'agit de fonds ou de deux corps de domaines contigus, et dont la propriété est reconnue à chacune des parties : la difficulté ne porte que sur l'étendue des héritages respectifs, attendu l'incertitude des limites qu'il s'agit de fixer et de reconnaître. Chacune des parties ne demande qu'à rentrer dans ce qui sera reconnu manquer à la contenance de son héritage, par suite de la délimitation ; que la propriété de telle ou telle étendue de terrain dépende du bornage, toujours est-il que la contestation ne porte point sur le corps de l'immeuble : les limites seules sont l'objet du litige. Il n'y a donc pas de raison de dispenser l'une des parties de prouver, en rejetant sur l'autre tout le fardeau de la preuve. Cette distinction, entre la demande en revendication et l'action en bornage, est attestée par les lois, les auteurs et la jurisprudence. »

48. M. Duranton, dans son *Cours de droit français*, après avoir rapporté les termes de l'article 6 de la loi de 1838, ajoute :

« Ainsi, les juges de paix connaissent aujourd'hui, à la charge de l'appel, de l'action en bornage primitif, mais toutefois lorsque la propriété ou les titres qui l'établissent ne sont pas contestés ; dans le cas contraire, ils sont incompétents, même pour statuer en dernier ressort, à moins, bien entendu, que les parties, usant du droit que leur confère l'article 7 du Code de procédure, ne jugent à propos de proroger leur juridiction.

« Mais qu'entend-on ici par propriété contestée? Est-ce le cas où l'un des voisins, le défendeur, prétendrait que son adversaire n'est pas propriétaire du fonds qu'il s'agit de limiter par une plantation de bornes? Cela n'est pas vraisemblable. Qu'est-ce que cela lui fait, s'il n'y a pas d'empiétement sur le sien? D'ailleurs, un possesseur est réputé propriétaire jusqu'à preuve du contraire, et cette preuve n'est recevable qu'autant qu'elle est fournie par celui-là même qui se prétend propriétaire, ou par ses ayants cause : les tiers n'ont point à se mêler de cette question. On a donc eu en vue le cas où l'un des voisins, n'importe lequel, prétendrait que telle ou telle partie du terrain lui appartient, tandis que l'autre soutiendrait, au contraire, qu'elle est à lui; alors, comme l'action porte sur la propriété, qu'elle n'est pas seulement déclarative, ainsi que doit l'être celle en simple bornage, qu'elle est attributive, elle sort de la compétence du juge de paix, même pour être décidée par lui en premier ressort seulement. Et il faut le dire, les attributions des juges de paix, quant à cette action en bornage, n'auront pas autant été étendues par la loi de 1838 qu'on pourrait se le figurer au premier coup d'œil, car c'est presque toujours lorsqu'il y a contestation sur les limites respectives des fonds, qu'il y a lieu de recourir à un bornage judiciaire.

« Quoi qu'il en soit, dès que, sur une action en bornage, les parties ne sont pas d'accord sur le lieu où les bornes doivent être plantées, parce que l'une d'elles prétend être propriétaire au delà du point jusqu'auquel l'autre prétend l'être, le juge de paix est incompétent, et il doit même se déclarer tel d'office, car son incompétence est réelle, et alors s'applique le principe consacré par l'article 170 du Code de procédure civile. L'action en bornage, dans ce cas, devra donc être portée devant les tribunaux ordinaires, et par conséquent elle serait, de droit commun, sujette au préliminaire de conciliation, comme toute autre action principale, et introductive d'instance. » Duranton, quatrième édition, t. V, p. 225.

49. M. Demolombe se demande d'abord pourquoi les auteurs du Code Napoléon ont placé le bornage au rang des servitudes, et des servitudes résultant de la situation des lieux : « C'est que, dit-il, l'obligation de borner constitue de chaque côté, activement et passivement, un attribut réel de la propriété qui se transmet partout avec elle, et qui est bien, certes, la conséquence la plus immédiate de la situation des lieux.

« Ce caractère de réalité que le Code a imprimé à l'action en bornage, par la place qu'il lui a donnée dans notre titre *Des servitudes*, a produit, du reste, une conséquence très-importante et à laquelle on ne peut qu'applaudir, c'est de rendre compétent, en cette matière, le juge de la situation des lieux. C. pén., art. 3, 2°, et art. 59, 3e alinéa.

« C'est par ces motifs, et aussi à cause de la simplicité de l'action en bornage proprement dite, en tant que cette action garde son caractère propre et ne se complique pas d'une question de propriété, c'est par ces motifs que la loi du 25 mai 1838 en a attribué la connaissance aux juges de paix, lorsque la propriété ou les titres qui l'établissent ne sont pas contestés. Art. 6, n° 2.

« Antérieurement à cette loi, et d'après la loi des 16-24 août 1790, confirmée par l'article 3 du Code de procédure, l'action en bornage était de la compétence des tribunaux civils d'arrondissement, et Maleville, en soutenant, sur l'article 646 du Code Napoléon, que la loi de 1790 l'avait placée dans les attributions des juges de paix, avait évidemment confondu l'action en déplacement de bornes poursuivie au civil. »

50. L'honorable auteur fait observer ensuite que, sans avoir le droit de prononcer sur les questions de propriété, le juge de paix peut terminer bien des affaires de bornage, et sa compétence être

utile aux parties; « car il arrive très-souvent, alors même qu'il ne doit y avoir aucune difficulté entre les parties sur leurs limites respectives, que celle qui veut obtenir un bornage ne peut pas vaincre l'indifférence et l'inertie de l'autre, ni l'amener à procéder volontairement à cette opération de gré à gré. Rien n'est plus fréquent dans les campagnes que de voir des refus catégoriques, ou du moins des lenteurs interminables, opposés aux demandes de bornage. Les ennuis d'un déplacement, la crainte des frais, la crainte aussi d'être obligé de rendre ce qu'on aurait évidemment usurpé, tout cela peut expliquer ces résistances; or, dans ces cas, on ne peut nier que la compétence du juge de paix ne soit un grand bien, et qu'elle n'est pas d'une application aussi rare que quelques-uns l'ont pensé.

51. « Mais ce n'est, bien entendu, qu'autant qu'il s'agit de l'action en bornage véritable et proprement dite, que le juge de paix est compétent, d'après la loi du 25 mai 1838. Nous appelons *action en bornage proprement dite* celle qui a pour objet de fixer contradictoirement, entre les propriétaires contigus, les limites de leurs héritages, soit que ces limites étant dès à présent connues et certaines, il n'y ait plus qu'à faire la plantation matérielle des bornes, soit que ces limites étant inconnues et incertaines, il soit nécessaire de les rechercher et de les découvrir préalablement.

« Il faut bien se garder de confondre l'action en bornage ainsi définie, soit avec l'action en déplacement de bornes, soit avec l'action que l'on a appelée, plus ou moins exactement, *action en délimitation* ou *en règlement de limites.*

« L'action en déplacement de bornes (intentée au civil) n'est autre chose qu'une action possessoire qui a toujours été de la compétence des juges de paix, lorsqu'elle réunit, d'ailleurs, les conditions requises pour l'exercice des actions possessoires, dont particulièrement le juge de paix ne peut connaître que lorsqu'elles sont intentées dans l'année du trouble (art. 23 C. proc.). Cette action ne demande pas le bornage, puisqu'elle suppose, au contraire, qu'il a déjà eu lieu; et si elle n'est pas formée dans l'année, la demande contre l'usurpation prétendue doit être portée au pétitoire, comme toute action en revendication.

« Le déplacement de bornes peut, d'ailleurs, constituer un fait punissable, d'après les dispositions du Code pénal; notons seulement que le déplacement des bornes n'est un délit qu'autant que le bornage a été fait, soit volontairement, soit judiciairement, entre les propriétaires intéressés. Le déplacement des bornes qui n'auraient été plantées que par un propriétaire sur son propre fonds ne pourrait donner lieu qu'à une action possessoire en complainte ou en réintégrande.

« Quant à l'action que certains auteurs ont nommée *en délimitation* ou *en règlement de limites*, si on entend par là une action qui suppose des limites contestées et un débat sur une question de propriété, la connaissance en appartient, suivant le droit commun, aux tribunaux civils d'arrondissement, car il ne s'agit plus alors seulement d'une simple action en bornage, mais d'une véritable revendication.

« Aussi l'article 6, n° 2, de la loi du 25 mai 1838, qui porte que les juges de paix connaissent, à la charge d'appel, des actions en bornage, ajoute-t-il cette restriction importante : lorsque la propriété ou les titres qui l'établissent sont contestés.

« Mais des difficultés se sont élevées souvent, dans la pratique, sur le point de savoir ce qu'il faut entendre par ces mots : *propriété ou titres contestés*, et les auteurs eux-mêmes ont exprimé, à cet égard, dans la doctrine, des opinions fort divergentes.

« Pour notre part, nous pensons que, pour qu'il y ait contestation sur la propriété, et en conséquence pour que le juge de paix soit incompétent, la condition nécessaire tout à la fois et suffisante est que les parties ne soient pas d'accord sur les limites respectives de leurs héritages, et que l'une prétende être propriétaire au delà de la ligne jusqu'à laquelle l'autre soutient, au contraire, que sa propriété s'étend.

« Toutes les fois, en un mot, que pour statuer sur l'action en bornage il faudrait que le juge de paix décidât une question de revendication relative aux héritages limitrophes, il doit se déclarer incompétent et cela même d'office, puisqu'il s'agit d'une incompétence *ratione materiæ* et d'ordre public. Art. 170 C. proc.

« La règle étant ainsi posée, il nous sera facile de résoudre, par voie de conséquence, les différentes questions que ce sujet a soulevées.

« Voilà, par exemple, le défendeur qui soutient que son adversaire n'est pas propriétaire du fonds qu'il possède, *pro suo*, et dont il demande le bornage. Est-ce là une contestation sur la propriété ou sur les titres, et le juge de paix devient-il incompétent?

« L'affirmative a été soutenue; mais nous ne saurions l'admettre. D'une part, celui qui possède comme propriétaire est réputé, en effet, propriétaire à l'égard des tiers qui ne prétendent pas eux-mêmes à la propriété du fonds qu'il détient, et le défendeur est ici sans qualité pour soulever une question de propriété; d'autre part, il n'y a là, de loin ni de près, aucune question de propriété que le juge de paix doive résoudre, afin de statuer sur l'action en bornage qui lui est soumise, puisque ni le demandeur ni le défendeur ne revendiquent rien l'un contre l'autre.

« Supposons, au contraire, que l'une des parties, le demandeur ou le défendeur, peu importe, possédant une étendue de terrain plus grande que celle énoncée dans ses titres, prétende avoir acquis, par la prescription de trente ans, tout ou partie du fonds dont le bornage est demandé; oh! alors, c'est bien la propriété qui est contestée, la propriété respective des héritages limitrophes et entre les parties elles-mêmes qui figurent dans l'action en bornage ; le juge de paix ne pourrait statuer sur cette action qu'en tranchant cette question de propriété : donc il est incompétent. »

52. Mais y aurait-il contestation de propriété dessaisissant le juge de paix, dans le cas où l'une des parties invoquerait seulement la possession annale, pour obtenir une plus grande étendue de terrain que celle énoncée dans ses titres?

Le moyen déduit de la simple possession annale ne paraît pas à M. Demolombe constituer, dans une action en bornage, une contestation sur la propriété ou sur les titres : opposer seulement la possession annale, ce n'est pas se prétendre propriétaire, c'est plutôt avouer que l'on n'est que simple possesseur d'une portion de terrain au delà de ses titres; or, le bornage a précisément pour but de faire rentrer les possessions respectives dans les limites déterminées par les titres.

« A plus forte raison, en serait-il de même, continue l'honorable auteur, si l'une des parties prétendait seulement que le bornage doit avoir lieu d'après l'état de sa possession actuelle, et qu'elle n'y consent qu'à cette condition. On peut très-bien, en effet, se passer de son consentement, dès que l'on se trouve dans les conditions déterminées par la loi pour que le bornage soit obligatoire (art. 646); or, la partie qui prétend seulement que le bornage doit avoir lieu d'après la ligne de ses possessions actuelles, dont l'étendue est plus grande que celle énoncée dans ses titres, sans d'ailleurs invoquer, pour justifier cet excédant et cette surmesure, une cause acquisitive de propriété, cette partie ne saurait se placer, par une telle prétention, en dehors des conditions de l'action en bornage; car il n'y a là aucune contestation sur la propriété et sur les titres.

« M. le conseiller Mesnard a très-justement remarqué (1) que la partie, dans ce cas, ne faisait que se débattre contre l'inévitable effet du bornage, qui, en pareille circonstance, aboutit à des reprises pour ramener précisément la jouissance dans les limites de chaque titre. »

53. Les développements qui précèdent peuvent servir à décider la question de savoir si le juge de paix doit se déclarer incompétent, lorsque les par-

(1) Dans son rapport à la Cour de cassation sur l'affaire qui a donné lieu à l'arrêt du 19 novembre 1845, voir ci-après, n° 59.

ties ne sont pas d'accord sur la ligne divisoire de leurs héritages et sur le lieu où les bornes doivent être plantées.

De deux choses l'une : ou ce désaccord ne se traduit en aucune revendication directe ni indirecte, et alors la contestation, en tant qu'elle porte sur le lieu où les bornes devront être plantées, n'est qu'un des incidents naturels de l'action en bornage qui a précisément pour but, ainsi que nous venons de le dire, de ramener les possessions dans les limites énoncées par les titres, et d'opérer ainsi des reprises et des restitutions, contre lesquelles les parties opposent toujours, plus ou moins, des objections et des résistances qui sont naturelles, sans doute, de leur part, mais qui ne sauraient entraver la compétence du juge de paix; autrement, la juridiction de ce magistrat serait à la discrétion des parties, et elle n'existerait qu'autant que celles-ci seraient d'accord constamment en tout et pour tout, c'est-à-dire qu'elle serait véritablement anéantie !

« En règle générale, le juge de paix doit se déclarer incompétent, lorsque la propriété ou les titres qui l'établissent sont contestés. Ce sont là les termes de la loi, et il n'appartient pas au juge de paix de décider jusqu'à quel point la contestation est fondée, et si la prétention doit ou non réussir.

« Telle est la règle qu'il nous paraît prudent de

suivre, et dont il ne faudrait s'écarter que dans le cas où la prétendue contestation non motivée et dépourvue de toute apparence de fondement ne serait manifestement qu'un prétexte imaginé pour entraver l'action en bornage, car si la contestation n'était pas sérieuse, le juge de paix devrait se déclarer incompétent.

« D'ailleurs, il est bien clair que la contestation de propriété n'est assujettie à aucune formule obligatoire; et il n'est même pas nécessaire qu'elle soit exprimée en termes formels. Il suffit, pour que le juge de paix soit incompétent, que l'action en bornage, comme l'a dit M. le conseiller Mesnard dans son rapport déjà cité, doive aboutir à des résultats qui ne pourraient être légitimement attendus que d'une action en revendication. »

54. MM. Dalloz, dans leur *Répertoire*, nouvelle édition, au mot *Bornage*, nos 38 et 39, examinent aussi la question et la résolvent en ces termes :

« Mais suffit-il au défendeur, pour rendre le juge de paix incompétent, de déclarer d'une manière vague qu'il conteste les titres et la propriété de son adversaire? Au premier aperçu, il semble équitable de décider cette question négativement, et c'est d'ailleurs ainsi que M. Curasson (t. II, p. 452) l'a résolue. Toutefois, nous croyons qu'on ne doit pas exiger davantage, et qu'en restant dans les termes de la loi, le défendeur ne peut être taxé de manquer de précision dans ses moyens. Devant une telle défense, que fera, en effet, le juge? Déclarera-t-il que l'allégation du défendeur est mal fondée, qu'elle est sans valeur en ce qu'il ne dit pas si c'est la qualité du demandeur qu'il entend contester, ou sa possession ou ses titres? Mais, par une pareille sentence, il entrerait manifestement dans le fond du droit, ce qu'il n'a pas droit de faire sans excéder sa compétence. Le juge de paix doit donc, dans ce cas, renvoyer les parties à se pourvoir devant les juges compétents. Il est, sans doute, de son devoir de faire au défendeur les observations qu'il jugera utiles, s'il le croit engagé dans une mauvaise voie; mais là se borne, selon nous, son autorité.

« M. Curasson (t. II, p. 452) fonde l'opinion contraire sur ce que, d'après la jurisprudence, les juges correctionnels et de police devant lesquels un prévenu élève une question de propriété peuvent examiner le mérite de cette exception préjudicielle. Mais, d'une part, ce n'est pas d'après la jurisprudence admise sur ce point de droit criminel qu'on doit juger une question de droit civil. Ensuite, l'analogie n'existe point, car le jugement correctionnel ou de police reste sans influence sur la question de propriété, tandis que la fixation du bornage peut engager gravement cette question. En troisième lieu, il ne faut point perdre de vue que les exceptions de propriété sont élevées souvent par des gens sans feu ni lieu, et qu'elles ne forment que des moyens purement dilatoires, que le juge n'examine que sous ce simple aspect. On peut fonder une objection plus décisive sur la jurisprudence de la Cour de cassation qui a appliqué le principe dont il vient d'être parlé à la question de savoir si un acte administratif, produit devant les tribunaux civils, présente ou non de l'obscurité. La Cour décide que, si le sens d'un tel acte paraît exempt d'incertitude, il n'y a pas lieu à surseoir jusqu'à ce que le sens de l'acte ait été déclaré par l'administration. Mais, outre que nous nous sommes plusieurs fois élevé contre cette doctrine, la solution ne repose point sur des éléments identiques, et le juge ne saurait, contre le gré d'une partie qui conteste la propriété de son adversaire, donner une délimitation qui suppose qu'il n'y a aucune controverse touchant la propriété et qui peut influer sur elle. »

55. M. Millet qui, dans son estimable *Traité sur le bornage*, résume la doctrine de tous les auteurs, combat avec force la distinction faite entre l'*action en bornage* et l'*action en délimitation*.

Il démontre que l'action en bornage est toujours une action pétitoire :

« Plusieurs actions, dit-il, essentiellement pétitoires ont été attribuées à l'élagage des arbres et des haies, à la distance prescrite pour les plantations, les actions relatives aux constructions et travaux énoncés dans l'article 674 du Code Napoléon, lorsque la propriété ou le droit de mitoyenneté n'est pas contesté. Loi de 1838, art. 6.

56. « Tous les pouvoirs sont délégués par la loi aux juges de paix, pour juger ces actions et aussi l'action en bornage qui participe de la même nature, mais à une condition; c'est que, si la servitude, les titres, la propriété sont contestés, la compétence du juge de paix *s'arrête*.

« Les tribunaux de canton sont dès lors juges du pétitoire, mais d'un pétitoire restreint et soumis à de certaines conditions. »

57. « Il ne faut pas confondre, dit ailleurs l'honorable auteur, les voies d'instruction, les moyens employés pour arriver à tel résultat, avec le résultat, avec la fin proposée.

« Ainsi, l'on ne doit pas prendre l'arpentage pour le bornage, car alors on tomberait dans une grande méprise, puisque l'on prendrait le moyen pour la fin, l'arpentage n'étant jamais et ne pouvant jamais être qu'un moyen d'arriver au bornage.

« Au surplus, quand un bornage est demandé, que doit-on faire? On doit suivre la marche indiquée dans tous les temps et par tous les auteurs; on doit procéder au mesurage des terres, seul moyen efficace d'obtenir ce que l'on demande.

« A l'égard de l'action en revendication, on ne peut pas s'y méprendre et la confondre avec la demande en bornage.

« Pour agir en revendication, il faut qu'un tiers se soit emparé de notre propriété; que ce tiers en soit en possession; que celui-là qui détient la chose d'autrui soit connu et que, de plus, le propriétaire revendiquant soit en état de prouver que la propriété qu'il réclame est bien la sienne; cette preuve doit être administrée de manière à ne laisser aucun doute; telles sont les conditions exigées pour que la revendication soit admise, soit fondée.

« En matière de bornage, au contraire, il suffit de s'adresser à ses voisins pour exercer cette action; on n'a pas besoin de dire que l'on a ou que l'on n'a pas sa contenance, qu'on éprouve en un mot un déficit. Si ce déficit est énoncé, on n'est pas forcé de le préciser, parce que, dans cette action, il ne s'agit jamais que de règlement de limites.

« Une autre anomalie qui frappe bien plus encore est celle qui concerne le détenteur de l'héritage revendiqué, de la portion de cet héritage, si l'on veut.

« En bornage, il est presque toujours inconnu; on ne sait pas effectivement si c'est le voisin de droite, celui de gauche qui a ce qui manque; il arrive souvent que ce n'est aucun d'eux, ou parce qu'ils n'ont que leur compte, ou que le déficit se trouve dans des pièces de terre d'arrière-voisins.

« Dès lors, impossibilité de désigner, de déterminer au moment de la demande la chose réclamée; on ne le peut pas; tout dépendant d'une opération matérielle, d'une vérification.

« C'est donc à tort que l'on qualifierait de *revendication* la demande en bornage ayant pour cause un manque de contenance, un déficit. »

58. Ailleurs encore, M. l'ancien juge de paix de Sissonne pose la question suivante : Y a-t-il contestation sur le titre, quand le juge de paix est appelé à prononcer entre deux titres présentés, attribuant à un même fonds deux contenances différentes, si le voisin demande l'application du titre à contenance moindre et que le propriétaire du fonds résiste et prétende le contraire ?

M. Millet soutient qu'il ne s'agit dans cette espèce que d'une simple application de titre; qu'il n'y a pas là de contestation de propriété ou de titre, puisque ceux représentés sont reconnus et inattaqués; que le juge n'a qu'une seule chose à faire, donner la préférence à l'un ou à l'autre; que si, au possessoire, le juge a le droit d'interpréter et d'appliquer les titres, de puiser même dans les moyens du pétitoire les motifs de sa décision, de baser en un mot son jugement sur les titres, il le peut bien plus encore, dès lors qu'il est juge du pétitoire.

Curasson, dit M. Millet, se prononce dans ce sens : « Les titres qu'il s'agit d'appliquer seront anciens et souvent obscurs, soit pour les contenances, soit pour les limites; les titres peuvent être nombreux, il s'agira d'en faire le choix; une partie soutient que c'est à l'un plutôt qu'à l'autre qu'il faut s'attacher : l'adversaire élève sur ce point des prétentions absolument opposées; mais ce ne sont là que des difficultés inhérentes à l'action en bornage et qui ne peuvent entraver la compétence du juge investi de la connaissance de ces actions. » T. II, n° 12, p. 339.

Benech, au contraire, donne le conseil aux juges de paix de renvoyer, dans ce cas, devant le tribunal d'arrondissement; il formule ainsi la difficulté : « J'ai reconnu votre qualité de propriétaire; le juge de paix a ordonné son transport sur les lieux pour faire procéder à l'arpentage et présider à la plantation des bornes; là, je soutiens que votre titre ne vous donne droit qu'à une contenance de cinq arpents, tandis que vous prétendez à une contenance de dix; le juge de paix pourra t-il statuer sur cet incident? Est-ce là, de ma part, contester votre propriété ou votre titre? Dans la rigueur des termes on pourrait peut-être décider que le juge de paix a le droit de prononcer. Cependant il nous paraît qu'il se conformera mieux à l'esprit de la loi nouvelle, en renvoyant les parties à se pourvoir à ce sujet. Il ne pourrait lui-même vider le différend qu'en se livrant à l'interprétation des clauses des actes; cette interprétation peut présenter des difficultés sérieuses et le législateur n'a pas entendu lui soumettre des questions de ce genre qui pourraient, d'ailleurs, dans certains cas, offrir la plus haute importance par la quotité de contenance contestée. »

Curasson s'étonne de ce langage de M. Benech, quand un peu plus loin M. Benech reconnaît aux tribunaux de paix des attributions bien autrement larges, et le réfute en ces termes : « Mais la question de savoir si, d'après l'application des titres, les juges de paix doivent attribuer telle ou telle contenance, n'est-elle donc pas accessoire au bornage? S'il en était autrement, à quoi aboutirait cette action, dans laquelle chacun des colitigants est demandeur, relativement à la contenance qu'il prétend avoir, et défendeur, quant à celle que, de son côté, le voisin croit devoir lui être attribuée? Débattre sur le plus ou le moins de contenance, ce n'est donc point contester la propriété du fonds ni les titres qui l'établissent, c'est seulement fournir des moyens pour éclaircir les experts et les juges chargés de déterminer la ligne de séparation où doivent être placées les bornes. » T. II, p. 240.

§ 3. — Examen des décisions rendues sur la compétence en matière de bornage.

59. Il nous reste à citer, d'après l'opinion des auteurs, l'opinion de la Cour souveraine.

Le premier arrêt de la Cour de cassation sur l'interprétation de la loi de 1838, relativement à la compétence des juges de paix en matière de bornage, est du 1er février 1842.

Citation avait été donnée par un voisin à son voisin, à fin de bornage de leurs propriétés; le défendeur comparut, déclarant qu'il consentait à ce qu'il fût procédé au bornage, mais qu'il repoussait la *ligne divisoire* indiquée par le demandeur. Le juge de paix ordonna une visite des lieux pour rechercher, en présence des parties, les limites respectives; mais, au moment de cette vérification, le défendeur opposa l'incompétence, en se fondant sur ce qu'il y avait contestation sur la ligne divisoire, et conséquemment sur l'étendue et la contenance des propriétés limitrophes.

Le juge de paix passa outre; mais, sur appel, le tribunal de première instance jugea qu'il avait excédé les bornes de sa compétence.

Un pourvoi fut dirigé contre ce jugement; la Cour de cassation : « Attendu qu'il était constaté qu'il y avait absence de titre et que les parties contestaient sur l'étendue respective de leurs héritages limitrophes, ce qui donnait évidemment lieu à une question de propriété, » rejeta le pourvoi.

60. Le deuxième arrêt de la Cour suprême est du 12 avril 1843. Il résulte de cet arrêt qu'à quelque phase de la procédure que se présente la contestation de la propriété et quand même elle ne serait élevée que dans une seconde audience et après un jugement qui aurait ordonné le transport sur les lieux contentieux, le juge de paix doit se déclarer incompétent et que c'est sans fondement qu'une sentence du juge de paix aurait considéré comme vague la contestation de propriété et par suite passé outre, lorsque cette contestation avait été soulevée en termes exprès et que le juge de paix en avait lui-même donné acte, le défaut d'indication des motifs sur lesquels l'exception de propriété pouvait être appuyée s'expliquant suffisamment par la considération que l'appréciation de ces motifs est, comme la propriété elle-même, hors de la compétence du juge de paix.

61. Un troisième arrêt du 19 novembre 1845 décide qu'il n'y a contestation ni sur la propriété, ni sur les titres qui l'établissent, et que, par conséquent, le juge de paix est compétent pour procéder au bornage, lorsque la partie contre laquelle cette opération est demandée, sans contester les titres et en reconnaissant la contenance y indiquée, déclare ne consentir au bornage qu'à la condition

qu'il aura lieu dans les limites de sa possession actuelle et ensuite s'abstient d'assister à l'enquête, malgré la sommation qu'elle en a reçue.

Dans cette espèce, la défenderesse s'était bornée à dire qu'elle n'avait pas trop de terrain, qu'elle consentait au bornage demandé, pourvu qu'il eût lieu dans les limites actuelles de sa possession ; que s'il y avait à faire des reprises sur sa propriété, elle ne consentait pas au bornage.

La Cour décide que par l'effet du bornage intervenu, la demanderesse en cassation ayant obtenu toute la contenance que lui assurait son titre et à laquelle elle avait elle-même prétendu, la difficulté qu'elle avait soulevée pendant les opérations du bornage, relativement à la possession actuelle d'une contenance plus considérable, n'ayant point pour objet de donner à cette prétendue possession le caractère nécessaire pour en faire un élément d'acquisition de la propriété, ne pouvait pas être considérée comme une contestation portant sur les titres et la propriété.

62. Le 25 juillet 1848, il est décidé par un autre arrêt, qu'en matière de bornage, la contestation sur la propriété qui rend le juge de paix incompétent et notamment l'opposition de la prescription et la négation contraire au titre, de l'existence d'une rivière sur un pré attribué à l'une des parties, peut être élevée en tout état de cause, même

après une descente sur les lieux et une expertise.

63. Le 19 juillet 1852, un arrêt juge que la convention par laquelle, à l'occasion d'une action possessoire, les parties consentent devant le juge de paix à nommer des experts pour fixer les limites de leurs propriétés contiguës, sauf l'homologation du juge de paix, convertit l'action en complainte en une action en bornage, et que le juge de paix reste compétent pour prononcer, alors même que les parties seraient en désaccord sur les limites respectives de leurs héritages, si les titres de propriété ne sont pas contestés et si, par exemple, il s'agit simplement de les appliquer aux propriétés soumises au bornage, pour vérifier s'il y a eu usurpation sur une des deux propriétés voisines. Le jugement, objet du pourvoi, constatait que, devant le juge de paix saisi de l'action en complainte, les parties étaient convenues, pour éviter toutes contestations, de nommer des experts à l'effet de procéder au bornage de leurs propriétés; de reconnaître s'il y avait eu usurpation; d'estimer le dommage et de déposer leur procès-verbal au greffe de la justice de paix pour recevoir l'homologation. Le juge de paix, considérant le rapport des experts comme un simple avis, se transporta sur le terrain litigieux et procéda lui-même à une plantation de bornes qui diminua l'étendue du terrain que les experts avaient reconnu appartenir au défendeur.

64. Enfin, le 28 mars 1855, dernier arrêt qui juge que l'article 6, § 2, de la loi du 25 mai 1838, d'après lequel les juges de paix ne sont compétents pour connaître des actions en bornage qu'autant que la propriété ou les titres ne sont pas contestés, suppose une contestation sérieuse et non une simple dénégation dictée par un esprit de chicane et de mauvaise foi. Ainsi, le juge de paix saisi d'une action en bornage reste compétent, malgré la déclaration du défendeur qu'il conteste les titres produits, si aucun motif n'est articulé à l'appui de cette contestation et alors surtout que la contenance des deux propriétés à borner ayant été constatée dans un jugement passé en force de chose jugée, toute contestation à ce sujet est désormais impossible.

§ 4. — Opinion de l'auteur sur la compétence des juges de paix en matière de bornage.

65. Il résulte de tous les documents fournis par les rapports qui ont préparé la loi de 1838 et la discussion de cette loi, que ce sont des *attributions judiciaires* qui ont été données au juge de paix en matière de bornage ; qu'en lui déférant les actions en bornage, la législation a voulu qu'il prononçât sur une contestation et non pas qu'il dressât un simple procès-verbal.

Dès lors, il est évident que son rôle ne peut être réduit à poser des bornes en présence des parties d'accord sur leur placement, c'est-à-dire sur l'étendue de leurs propriétés, car, du moment où une partie ne consent pas à ce que leurs bornes soient placées sur les points indiqués par l'autre partie, il y a désaccord sur l'étendue de la propriété.

Mais ce n'est pas une raison pour qu'il y ait contestation sur la propriété; pour que, comme le dit le n° 2 de l'article 6 de la loi de 1838, *la propriété ou les titres qui l'établissent soient contestés.*

Ce que la loi a entendu par *propriété contestée*, c'est une prétention à telle ou telle portion de terrain, fondée sur un moyen de droit, sur un moyen d'acquérir la propriété.

66. Quant aux titres, ainsi que le dit l'arrêt de la Cour de cassation, la condition de titres contestés sainement entendue ne peut s'appliquer qu'à une contestation sérieuse qui présente quelque apparence de fondement, et non à une simple dénégation qui peut être dictée par un esprit de chicane et de mauvaise foi. Le décider autrement serait réduire le juge de l'action en bornage à la condition d'un simple expert qui accomplirait sur le terrain une opération matérielle : telle n'a pu être la volonté de la loi.

67. Ainsi, il faut, pour dessaisir le juge de paix, que l'une des parties dise : cette portion de terrain revendiquée par mon adversaire m'appartient, parce qu'elle est comprise dans mon titre, ou parce que le titre qui m'est opposé n'est pas valable; et encore, comme le fait observer M. Demolombe, le juge de paix ne serait pas dessaisi parce que l'une des parties prétendrait que le terrain revendiqué par l'autre appartiendrait *à un tiers* : celui qui possède comme propriétaire est, en effet, propriétaire à l'égard de tous ceux qui ne prétendent pas eux-mêmes à la propriété du fonds qu'il détient.

68. Si les titres qu'il s'agirait d'appliquer étaient obscurs, soit relativement aux contenances, soit relativement aux limites; si les parties contestaient sur leur application, ou si elles soutenaient que ce serait à l'un plutôt qu'à l'autre qu'il faudrait s'attacher, nous ne dirions pas, avec MM. Millet et Curasson, que le juge de paix pourrait passer outre, nous ferions une distinction : ou la compétence du juge de paix serait déclinée par une des parties qui se fonderait sur des moyens plausibles et qui signalerait dans l'application des titres de véritables difficultés, et alors le juge de paix devrait se déclarer incompétent; ou les motifs sur lesquels serait fondée la demande de renvoi n'auraient rien de sérieux; ou, enfin, tout en

élevant des difficultés sérieuses sur l'application des titres, aucune des parties ne demanderait le renvoi ; dans ces deux derniers cas, le juge de paix devrait retenir la cause.

M. Millet nous paraît être allé beaucoup trop loin dans les pouvoirs qu'il attribue au juge de paix en matière de bornage. Il semblerait que, suivant son opinion, un titre ne fût contesté, dans le sens de la loi de 1838, que lorsqu'on s'inscrirait en faux contre lui s'il était authentique, ou qu'on en méconnaîtrait les signatures s'il était sous seing privé, ou qu'on l'arguerait de nullité ou qu'on prétendrait qu'il n'est pas un acte de propriété, qu'il ne confère qu'un droit de détention précaire. Ce n'est pas seulement cela que la loi a entendu par *titre contesté*. Lorsqu'elle a dit que la compétence du juge de paix n'existerait en matière de bornage que *lorsque la propriété ou les titres qui l'établissent ne seraient pas contestés*, elle a compris dans ces expressions toute contestation sérieuse qui s'élèverait sur le droit de propriété, sur l'application des titres et aussi bien sur leur contenu que sur leur forme. L'interprétation que donnent à la loi tous les documents législatifs et les arrêts de la Cour de cassation s'accorde à fixer ainsi le sens du n° 2 de l'article 6 de la loi de 1838, et c'est aussi l'opinion de presque tous les auteurs qui ont écrit sur la matière.

69. Si, au lieu d'un titre, l'une des parties opposait la prescription ou tout autre moyen par lequel elle aurait acquis droit à la propriété de la portion de terrain convertie, le juge de paix devrait se dessaisir.

70. Mais le moyen déduit de la simple possession annale constituerait-il dans une action en bornage une contestation sur la propriété? Non, dit M. Demolombe, dans l'extrait de son *Cours* cité plus haut : proposer la possession annale, ce n'est pas se prétendre propriétaire, c'est plutôt avouer que l'on n'est que simple possesseur au delà de ses titres.

Nous accédons à cette opinion, pourvu, bien entendu, que la possession annale ne soit pas opposée comme simple moyen de repousser une action possessoire et que celui qui l'oppose soit mis en demeure de s'expliquer sur ses titres ou sur les autres moyens par lesquels il aurait acquis la propriété; ce qui arrivera toutes les fois que l'action aura eu dès le principe, ou aura pris ensuite le caractère d'une véritable action en bornage.

71. Ainsi, en résumé, si l'une des parties en instance ne présente pas ses titres en disant : je conteste, et en appuyant sa contestation d'un motif plausible, ou si elle ne se base pas sur une prescription également fondée en apparence, le juge de paix peut passer outre; mais il doit s'arrêter

devant toute contestation basée sur un titre ou sur un moyen d'acquérir la propriété qui aurait la moindre apparence de fondement et de réalité.

Section III. — *Devant quelle justice de paix ou quel tribunal doit être portée l'action en bornage?* — Quid, *si les héritages qu'il s'agit de borner sont situés dans deux cantons ou dans deux arrondissements différents?*

72. D'après les articles 2 et 3 du Code de procédure civile, en matière purement personnelle et mobilière, la citation en justice de paix doit être donnée devant le juge de paix du domicile du défendeur; mais lorsqu'il s'agit de déplacement de bornes, d'*usurpation de terres*, *arbres*, *haies et autres clôtures*, elle doit être donnée devant le juge de paix de la situation de l'objet litigieux.

L'article 59 du même Code sur les ajournements devant le tribunal civil de première instance veut aussi que le défendeur soit assigné devant le tribunal de son domicile, en matière personnelle et devant le tribunal de la situation de l'objet litigieux, en matière réelle.

Or, quoique quelques auteurs aient prétendu que l'action en bornage était une action purement personnelle, nous croyons avoir démontré qu'elle a plutôt un caractère réel (ci-dessus n° 24). D'ailleurs, le Code, en plaçant l'obligation du bornage au nombre des servitudes, en a fait, par là même, une obligation réelle. Il n'existe pas, en effet, et il ne peut exister, sous notre législation, de servitudes personnelles. Une servitude, dit l'article 637 du Code Napoléon, est une *charge imposée sur un héritage pour l'usage et l'utilité d'un héritage appartenant à un autre propriétaire.*

Tous les motifs existent donc pour que l'action en bornage ne puisse être portée que devant la justice de paix ou devant le tribunal civil de la situation des deux héritages entre lesquels le bornage doit être opéré.

73. Mais quel sera le juge de paix ou le tribunal compétent, si les héritages qu'il s'agit de borner sont situés dans deux ou plusieurs cantons ou arrondissements différents?

M. Millet, après avoir fait observer que l'opération du bornage est indivisible, repousse une opinion précédemment émise, d'après laquelle le juge de paix du défendeur, se fondant sur l'article 1035 du Code de procédure civile, relatif à la délégation des pouvoirs des tribunaux, après avoir ordonné le bornage, chargerait le juge de paix du demandeur de procéder à l'opération, soit par lui-même, soit par des experts à sa nomination et dont il recevrait le serment.

L'indivisibilité étant bien établie, M. Millet en conclut qu'un seul et unique juge doit connaître, dans ce cas, du bornage; des difficultés matérielles peuvent se présenter, et il n'y a que le juge primitivement saisi qui puisse les apprécier. Le juge de paix qui doit aussi opérer sur les deux cantons est, suivant M. Millet, le juge de paix du défendeur, devant lequel la demande doit être portée. — L'honorable auteur ne dit pas sur quel motif son choix se fonde; c'est sans doute sur la règle générale que la citation doit être de préférence donnée devant le juge du domicile du défendeur. C. proc., art. 2 et 59.

Mais un autre mode de procédure a été indiqué par Carré (*De la compétence*, n° 230) et par Chauveau sur Carré (*Lois de la procédure*, n° 258 *bis*).

« Si les héritages qu'il s'agit de borner, dit Carré, sont situés dans plusieurs arrondissements, l'action en bornage sera suivie devant le tribunal dans le ressort duquel se trouvera l'exploitation principale ou la partie des biens qui présentera de plus grands revenus d'après la matrice du rôle. » C'est sur une disposition analogue de l'article 2210 du Code Napoléon, relative à la vente forcée des biens situés dans plusieurs arrondissements, que cette opinion est fondée et sur l'article 1er de la loi du 15 novembre 1808, pour les expertises en fait de payement des droits de mutation et d'enregistrement.

Quant à M. Chauveau, il pose et résout ainsi la difficulté : « Quel est le tribunal compétent pour connaître d'une action en bornage, si les héritages qu'il s'agit de borner sont situés dans divers arrondissements? Si les héritages font partie d'une même exploitation, ce sera le tribunal du chef-lieu de l'exploitation; à défaut du chef-lieu, ou si les biens sont absolument distincts, ce sera celui où se trouve la partie des biens qui présente le plus grand revenu d'après la matrice du rôle; c'est du moins la règle que l'on peut induire de la disposition analogue de l'article 2210 du Code Napoléon. »

74. Nous croyons, avec M. Millet, que l'indivisibilité du bornage exige la participation d'un seul juge à l'opération tout entière; mais, comme la compétence du juge de paix du défendeur n'est la règle générale qu'en matière personnelle et mobilière, qu'au contraire le juge compétent en matière réelle est celui de la situation de l'objet litigieux, il nous semble que les dispositions qui ont de l'analogie avec le cas dont nous nous occupons doivent être suivies de préférence, et que c'est, par conséquent, devant le juge dans le ressort duquel se trouve la partie des biens présentant le plus grand revenu que l'action doit être portée.

75. Quant à l'étendue des biens dont le revenu sera la règle de la compétence, elle devra comprendre non pas seulement les lisières des terrains

à borner, mais chacune des deux propriétés entières, au moins des deux corps de ferme ou d'exploitation dont il s'agirait de fixer les limites.

SECTION IV.— *La compétence du juge de paix peut-elle être prorogée en matière de bornage?*

76. Il est généralement admis que la prorogation de juridiction ou de compétence n'est permise que lorsque le juge est compétent à raison de la *matière*, et par conséquent, lorsqu'il s'agit d'étendre le ressort relativement à l'importance du litige ou la juridiction relativement au domicile des parties.

Avant la loi de 1838, l'incompétence du juge de paix, pour prononcer sur les actions en bornage, était une incompétence à raison de la matière; mais la connaissance de ces mêmes actions ayant été attribuée aux juges de paix par cette loi, ils ne sont plus incompétents à raison de la matière même pour prononcer sur les questions de propriété qui peuvent s'élever.

En effet, le juge de paix, sans que même sa juridiction soit prorogée, peut avoir, en établissant la délimitation à attribuer telle ou telle portion de propriété à l'une ou à l'autre des parties, pourvu que celles-ci ne contestent pas, et quoique cependant elles ne soient pas d'accord. Le juge a donc, d'après la loi elle-même, pouvoir de prononcer sur les questions de propriété en matière de bornage; il a principe d'action et dès lors, en cas de contestation soulevée, sa juridiction peut être prorogée.

Section V. — *Exceptions aux règles de compétence. — Bornage entre les communes et les particuliers. — Chemins vicinaux. — Terrains militaires. — Délimitation du territoire entre deux communes. — Délimitation des forêts de l'Etat.*

77. En règle générale, le bornage entre les propriétés de l'État et celles des particuliers doit être opéré par les tribunaux ordinaires.

Ainsi, il a été jugé que les tribunaux sont compétents pour connaître des actions en bornage formées par les communes contre les propriétaires des héritages contigus aux chemins vicinaux. Cass., 25 novembre 1831.

« Que l'autorité judiciaire est seule compétente pour fixer le bornage d'un étang, bien que les propriétés riveraines aient été vendues par l'Etat comme nationales. » Rennes, 30 mai 1816.

Que même le bornage d'un domaine national, opéré par le préfet, ne met pas obstacle à ce que la délimitation de ce domaine soit remise en question devant les tribunaux. Ord. du Cons. d'Etat, 3 janvier 1828.

78. Toutefois, certaines dépendances du domaine

public, les routes, les terrains militaires dans les places de guerre et les ports militaires, ne peuvent être délimités que par l'autorité administrative.

Ainsi, il n'appartient qu'au ministre de la guerre de fixer, pour les places de guerre, les capitales d'après lesquelles on doit mesurer les distances légales et placer les bornes prescrites par la loi du 17 juillet 1819 (art. 6), relative aux servitudes imposées à la propriété pour la défense de l'Etat. Ord. du Cons. d'Etat, 2 novembre 1832.

Les tribunaux sont également incompétents pour décider, par interprétation des actes de délimitation des fortifications d'une ville, jusqu'où doivent s'étendre ces fortifications et, par exemple, si certains points des promenades d'une ville sont ou non compris dans les terrains affectés au domaine militaire ; ils doivent, lorsqu'ils en sont requis, surseoir à statuer et renvoyer l'interprétation de ces actes devant l'autorité administrative.

79. Quant à la délimitation de territoire entre deux communes, elle n'a aucun rapport avec l'action en bornage proprement dite ; elle est même étrangère à toute question de propriété et ne peut être qu'un acte du pouvoir législatif ou exécutif.

80. Aux termes du Code forestier, c'est par les agents de l'administration forestière que doit être faite la délimitation des forêts appartenant à l'Etat,

à la couronne, aux communes, aux établissements publics, ainsi que de celles possédées par les princes à titre d'apanage, ou par des particuliers à titre de majorat réversible. C. proc., art. 10, 11, 124, 125, 129 et 130; ord. règlement. 1er août 1827, art. 37 et suivants.

CHAPITRE III.

A qui appartient l'action en bornage et contre qui peut-elle être intentée?—Usufruitier, fermier, tuteur, mari, etc.; préfets, maires, administrateurs, arrière-voisin.

SECTION Ire. — *Droit de l'usufruitier, de l'usager, de l'emphytéote quant à l'action en bornage, et à la défense à cette action.*

81. L'usufruitier peut-il exercer l'action en bornage?

On a beaucoup discuté sur cette question : les uns, considérant l'action en bornage comme essentiellement réelle, ont refusé à l'usufruitier le droit de l'exercer. Nous ne comprenons pas, quant à nous, ce motif: le droit réel, dit-on, ne peut appartenir qu'au maître de la chose. Mais l'usufruitier peut aussi être considéré comme maître de la chose, ou au moins d'une partie de la chose; il a un droit dans la chose, *jus in re*. Aussi, il ne s'agit pas pour nous d'examiner si l'usufruitier a le droit d'intenter l'action en bornage, mais comment il doit l'intenter.

82. Cependant, les autorités qui ont émis des opinions contradictoires sur ce point sont si imposantes que nous devons les faire connaître.

Et d'abord, Toullier, voyant dans l'usufruit un démembrement de la propriété, est d'avis que l'action en bornage appartient à l'usufruitier, mais pourvu qu'il mette en cause le nu-propriétaire; autrement le bornage ne serait que provisoire.

Carou (t. Ier, n° 198) critique fortement cette opinion : « La marche tracée par Toullier, dit-il, est impraticable. L'usufruitier, n'étant pas maître de la chose, n'a pas d'action personnelle contre le voisin; il n'existe de lien qu'entre celui-ci et le propriétaire. Cependant, l'usufruitier possesseur du fonds et propriétaire des fruits a un intérêt évident au bornage; mais, comme le dit Favard, le fermier et l'usufruitier ne peuvent que forcer le propriétaire à faire fixer les limites de l'héritage. »

Curasson pense, au contraire, que l'usufruitier peut, dans son intérêt personnel, intenter lui-même l'action en bornage.

M. Augier (*Le Juge de paix*, t. II, p. 277) se range à l'opinion de Carou « : Sur quoi, dit-il, se base-t-on pour accorder à l'usufruitier le droit de réclamer le bornage? Sur ce qu'il possède *pro suo ;*

mais il ne suffit pas de posséder *pro suo*, pour intenter une action en bornage, il faut posséder à titre perpétuel, car autrement (tous les adversaires de notre doctrine en conviennent) le bornage ne serait que provisoire, et il dépendrait du propriétaire d'en demander un nouveau, quand bon lui semblerait. Or, comment l'usufruitier pourrait-il obliger le voisin à faire un bornage provisoire?

« On objecte que le voisin ne peut exiger de l'usufruitier la preuve de son droit de propriété, car la possession le fait présumer propriétaire. L'erreur est manifeste; un fermier a la possession tout aussi bien qu'un usufruitier; si le voisin ne pouvait exiger de lui la preuve de son droit de propriété, l'action en bornage lui compèterait donc; cependant, il n'est pas un jurisconsulte qui ne la lui refuse.

« En invoquant d'ailleurs, pour l'usufruitier, la présomption de propriété qui résulte de la possession, on reconnaît implicitement que le titre de propriétaire est indispensable pour l'exercice de cette action; mais alors, ce n'est plus l'usufruitier, c'est le propriétaire présumé qui agit; et le voisin n'aura-t-il pas le droit de contester le titre qui établit la propriété du demandeur?

« Nous pensons, comme Carou et comme Favard, que l'action en bornage, tenant essentiellement au droit de propriété, ne compète pas plus à l'usufruitier qu'au fermier; ils peuvent seulement obliger le propriétaire à faire fixer dans un temps déterminé les limites de son héritage. »

83. Dans un article remarquable de l'*Encyclopédie du droit*, au mot *Bornage*, n° 37, M. Mongis signale les inconvénients graves de la non-présence du nu-propriétaire au bornage et les conséquences qui peuvent survenir.

« Dans tous les cas, dit cet auteur, il est bon de remarquer qu'il importe toujours d'appeler en cause le propriétaire qui, évidemment, ne peut souffrir des concessions et des arrangements faits à son insu et à l'égard duquel le bornage serait réputé *res inter alios acta*. Il faut donc que le bornage soit fait contradictoirement avec lui, sans quoi il pourrait en demander un autre, à l'expiration de l'usufruit, dit Toullier; en tout temps, suivant nous, car s'il est du droit de l'usufruitier de jouir des choses d'autrui à la charge d'en conserver la substance (art. 578 C. Nap.), il entre nécessairement dans les droits du propriétaire de veiller à ce que cette substance ne soit jamais altérée par la collusion ou la négligence du tiers détenteur. L'usufruitier assumerait même une grande responsabilité, si, provoqué au bornage ou menacé d'une usurpation, il ne s'empressait point d'avertir le propriétaire. Faute de cette dénonciation, il est responsable, porte l'article 614, de tout le dommage qui peut en résulter pour le propriétaire, comme il le serait des dégradations commises par lui-même.

« Le bornage ainsi fait avec l'usufruitier seul n'a donc qu'un caractère provisoire, et si le propriétaire voisin veut bien faire quelque chose de définitif, il doit appeler en cause le nu-propriétaire. »

84. Si cependant, l'usufruitier ou l'emphytéote, en dissimulant leur véritable qualité, ont agi comme propriétaires et surpris la bonne foi du voisin, il peut arriver, suivant les circonstances, que la bonne foi profite à ce dernier et le conduise à la prescription de dix et vingt ans, sauf le recours du propriétaire lésé contre les auteurs de la fraude.

85. Il est bien entendu que le droit d'intenter l'action en bornage appartiendrait encore au nu-propriétaire, alors même que tout aurait été réglé entre l'usufruitier et le voisin ; seulement on peut se demander quel serait l'effet d'un jugement qui reconnaîtrait à la nue-propriété plus ou moins de terrain qu'il n'en avait été attribué à l'usufruit.

Cette attribution purement provisoire aurait-elle force de chose jugée à l'égard de l'usufruitier? Nous ne le pensons pas ; l'usufruitier, quant à la jouissance, n'est autre chose que le propriétaire lui-même ; la loi de celui-ci devient la loi de celui-là ; l'usufruit est un démembrement de la propriété ; or, la propriété n'est également que ce que le jugement l'a faite : il répugne qu'un droit d'usufruit s'exerce sur ce qui est jugé ne pas faire partie de la propriété soumise à cet usufruit, et l'auteur de l'usufruit n'a pu transmettre au delà de ce qu'il possédait lui-même; l'usufruitier serait donc fondé à dire au voisin : Je n'ai pas entendu traiter à forfait avec vous de ma jouissance; le premier bornage n'a eu qu'un objet, celui de fixer provisoirement les limites de la propriété sur laquelle devait s'étendre mon usufruit; aujourd'hui, ce provisoire tombe devant une mesure définitive.

86. D'après M. Dalloz, *Répertoire*, nouvelle édition, au mot *Bornage*, le nu-propriétaire est admis à exercer l'action en bornage, même pendant la durée de l'usufruit et sans qu'on puisse lui opposer le bornage fait avec l'usufruitier (Bordeaux, 23 juin 1836). Le droit du nu-propriétaire est, en effet, entièrement indépendant de celui de l'usufruitier, et le premier ne peut être engagé par les actes du second, qu'autant qu'il les a ratifiés directement ou indirectement. Aussi, le défendeur à l'action en bornage intentée par l'usufruitier peut-il exiger que le nu-propriétaire soit mis en cause, afin que le règlement des limites soit définitif pour les héritages contigus.

87. Notre but, en donnant ces divers extraits, a été surtout d'indiquer les motifs que l'on invoque pour ou contre les droits de l'usufruitier, car, nous le répétons, la question nous paraît pouvoir être

posée en des termes beaucoup plus simples, et la solution découlera de ces termes mêmes.

Ou l'action sera intentée par l'usufruitier seul, ou par le nu-propriétaire seul contre le voisin, ou par le voisin contre l'usufruitier seul, ou contre le nu-propriétaire seul.

Prenons d'abord pour base que l'usufruit est un démembrement de la propriété, que l'usufruitier est par conséquent propriétaire. Ce principe posé, il en résulte que l'usufruitier a le droit d'intenter l'action en bornage. Mais, s'il l'intente seul contre le voisin, celui-ci pourra lui dire : Vous n'avez pas droit de propriété complète et entière; le jugement qui interviendrait ne pourrait être opposé au nu-propriétaire; j'exige, par conséquent, que vous mettiez le nu-propriétaire en cause.

Si l'action est intentée par le nu-propriétaire seul, le voisin pourra encore exiger que l'usufruitier soit appelé pour défendre ses droits.

88. Si l'on suppose, au contraire, que c'est le voisin qui intente l'action en bornage contre l'usufruitier seul ou contre le nu-propriétaire seul, rien n'empêchera que le jugement soit prononcé, mais alors la décision ne sera opposable qu'à celui des deux, du nu-propriétaire ou de l'usufruitier, qui aura figuré dans l'instance contre lequel l'action aura été intentée.

Il sera difficile, en pareil cas, que devant le

tribunal le voisin ne sache pas que le défendeur est seulement usufruitier ou nu-propriétaire, et qu'alors il ne mette pas en cause celui des deux qu'il a omis d'assigner; mais s'il arrivait que le défendeur restât dans l'ignorance, le jugement qui interviendrait n'aurait d'effet qu'entre les parties présentes.

89. Nous n'admettrions même pas, avec M. Mongis, que le jugement qui reconnaîtrait à la nue-propriété plus de terrain qu'il n'en aurait été précédemment attribué par un autre jugement à l'usufruitier, dût bénéficier à l'usufruitier; celui-ci, à notre avis, resterait toujours sous l'empire du précédent jugement rendu contre lui. Ce jugement aurait, à son égard, la force de la chose jugée et il pourrait, dans tous les cas, lui être opposé.

90. Si l'usufruitier ou l'emphytéote, en dissimulant leur véritable qualité, avaient agi comme propriétaires et surpris la bonne foi du voisin, le voisin pourrait-il, comme le dit M. Mongis, profiter de sa bonne foi pour invoquer plus tard la prescription de dix ou vingt ans contre le nu-propriétaire, suivant les circonstances, en vertu de l'article 2265 du Code Napoléon? Oui, la prescription pourrait être invoquée puisque, d'après l'article 2265, « celui qui acquiert de bonne foi et par juste titre un immeuble en prescrit la pro-

priété par dix ans, si le véritable propriétaire habite dans le ressort de la Cour impériale dans l'étendue de laquelle l'immeuble est situé, et par vingt ans, s'il est domicilié hors dudit ressort. »

Mais le propriétaire lésé aurait, en pareil cas, recours contre celui qui aurait ainsi laissé prendre jugement à son détriment; c'est là une sanction de l'obligation naturelle imposée à l'usufruitier assigné seul en bornage, de désigner le nu-propriétaire, et aussi au nu-propriétaire de désigner l'usufruitier. Comme le fait remarquer M. Mongis dans l'article cité plus haut, l'article 614 du Code Napoléon oblige l'usufruitier à dénoncer au propriétaire toute usurpation commise sur le fonds par un tiers pendant la durée de l'usufruit, et, faute de dénonciation, le rend responsable du dommage qui peut en résulter pour le propriétaire.

91. L'usager ayant aussi un droit réel sur l'immeuble affecté à sa jouissance et possédant *pro suo* peut, comme l'usufruitier, exercer l'action en bornage. Ainsi, il a été jugé qu'une commune usagère a qualité pour former une action en bornage contre les propriétaires voisins, alors surtout que le propriétaire de l'héritage asservi, mis en cause par la commune, ne s'est pas opposé à cette action. Montpellier, 14 décembre 1840.

92. Sous l'empire du Code Napoléon, l'emphytéote a également un droit réel sur l'immeu-

ble qui a fait l'objet du contrat, et il peut exercer les actions qui en dérivent.

Section II. — *Droits du fermier relativement au bornage.*

93. Le fermier ne peut intenter une action en bornage; et l'action en bornage ne peut être intentée contre lui. Le jugement qui interviendrait avec le fermier seul sur le bornage ne saurait être opposé au propriétaire.

Cependant il pourrait arriver que le fermier fût troublé dans sa jouissance, par le propriétaire ou le fermier voisin, qui prétendrait droit sur les terres formant les limites de la ferme. Du moment qu'il s'agirait d'une question de propriété, le fermier devrait, en pareil cas, avertir le propriétaire, et, s'il avait à souffrir dans sa jouissance, il pourrait forcer le propriétaire d'intenter l'action en bornage.

94. Les articles 1725, 1726 et 1727 du Code Napoléon règlent au reste les droits du fermier et ses obligations vis-à-vis du propriétaire, relativement au trouble apporté à la jouissance ou à la propriété des lieux qu'il occupe.

« Le bailleur n'est pas tenu de garantir le preneur du trouble que des tiers apportent par voies de fait à sa jouissance, sans prétendre d'ailleurs aucun droit sur la chose louée, sauf au preneur à les poursuivre en son nom personnel.» Art. 1725.

« Si, au contraire, le locataire ou le fermier ont été troublés dans leur jouissance, par suite d'une action concernant la propriété du fonds, ils ont droit à une diminution proportionnée sur le prix du bail à loyer ou à ferme, pourvu que le trouble et l'empêchement aient été dénoncés au propriétaire. » Art. 1726.

« Si ceux qui ont commis les voies de fait prétendent avoir quelque droit sur la chose louée, ou si le preneur est lui-même cité en justice pour se voir condamner au délaissement de la totalité ou de partie de cette chose, ou à souffrir l'exercice de quelque servitude, il doit appeler le bailleur en garantie, et doit être mis hors d'instance s'il l'exige, en nommant le bailleur pour lequel il possède. » Art. 1727.

Ces articles sont applicables à l'action en bornage comme à toute autre action, acte ou usurpation qui porterait atteinte au droit du propriétaire ou du fermier.

Section III. — *Du bornage des biens du mineur. — Action et défense à l'action. — Tuteur. — Autorisation. — Mineur émancipé. — Prodigue. — Bornage des biens des femmes. — Droit du mari. — Bornage des biens de l'État, des départements, des communes ; préfets, maires.*

95. Le tuteur peut, au nom du mineur, exercer l'action en bornage; mais a-t-il besoin de l'autori-

sation du conseil de famille, soit pour provoquer le bornage, soit pour défendre à une action de bornage? D'après l'article 464 du Code Napoléon: « Aucun tuteur ne pourra introduire en justice une action relative aux *droits immobiliers du mineur*, ni acquiescer à une demande relative aux mêmes droits, sans l'autorisation du conseil de famille. »

D'après l'article 465: « La même autorisation est nécessaire au tuteur pour provoquer un partage, mais il peut, sans autre autorisation, répondre à une demande en partage dirigée contre le mineur. »

96. Les auteurs conviennent en général que le tuteur ne peut intenter une action en bornage sans l'autorisation du conseil de famille, ou qu'au moins il est obligé de demander cette autorisation lorsqu'il s'élève une question de propriété. Toullier, tout en regardant l'action en bornage comme un acte d'administration qui peut être fait par le tuteur sans consulter le conseil de famille, reconnaît que l'avis du conseil doit être demandé sur les incidents qui feraient naître une question de propriété.

M. Marchand (*Code de la minorité*, nº 62) regarde l'autorisation du conseil comme nécessaire dans tous les cas : « On peut ranger, dit-il, parmi les actions immobilières, celle qui a pour objet d'obliger le propriétaire voisin du mineur au bornage de leurs propriétés contiguës, opération qui se fait à frais communs (646 C. Nap.); le tuteur doit donc être autorisé, le bornage pouvant amener une réduction de la propriété du mineur, si, avant lui, il y avait eu anticipation. Ce n'est pas au tuteur seul qu'il appartient d'apprécier une semblable mesure; mais il pourrait sans autorisation répondre à une action en bornage. »

97. Cette dernière opinion nous paraît beaucoup plus conforme aux articles 464 et 465 du Code: l'action en bornage est, en effet, on ne saurait élever aucun doute sur ce point, *relative aux droits immobiliers* du mineur.

En supposant qu'il n'y ait pas de contestation, il faut évidemment que le tuteur donne un acquiescement; qu'il acquiesce à ce que les bornes soient posées sur la ligne reconnue séparative entre les deux propriétés. Dès lors comment pourrait-il se dispenser de demander l'autorisation du conseil de famille, même avant d'intenter l'action et sans attendre que des prétentions à la propriété fussent soulevées?

98. En doit-on dire autant de la nécessité de l'avis de parents, pour que le tuteur puisse *défendre* à une action en bornage, soit qu'il s'agisse encore de contester, soit qu'il s'agisse d'acquiescer?

Quelques auteurs, assimilant la demande en

bornage à la demande en partage, en ont tiré la conséquence, en s'appuyant sur l'article 465 du Code précité, que le tuteur peut défendre à une demande en bornage, sans être pourvu de l'autorisation du conseil de famille. Le bornage étant forcé, comme le partage, il y aurait peut-être lieu d'objecter qu'il a fallu une disposition exceptionnelle, pour dispenser le tuteur de l'autorisation en répondant à une demande en partage dirigée contre le mineur, et que rien de pareil n'existe à l'égard de la défense à l'action en bornage. Mais il est plus vrai de dire que l'article 464 n'exige l'autorisation du conseil de famille que pour *introduire l'action en justice* ou pour *acquiescer* à une demande relative aux droits immobiliers du mineur : la même autorisation n'est donc plus nécessaire au tuteur pour défendre à une action. Dalloz, *Répertoire*, au mot *Minorité*, n° 625.

Cependant, comme il peut y avoir dans le bornage *acquiescement* (C. Nap., 464) et presque *transaction*, sous ce rapport encore l'autorisation du conseil de famille peut paraître nécessaire (C. Nap., 467) au tuteur, même lorsqu'il est appelé à défendre à une demande en bornage, surtout à y acquiescer. Nous ajouterons que s'il y avait réellement *transaction*, ce qui n'arriverait qu'après contestation expresse, élevée sur les conclusions des parties, il faudrait de plus avis de trois jurisconsultes et homologation du tribunal. C. Nap., 467.

99. Nous avons encore à déterminer les droits et les obligations du mari en matière de bornage.

Quant au bornage des immeubles appartenant à la communauté, le mari peut intenter seul l'action, et elle peut être intentée contre lui seul : « Le mari administre seul les biens de la communauté. Il peut les vendre, aliéner et hypothéquer sans le concours de la femme. » C. Nap., 1421.

Quant aux biens paternels de la femme, quoique le mari ait, dans la plupart des cas, droit d'en percevoir les revenus et de les administrer, même d'exercer les actions possessoires appartenant à sa femme, comme il ne peut les aliéner (C. Nap., 1428), l'action en bornage, ayant un caractère pétitoire, doit être intentée au nom de la femme elle-même, autorisée par son mari, de même que tous deux doivent être assignés pour y défendre. C. Nap., 818, 1428, 1538, 1549.

100. Cependant, sur toutes ces questions, M. Demolombe propose une distinction d'après laquelle il y aurait lieu d'appliquer à la capacité des parties, pour agir en matière de bornage, la règle que la loi elle-même du 25 mai 1838 (*Compétence des juges de paix*), article 6, n° 2, a posée relativement aux pouvoirs du juge à l'effet de statuer.

« Ou bien, aucune question ne s'élève sur la propriété ni sur les titres qui l'établissent, et alors l'action en bornage ne tendant absolument, comme dit Pothier, qu'à conserver à chacune des parties l'intégrité de son héritage (*De la Société*, n° 232), n'est, en réalité, qu'un acte d'administration conservatoire, et elle peut être exercée sans autorisation, par le tuteur, par l'envoyé en possession provisoire ou par le mari lui-même, sans l'intervention de la femme.

« Ou, au contraire, la propriété ou les titres qui l'établissent sont contestés ; et, dans ce cas, le même motif qui fait que le juge de paix cesse d'être compétent doit faire aussi que le tuteur et l'envoyé provisoire ont besoin d'autorisation et que la femme doit être mise en cause. »

Cette distinction de l'honorable auteur ne nous paraît pas fondée : le bornage, même réduit à un simple placement de bornes et quoiqu'aucune contestation ne s'élève sur la propriété ou sur les titres qui l'établissent, n'en est pas moins, comme nous le disions plus haut, la reconnaissance d'un droit, un acquiescement, la fixation des limites de la propriété. Il y a, nous le répétons, dans cet acte, un certain caractère transactionnel, et nous pensons qu'un tuteur devrait, non-seulement demander l'autorisation du conseil de famille pour intenter l'action ou pour y défendre, mais même se faire autoriser à consentir au placement des bornes, sans contestation sur le droit.

101. On s'étonne d'autant plus de voir M. Demolombe considérer l'action en bornage comme un simple acte d'administration, qu'aussitôt après, relativement au mineur émancipé, il lui refuse ce caractère.

« Il semblerait d'abord logique, dit-il, n° 261, d'appliquer la même distinction au mineur émancipé et à l'individu pourvu d'un conseil judiciaire et de leur accorder en conséquence le droit d'exercer l'action en bornage sous l'assistance de leur curateur ou de leur conseil, lorsqu'il ne s'élève aucune question de propriété.

« Cette application de notre principe est toutefois ici plus délicate; on sait, en effet, que le mineur émancipé ne peut faire seul aucun autre acte que ceux de pure administration (art. 484), et que l'individu pourvu d'un conseil judiciaire ne peut, en aucun cas, plaider sans l'assistance de ce conseil. Art. 499, 513.

« Il nous paraîtrait donc plus sûr qu'ils fussent l'un et l'autre assistés, dans tous les cas, de leur curateur ou de leur conseil. »

102. C'est par les préfets, ou contre les préfets, que doivent être intentées les actions en bornage des biens dépendant du domaine de l'Etat. Les préfets n'ont pas besoin, pour intenter les actions

relatives à ces biens, de l'autorisation du Conseil de préfecture. Avis Conseil d'Etat, 28 août 1823.

Mais les autres administrateurs doivent être autorisés : tels sont les maires, les envoyés en possession provisoire, le curateur d'un absent, le préfet, pour les biens du département.

SECTION IV. — *Du bornage avec les arrière-voisins.*

103. L'article 646 du Code Napoléon ne semble permettre l'action en bornage qu'entre voisins : « Tout propriétaire, dit cet article, peut obliger *son voisin* au bornage de leurs propriétés contiguës. » Cependant, il arrive quelquefois que le déficit éprouvé par celui qui demande le bornage ne provient pas du voisin, ou, du moins, que l'empiétement du propriétaire immédiatement voisin a été amené par une usurpation commise par l'arrière-voisin, de sorte que la preuve du déficit dépendra surtout de la constatation de cette usurpation.

Lorsque l'opération s'étend ainsi jusqu'aux propriétés non immédiatement contiguës, elle prend le nom d'*abornement.*

104. L'arrière-voisin peut-il être cité directement, ou faut-il attendre que le défendeur au bornage l'appelle et l'introduise dans la cause? M. Millet, dans son *Traité du bornage*, p. 255 et

suivantes, résumant, suivant son habitude, l'opinion de tous les auteurs, cite en ces termes celles de MM. Dumay et Armand Dalloz :

« Dumay, dans son appendice au *Traité* de Curasson, admet la mise en cause de l'arrière-voisin, comme appartenant directement au demandeur en bornage, parce que l'inaction des propriétaires intermédiaires ne doit pas nuire à celui qui ne jouit pas de toute sa contenance. Ce dernier, à la vérité, ne sera pas recevable à appeler de prime abord en bornage la partie qui ne le joint pas immédiatement, puisque cette action ne peut procéder directement que contre le maître de l'héritage contigu; mais il pourra, en signalant le fait au tribunal, faire ordonner la mise en cause du propriétaire ou des propriétaires voisins de son voisin. »

Armand Dalloz se prononce pour la mise en cause dans les mêmes conditions. Après avoir énoncé qu'il ne peut y avoir lieu à bornage qu'entre propriétaires dont les héritages sont contigus, il ajoute : « Cependant il peut se présenter une circonstance où des propriétaires séparés par une autre propriété peuvent être mis en cause dans un bornage provoqué entre voisins contigus. C'est le cas dans lequel le fonds non contigu aurait une superficie plus grande que celle indiquée par les titres et qu'au contraire les fonds du demandeur et

du défendeur éprouveraient un déficit de contenance. »

C'est dans ce sens que s'est prononcé un jugement du tribunal de Dijon, du 25 juillet 1832.

105. Quelques autres arrêts ont été rendus sur cette question.

Ainsi, il a été jugé par la Cour de Douai, le 11 novembre 1842, qu'en matière de mesurage et de bornage, l'opération devant s'étendre jusqu'à bornes certaines, on peut appeler en cause même les propriétaires de fonds non contigus à celui du demandeur.

Un arrêt de la Chambre des requêtes, du 20 juin 1855, a décidé que le demandeur en bornage peut appeler directement dans l'instance qu'il suit contre le voisin dont la propriété est contiguë à la sienne, les propriétaires d'héritages non contigus, lorsque leur présence est indispensable pour opérer le bornage régulier des propriétés limitrophes; et qu'il n'est même pas nécessaire que cette mise en cause des arrière-voisins ait été préalablement demandée au juge de l'action en bornage et ordonnée par lui.

Enfin, jugé encore par arrêt de la même Chambre des requêtes, du 9 novembre 1857, que le juge de paix saisi d'une action en bornage entre voisins dont les propriétés sont contiguës peut ordonner la mise en cause de tous les propriétaires des fonds compris dans le même ténement, s'il reconnaît qu'il est impossible d'opérer isolément et qu'il est nécessaire, pour procéder utilement au bornage, de mettre en présence tous ces propriétaires. Vainement, l'un des propriétaires ainsi appelés refuserait-il de produire ses titres, sous prétexte qu'il s'agit là d'un bornage général non autorisé par l'article 646 du Code Napoléon, alors d'ailleurs que ses voisins, donnant leur assentiment à l'opération, ont eux-mêmes demandé le bornage de leurs parcelles contiguës avec les siennes.

106. Cette dernière considération, tirée de l'arrêt du 9 novembre 1857, est basée sur une circonstance dans laquelle le droit d'appeler l'arrière-voisin en cause ne peut être l'objet d'aucun doute. Il est évident que le voisin qui est amené par la demande en bornage formée contre lui à provoquer en même temps, et pour arriver aux fins de la demande, le bornage d'autres propriétés contiguës à la sienne, a le droit de mettre ses propres voisins en cause.

Il est évident encore que le juge de paix peut ordonner la mise en cause de tous les propriétaires des fonds compris dans le même ténement, s'il reconnaît qu'il est impossible d'opérer isolément.

107. Mais celui qui demande le bornage a-t-il le droit de citer sur-le-champ et à la première audience l'arrière-voisin avec le voisin ? L'arrêt pré-

cité de la Cour de cassation, du 20 juin 1855, l'y autorise ; et, en effet, nous ne voyons pas quel inconvénient peut en découler. Si l'arrière-voisin peut être forcé de procéder, pourquoi ne le serait-il pas aussi bien sur citation prompte et directe, qu'après jugement constatant la nécessité de l'introduire dans l'instance! Dans le cas où la demande dirigée contre lui ne serait pas fondée, il ferait valoir ses moyens et le demandeur serait condamné aux dépens à son égard ; dans le cas où la demande serait fondée et où il consentirait à ce que le bornage fût fait contradictoirement avec lui, par le juge de paix, c'est-à-dire où il ne contesterait ni la propriété, ni les titres, pourquoi obliger le demandeur à un circuit d'action ou à faire ordonner par un jugement la mise en cause de l'arrière-voisin.

CHAPITRE IV.

Biens soumis au bornage. — Propriétés de l'Etat ou des communes. Héritages séparés par un chemin, par un cours d'eau, etc.

108. Tous les fonds de terre sont sujets au bornage ; ceux qui appartiennent à l'Etat ou aux communes, comme ceux qui forment une propriété privée ; et comme cette action engage la propriété,

c'est aux tribunaux qu'elle doit être déférée, quel que soit le propriétaire de l'héritage en litige, telle est la règle générale; et il n'y a d'exception à cette règle que celles que nous avons indiquées ci-dessus, nos 77, 78 et 79.

109. Mais l'action en bornage ne peut-elle être intentée que relativement aux héritages ruraux? Il faut répondre affirmativement à cette question, sauf à bien déterminer ce que l'on entend par héritages *ruraux* et par héritages *urbains*. Le caractère d'héritage rural ou d'héritage urbain dépend de la nature des propriétés et non de leur situation. Ainsi, si des propriétés rurales consistent uniquement en édifices, cours et jardins entourés de murs, elles ne pourront donner lieu à l'action en bornage; si, au contraire, dans une ville se trouvent des jardins contigus, des terrains non séparés par des bornes ou signes bien sensibles, quoique appartenant à différents propriétaires, ils pourront être l'objet de l'action en bornage.

110. Le bornage, dit Pardessus dans son *Traité des servitudes*, deuxième édition, p. 296, concerne uniquement les héritages ruraux seuls susceptibles d'une étendue qui puisse varier et qu'on ait besoin de déterminer par des bornes; les héritages urbains consistant dans des bâtiments, quelque part qu'ils soient situés, ne sont pas susceptibles de bornage, ils sont plutôt voisins que limitrophes,

et les murs qui les composent en déterminent l'étendue.

111. Tout propriétaire peut, suivant l'article 646, obliger son voisin au bornage de leurs propriétés contiguës. Il ne faut pas ici confondre la contiguïté avec le voisinage; car, si deux héritages sont séparés par la propriété d'un tiers, il n'y a pas lieu à bornage entre eux. Ainsi, l'existence intermédiaire d'une rivière navigable ou flottable, d'un chemin ou de tout autre objet placé dans le domaine public ou municipal, empêche la contiguïté ; dans ce cas, chacun des héritages est plus proche de la rivière ou du chemin que de l'héritage voisin. Mais un sentier privé, un cours d'eau privé, un ravin, dont l'emplacement fait partie des fonds qu'ils bordent ou traversent, ne serviraient de limites qu'autant qu'ils seraient déclarés ou reconnus tels par les titres de l'une ou de l'autre des parties ; on suivrait les principes en matière de possession et de bornage.

Le bornage ne peut donc être demandé entre deux terrains séparés par une voie publique ou par un fleuve ou une rivière navigable.

Et il n'y a pas à distinguer sur ce point, entre les rivières navigables et celles qui ne sont pas même flottables, bien que les cours d'eau de cette seconde espèce puissent être considérés comme faisant une des dépendances des propriétés riveraines (C. Nap., 538), parce que, quelle que soit la nature du cours d'eau, il n'en forme pas moins, pour les deux propriétaires, une limite naturelle qui dispense de recourir au bornage. Néanmoins, comme le dit Pardessus, les simples ruisseaux n'empêchent pas légalement la contiguïté : *Si rivus privatus intervenit, finium regundorum agi potest.* L. 6, F. F. *Finium regundorum.*

Cette différence de solution peut se justifier, en ce qu'il est souvent assez facile de détourner le cours d'un ruisseau qui, par ce motif, ne forme pas une limite fixe.

112. Mais le bornage pourrait être admis s'il s'agissait d'établir des limites entre une propriété privée et la voie publique elle-même.

Nous verrons au chapitre suivant si l'action en bornage peut s'appliquer aux terrains séparés par des haies, talus, fossés, ravins, etc.

CHAPITRE V.

De l'imprescriptibilité de l'action en bornage. — Des fins de non-recevoir contre la demande en bornage; bornage précédent; mur, haie ou fossé de séparation; ravins, rideaux, etc. — Négation de la qualité d'héritier ou des droits de l'usufruitier, de l'usager, du mari, etc., à exercer l'action en bornage, compétence.

SECTION Ire. — *De l'imprescriptibilité de l'action en bornage.*

113. L'action en bornage, ayant un véritable caractère d'ordre public et ne pouvant d'ailleurs avoir pour résultat que de faire connaître les limites actuelles de deux propriétés voisines, est nécessairement imprescriptible. C'est l'opinion de tous les auteurs : « Quelque temps qu'on ait été sans être séparé de ses voisins par des bornes certaines, on ne peut se refuser à en laisser placer, parce que demander ou ne pas demander le bornage à son voisin, étant une chose de pure faculté, le silence, quelque long temps qu'il ait été gardé, n'y rend pas non recevable. » Pardessus, huitième édition, t. Ier, n° 130.

114. Mais la prescription pourrait être, bien entendu, opposée, aussi bien que les titres, à l'appui de la revendication, par les parties de propriétés voisines: c'est l'action en bornage seule qui est imprescriptible.

SECTION II. — *Du bornage précédent comme fin de non-recevoir contre l'action en bornage.*

115. D'après l'article 646 du Code Napoléon, « tout propriétaire peut obliger son voisin au bornage de leurs propriétés contiguës. » On peut conclure de cet article qu'il n'y a d'autre fin de non-recevoir à opposer à une demande régulièrement intentée en bornage de deux propriétés réellement contiguës, qu'un procès-verbal de bornage précédent ou un jugement rendu sur une demande antérieure en bornage, relativement aux deux mêmes propriétés.

116. Cependant, M. Millet fait remarquer qu'il a été longtemps d'usage, dans quelques localités, de procéder aux opérations de bornage les plus importantes et les plus compliquées, en présence de tous les propriétaires intéressés, sans que les arpenteurs dressassent procès-verbal, le plus souvent parce que les propriétaires ne s'en souciaient pas, parce que certains d'entre eux s'y opposaient même, et cet usage existerait encore. D'où M. Millet tire la conséquence que des bornages faits régulièrement, très-légitimement constatés, existent sans titre.

Ces bornages, dit M. Millet, « doivent être respectés comme les autres, à moins qu'il ne résulte des circonstances que la partie réclamante n'ait été que trop évidemment lésée ou que les bornes aient été déplacées et que, par ce moyen, on ait commis des usurpations.

« En disant que ces bornages doivent être respectés, nous entendons ceux qui ont été faits contradictoirement, en présence de tous les propriétaires intéressés, parce qu'autrement ils n'auraient aucune valeur, n'étant pas permis de se borner soi-même, ou du moins de telles bornes ne pouvant lier les propriétaires voisins. »

L'existence des bornes entre les deux propriétés paraît à M. Millet un signe, une preuve suffisante du fait du bornage; il va plus loin : après s'être demandé qui devra prouver que les bornes ont été placées du consentement de tous les propriétaires, il met cette preuve à la charge du défendeur, celui-ci pouvant dire avec avantage au demandeur : « L'existence des bornes entre nos propriétés est un fait matériel qui est la preuve la plus palpable que nos héritages sont limités; vous demandez un nouveau bornage; c'est à vous à prouver que celui qui existe n'a pas été fait contradictoirement. En vain vous viendrez prétendre qu'un bornage qui n'est point appuyé d'un titre n'est pas légal; le bornage n'a pas besoin de cette preuve; il existe et voilà tout; il puise les preuves de son existence dans son existence même. »

Nous ne comprenons pas, pour notre part, ce raisonnement. Quoique des bornes existent entre deux propriétés, il est certain que ces deux propriétés peuvent ne pas avoir été contradictoirement bornées; il a pu arriver que l'un des propriétaires ait placé de son propre mouvement, et sans aucune participation du voisin, quelques pierres bornales sur les confins de sa propriété; nous ne voyons donc pas comment la simple existence de bornes, sans aucune preuve à l'appui, pourrait être invoquée, dès l'abord de la cause, par le défendeur. Il nous semble, au contraire, que repoussant une action que le Code déclare appartenir à tout propriétaire de terrains contigus, il doit, s'il prétend qu'un bornage a déjà été opéré, en apporter la preuve. C'est à celui qui oppose une exception à en établir le fondement; comment, d'ailleurs, le demandeur prouverait-il qu'il n'y aurait pas eu de bornage? Ce serait mettre à sa charge une preuve négative, impossible dans presque tous les cas.

117. Quoi qu'il en soit, M. Millet ajoute que les preuves que le bornage a été ou n'a pas été régulièrement fait peuvent s'établir par tous les moyens possibles; de simples présomptions suffiraient; le témoignage de l'arpenteur et des personnes employées à l'opération devrait être déterminant; le serment pourrait même être déféré.

Nous sommes loin, encore, sur ce point, d'être d'accord avec M. Millet; le bornage est une opération dont il doit rester des traces ; la raison d'ordre public qui a toujours fait obliger au bornage et qui a dicté l'article 646 du Code Napoléon ne permet pas de faire dépendre le bornage, ou le droit de demander le bornage, de simples présomptions ou d'une simple preuve par témoins ; aucune fin de non-recevoir ne peut être opposée au bornage, que la *preuve* d'une délimitation antérieure faite suivant le mode prescrit par le Code, et notamment par les articles 1341, 1347 et 1348 ; le premier portant « qu'il doit être passé acte devant notaire ou sous signature privée de toute chose excédant la somme ou valeur de cent cinquante francs, » le second et le troisième n'admettant d'exception à cette règle que « lorsqu'il existe un commencement de preuve par écrit ou lorsqu'il n'a pas été possible au créancier de se procurer une preuve littérale de l'obligation qui a été contractée envers lui, » comme lorsque l'obligation naît d'un quasi-contrat, d'un délit ou d'un quasi-délit, ou d'un dépôt nécessaire, d'un accident imprévu.

Il n'y a rien, dans ces exceptions, qui se rapporte au bornage ; nous ne comprenons donc pas, nous le répétons, pourquoi le bornage ne serait pas soumis à l'acte écrit, pourquoi la preuve testimoniale ou les présomptions pourraient être invoquées.

118. Quant au serment décisoire, comme il peut

être déféré sur quelque espèce de contestation que ce soit, nul doute qu'il ne soit permis d'y avoir recours en matière de bornage.

119. Quoique le bornage ait été fait régulièrement entre deux propriétés contiguës, il peut y avoir lieu à une action en délimitation, si les bornes ont été déplacées; non pas que le déplacement de bornes ne puisse, s'il a été opéré dans l'année, donner lieu à une simple action possessoire, mais lorsqu'il date de plus d'un an, l'action en bornage peut être intentée.

Nous n'avons pas besoin de dire que, dans ces cas, le propriétaire frustré peut encore avoir recours à l'action en revendication ordinaire.

Voici au reste l'opinion des auteurs sur ces questions. M. Demolombe (nos 280 et suiv.), pose et résout les questions suivantes :

« Le titre qui résulte du bornage, avec les déterminations respectives des contenances qu'il constate, est-il définitif et irrévocable ?

« La partie qui prétendrait que l'opération qui a été faite ne lui a pas attribué les quantités auxquelles elle avait droit, et que les bornes auraient dû être plantées sur une autre ligne que celle où elles ont été mises, cette partie serait-elle encore recevable?

« Les auteurs qui ont écrit sur notre sujet ne paraissent pas avoir abordé très-nettement cette question ; et les opinions divergentes que l'on rencontre ici sont peut-être bien aussi un peu confuses.

« Nous présenterons, pour notre part, la distinction que voici :

« Ou le bornage a été fait en exécution d'une décision judiciaire qui a ordonné la plantation des bornes à tel ou tel endroit, et alors cette décision ne pourrait être attaquée suivant le droit commun que par les voies de recours permises et sous les conditions et dans les délais déterminés ;

« Ou le bornage a eu lieu par suite d'un accord volontaire entre les parties, et alors la règle générale est qu'il fait leur loi commune, et que l'une d'elles ne pourrait plus ensuite venir discuter de nouveau sur la meilleure ligne de démarcation qu'il convenait d'adopter. Art. 1134.

« Nous croyons cependant qu'il faudrait excepter :

« 1° Le cas où la convention serait attaquée pour cause d'erreur ; comme si, par exemple, un premier procès-verbal de bornage, ignoré des parties, avait déjà eu lieu antérieurement ; car alors il serait vrai de dire que la nouvelle opération était sans but et sans cause.

« 2° Le cas, assez rare d'ailleurs, que suppose notre honorable collègue, M. Toullier, où les parties n'auraient entendu faire qu'une opération purement matérielle de plantation de bornes, sans fixer par là l'incertitude qui pourrait exister sur la ligne divisoire de leurs fonds.

« Le bornage une fois opéré a encore cet effet de faire, en général, pendant trente ans, obstacle à une nouvelle demande en bornage, car un propriétaire ne saurait, bien entendu, forcer son voisin de recommencer à tout propos cette opération, dont le résultat est devenu leur loi commune.

« L'action en déplacement de bornes serait d'ailleurs toujours recevable.

« Et il est clair également que si, par un accident fortuit quelconque, les bornes avaient été détruites, *si irruptione fluminis fines agri confundit inundatio* (L. 8. ff., *Fin. regund.*), chacun des voisins aurait le droit d'en demander le rétablissement, en exécution même du procès antérieur de bornage. »

L'opinion du savant professeur de Caen sur ces diverses questions nous paraît irréprochable, sauf, toutefois, que le droit d'attaquer, pour cause d'ignorance d'un procès-verbal antérieur, le bornage légalement opéré, devrait être limité au cas où le bornage aurait été fait par *convention* ou *contrat*, et où il n'aurait pas été réglé par jugement passé en force de chose jugée. Dans ce dernier cas, la décision ne pourrait être attaquée que par requête civile, et s'il y avait lieu à requête civile. C. proc., art. 480, 9° et 10°.

Quant à la supposition que fait M. Toullier, qu'il n'y aurait eu entre les deux propriétés voisines qu'une simple plantation de bornes, sans vérification, considérée comme non obligatoire, il résulterait, en pareil cas, du procès-verbal, que ces bornes n'auraient aucun caractère légal; ou bien il n'y aurait pas de procès-verbal, et aucune fin de non-recevoir ne pourrait, par conséquent, en découler contre l'action en bornage.

MM. Dalloz, dans la nouvelle édition de leur répertoire, au mot *Bornage*, n° 13, paraissent d'abord étendre outre mesure le droit d'intenter l'action en bornage après jugement ayant acquis force de chose jugée.

« La chose jugée, disent-ils, ne met, pas plus que la prescription, obstacle à l'action en bornage; une telle action est toujours recevable, pourvu d'ailleurs qu'elle soit sérieuse et n'ait point un simple but de tracasserie. » Mais ces auteurs semblent sur-le-champ revenir vers la non-recevabilité : « L'action, ajoutent-ils, aurait certainement le caractère de tracasserie, si, immédiatement après qu'un bornage aurait été valablement opéré et alors que nulle usurpation ne serait alléguée, l'un des voisins réclamait un bornage nouveau. C'était déjà la disposition de la loi romaine. L'action en bornage intentée contre plusieurs propriétaires d'un même terrain, porte la loi 9, liv. VIII, D., *Fin regund*, subsiste même après qu'ils ont partagé entre eux ou aliéné le fonds commun, *vel alienaverint fundum*.

« Conformément à cette doctrine, il a été jugé : 1° qu'un arrêt peut, sans violer l'article 646 du Code Napoléon, rejeter une demande en bornage, alors que d'anciennes bornes existent entre les propriétés des parties et que le demandeur ne justifie pas qu'il y a eu anticipation par son voisin sur ses propriétés : il importerait même peu, dans ce cas, que, par une transaction, les parties se fussent réservé le droit de borner leurs propriétés (Cass., 14 janvier 1824); 2° que le bornage doit être refusé toutes les fois qu'il existe entre les propriétés contentieuses une borne légale, et que l'on peut considérer comme telle une haie vive et ancienne, dont la mitoyenneté est reconnue (Cass., 2 novembre 1808); il faut croire que dans les espèces de ces arrêts, la demande en bornage ne paraissait pas de nature à amener un changement à l'état des lieux tels qu'ils se trouvaient fixés par les bornes ci-devant posées et qui l'avaient été contradictoirement. Dès lors, en effet, que des bornes existaient et que le demandeur n'alléguait ni l'illégalité de leur plantation, ni leur déplacement, ni la perte du procès-verbal ou de l'acte qui avait constaté la délimitation du terrain, ni enfin une erreur matérielle dans cette délimitation convenue de gré à gré entre les parties et que la prescription n'avait pas encore couverte, il est sensible que sa prétention devait être justement repoussée. »

Section III. — *De la fin de non-recevoir contre l'action en bornage proprement dite, tirée de l'existence d'un mur, d'une haie, d'un fossé, d'un rideau, etc., entre les deux héritages.*

120. Quelques auteurs ont soutenu que l'existence d'un mur, d'une haie ou d'un fossé entre deux héritages, peut être un obstacle à l'action en bornage proprement dite. Ainsi, d'après Curasson, si l'un des voisins, prétendant que son héritage doit outre-passer le mur, la haie ou le fossé, demande que les bornes soient plantées au delà, le bornage ne pouvant être effectué de cette manière, sans que la destruction du mur de la haie, du fossé soit ordonnée, il s'agit moins alors d'une action en bornage que de la demande en revendication d'un terrain parfaitement déterminé; le voisin n'aurait donc que l'action possessoire, s'il en était temps encore. T. II, n° 11, p. 236.

Au supplément, p. 108, on lit : « Il en sera de même si la limite est fixée par un mur, une haie, un fossé; dans ce cas une position de bornes peut être requise, ainsi que l'a décidé un arrêt de 1818, afin d'empêcher le changement de la limite existante; mais il n'y a rien à délimiter, parce que la limite est certaine, fixée par une clôture visible; l'état de possession ne saurait être légalement interverti que par le résultat d'une action directe en revendication. »

121. L'arrêt de la Cour de Besançon sur lequel Curasson se fonde est du 10 mars 1828; cet arrêt a jugé que l'action en bornage n'est pas recevable lorsque, depuis plus d'un an, les héritages sont séparés par une haie ou un mur; en ce cas le propriétaire qui prétend n'avoir pas la contenance de terrain qui lui appartient ne peut agir que par la voie de revendication.

L'arrêt se fonde sur ce que l'action en bornage n'a été autorisé que lorsque les limites sont incertaines : « Les usurpations qui se commettent insensiblement et à la longue, dit l'arrêt, ne peuvent procurer qu'une possession incertaine, précaire et clandestine, qui ne saurait servir de base à la prescription; et c'est sur ce motif qu'est fondé le principe d'après lequel les limites ne se prescrivent pas. En ce cas, la revendication n'est qu'une conséquence de la délimitation, n'est que l'objet secondaire de l'action dont le bornage est l'objet certain et principal. Il ne peut en être de même lorsqu'il s'agit de propriétés closes et dont la clôture, existant depuis plus d'un an, fixe un état de possession publique, que rien n'autorise à considérer comme précaire et qui fait légalement réputer propriétaire celui qui possède, jusqu'à la preuve contraire; et l'action en bornage ne peut plus être le moyen régulier d'arriver à cette preuve, parce que, les limites n'étant ni confondues ni incertaines, il ne peut y avoir lieu à l'action en bornage, dont le principal objet est de les faire reconnaître et fixer; la seule action qui puisse alors compéter est la revendication propre et directe, pour le succès de laquelle il faut prouver, par les moyens ordinaires, son droit à la chose revendiquée. »

La doctrine de cet arrêt de la Cour de Besançon, approuvée, comme on l'a vu, par Curasson, est repoussée par Armand Dalloz dans son *Dictionnaire du droit*: « Nous pensons, dit-il, que cette doctrine heurte les principes de la matière. D'une part, en effet, il est unanimement reconnu que l'action en bornage est imprescriptible; en second lieu, il a été démontré qu'il ne fallait pas confondre la délimitation avec le bornage; que tant que l'action en bornage proprement dite n'avait pas été faite contradictoirement entre les deux propriétaires contigus, le droit existait toujours. Pourquoi, dès lors, n'accorder qu'un droit de *revendication* à l'un des propriétaires? A cause de cette circonstance qu'un mur ou une haie forme la délimitation des propriétés? Nous n'examinons pas quelle a été la durée de cette délimitation; eût-elle été trentenaire, immémoriale, l'action en bornage n'en existe pas moins, puisqu'elle est imprescriptible; seulement les bornes devraient être placées sur les limites de la possession des deux propriétaires : *Tantum possessum, quantum præscriptum.* » Supplément, v° *Servitude*, art. 2, § 2, n°s 198-200.

122. M. Perrin, dans son *Code des constructions et de la contiguïté*, p. 230, est aussi d'avis que la demande en bornage peut être formée, encore qu'il existe un ruisseau particulier entre les deux héritages; il en est de même des limites bien visibles, si du moins ces limites n'ont pas le caractère ordinaire de véritables bornes. Il a toutefois été jugé, ajoute-t-il, par la Cour de Besançon, le 10 mars 1828, qu'un mur et une haie, formant depuis plus d'un an la séparation de deux propriétés contiguës, devaient mettre obstacle à ce qu'une demande en bornage pût être accueillie; mais, par arrêt du 27 février 1834, la Cour de Douai a décidé que le propriétaire qui a volontairement planté une haie sur son héritage n'en a pas moins le droit de demander le bornage. La Cour de cassation avait déjà jugé ainsi, par arrêt du 30 décembre 1818, et je pense que cette décision est dans les principes.

123. M. Delahaye, juge au tribunal de la Seine, dans un article reproduit par nos *Annales des justices de paix* (vol. de 1843, p. 41), s'exprime ainsi sur la même question : « Je ne puis partager l'opinion de M. Curasson pour le cas où il existe entre les deux héritages un mur, un fossé ou une haie, et où les deux voisins demandent que les bornes soient reportées au delà. Dans ce cas, dit ce jurisconsulte, il s'agit moins d'une action en bornage que d'une action en revendication d'un terrain parfaitement clos. De fait, ce terrain peut être parfaitement clos; mais en droit, il peut l'être très-irrégulièrement. Le voisin ne peut-il pas avoir bâti le mur, creusé le fossé, planté la haie, sur la propriété d'autrui? S'il prétend que les choses existent ainsi depuis plus de trente ans, revient la question de prescription; s'il n'élève pas cette prétention, un arpentage peut seul trancher cette contestation : l'existence du mur, du fossé ou de la haie ne change pas la nature de l'action.

124. M. Millet, après avoir rapporté ces diverses opinions et extraits, et avoir cité encore à l'appui de la recevabilité de l'action l'opinion de M. Mongis, *Encyclopédie du droit*, v°. *Bornage*, n° 29, et celle de M. Solon, *Traité des Servitudes*, n° 61, contraire à la recevabilité, donne en ces termes sa propre opinion :

« Une simple réflexion suffit pour détruire le

raisonnement de M. Solon : Est-ce à dire parce qu'il y a un mur, que ce mur est la véritable limite? Même observation pour la double rangée d'arbres ou le double rayon de vignes. Et les arbres et la vigne prouvent-ils par eux-mêmes la véritable limite? — Non, assurément non. Au surplus, celui qui a édifié le mur, planté les arbres et la vigne, avait-il le droit de se faire à lui-même, sans la présence de son voisin, une limite?

« Les choses matérielles sont par elles-mêmes insignifiantes, et ne peuvent évidemment donner aucun droit et empêcher l'exercice d'une action toute légitime, que le temps ne peut détruire.

« Quant à nous, nous ne voyons pas le moindre motif de rejeter l'action en bornage, sous prétexte qu'il existerait entre les propriétés à borner, soit un fossé, soit une haie, soit même un mur. Qu'est-ce qui prouve, en effet, que ce fossé, cette haie, ce mur sont bien entre les deux propriétés? Qui sait si les confins ne sont pas ailleurs, et si les bornes ne devront pas être placées en deçà ou au delà? En pareil cas, l'action se présente donc dans des termes absolument identiques, au cas où le mur n'existerait pas; c'est-à-dire que, si la propriété ou les titres ne sont pas contestés, si l'action reste dans des termes tels qu'elle puisse être jugée par le juge de paix, le juge de paix prononcera. Si, au contraire, la propriété ou les titres sont contestés, s'il y a revendication expresse, la contestation rentrera dans les attributions du tribunal de première instance, qui est appelé à connaître de toute espèce de contestation, soit qu'il s'agisse de revendication, de prescription ou de toute autre question de propriété. »

125. « Quant aux rideaux (1), dit ailleurs M. Millet, si la pente va en diminuant insensiblement, il est intéressant pour le propriétaire du rideau de le borner avec la terre voisine, à cause des empiétements ; s'ils ont une pente perpendiculaire, il peut encore être utile de les limiter, afin de n'en pas permettre le déchaussement.

« Dans ces cas, les rideaux sont supposés être la propriété exclusive des terres supérieures; fussent-ils comptés par moitié ou pour les deux tiers, ou à jambes pendantes, ils seraient encore susceptibles d'être bornés.

« Ainsi, pour toutes les voies privées, soit qu'elles appartiennent aux communes ou aux simples particuliers, leur délimitation est très-praticable ; c'est le seul moyen d'en empêcher la variation de-ci, de-là.

« Souvent, il arrive que les chemins, à cause de leur situation, redescendent dans les terres voisines ou y sont rejetés par le fait des riverains. Il en est

(1) On appelle *rideau, tertre* ou *terme*, dans les anciennes coutumes, une éminence ou élévation de terrain entre deux héritages voisins.

de même des rivières privées, ruisseaux et ravins. On fixe aisément leur étendue, et les empiétements volontaires sont alors réprimés.

« Il semblerait que pour tous ces objets il s'agit moins de bornage que d'alignement : cela est vrai ; mais l'alignement étant une espèce de bornage, on peut également avoir recours à cette voie, en justice de paix.

« Les terrains vains et vagues, laissés ou réservés au delà des bâtiments, entourant même les murs de jardins, peuvent être également délimités. »

126. Après avoir cité quelques autres exemples, M. Millet explique qu'en cas d'usurpation par le voisin, lorsque l'usurpation est encore récente, deux voies sont ouvertes, la réintégrande et le bornage : en réintégrande, le juge de paix pourrait planter des bornes comme consécration de sa décision ; mais elles ne seraient que provisoires. « Quoique les frais, ajoute l'honorable auteur, qui sont les mêmes qu'au possessoire, soient en commun, la demande en bornage est préférable, parce que cette mesure sera au moins définitive. »

Nous ne saurions adopter sans aucune restriction la doctrine de M. Millet sur tout ce qu'il dit du droit d'exercer l'action en bornage, lorsque les héritages sont séparés par des murs, haies, chemins, rideaux, etc. Nous ne pouvons reconnaître avec lui que l'action en bornage soit préférable à l'action en réintégrande. Cette dernière nous paraît beaucoup plus sûre, surtout lorsque, comme dans les cas qu'il pose, il y a eu usurpation flagrante de terrain.

Le voisin qui s'est ainsi emparé presque violemment d'une partie de la propriété de son voisin ne consentira sans doute pas volontiers à l'action du bornage; il élèvera des questions de propriété. L'action en réintégrande, si la possession annale est bien établie, doit donc, à notre avis, être préférablement intentée.

127. M. Demolombe, dans son *Cours* du Code Napoléon, examine aussi la question de savoir si l'action en bornage est recevable, lorsque l'un des propriétaires a établi pour sa limite une haie vive ou sèche, des épines de foi, des arbres, et surtout un mur.

« D'après une doctrine qui compte des autorités importantes, dit-il, il n'y aurait lieu, dans ces circonstances, qu'à l'action en revendication de la part du voisin, surtout lorsque les signes de délimitation existent depuis plus d'un an : l'action en bornage, prétend-on, n'a pour but que de faire déterminer les limites incertaines, et de mettre fin aux usurpations qui ne reposent que sur une possession clandestine et précaire; or, dans les hypothèses proposées, les limites sont certaines et la possession publique, puisque le tout se révèle par une clôture qui fixe la délimitation respective des fonds dont l'action en bornage n'est pas admissible, et on ne peut agir qu'en revendication ou par simple action possessoire, s'il en est temps encore.

« Voici pourtant nos objections :

« Le texte de l'article 646 est absolu; il accorde à tout propriétaire le droit de demander à son voisin le bornage de leurs propriétés contiguës, sans distinguer si ce voisin a clos lui-même sa propriété, ni si cette clôture existe depuis plus ou moins d'une année.

« C'est qu'en effet le bornage est une opération essentiellement contradictoire, et qui n'est opposable qu'à celui-là qui y a été partie ; on a, sous ce rapport, fort exactement distingué le bornage lui-même d'avec la simple délimitation.

« Enfin, le voisin a certainement le droit de demander que les limites des deux propriétés soient déterminées d'après les signes usités dans le pays, lorsque ceux qui ont été employés par le voisin, tels que haies, pieds-corniers, ou autres semblables, n'ont pas ce caractère et n'offrent pas les mêmes garanties de durée et de fixité. »

Section IV. — *Fin de non-recevoir tirée de la négation du fait de contiguïté ou du défaut de qualité du demandeur. — Contestation de la qualité d'héritier ou autre ; compétence.*

128. Quel est le juge qui doit prononcer sur le fait de voisinage ou de contiguité ou sur la qualité des parties, lorsque la qualité des parties est contestée et par suite leur droit à la propriété contiguë ?

Si l'une des parties conteste purement et simplement le fait de la contiguïté, soit parce qu'un chemin rural, par exemple, un ruisseau, un fossé, séparerait les deux propriétés ; ou bien encore si elle prétendait qu'un mur formant séparation, il n'y aurait pas lieu à l'action en bornage, comme, dans tous ces cas, les titres ni la propriété ne seraient contestés, le juge de paix se trouverait compétent. C'est aussi l'avis qu'émettait sur cette question M. Delahaye, alors juge au tribunal de la Seine, dans un article inséré aux *Annales des justices de paix* (t. X, ann. 1843, p. 41) : « Une juridiction, même exceptionnelle, disait M. Delahaye, est investie du pouvoir de juger toutes les questions qui se lient au genre de contestations dont la loi lui attribue la connaissance, à l'exception seulement de celles dont le jugement lui a été refusé par une disposition formelle. »

129. Mais en sera-t-il de même, si la qualité de

l'une ou de l'autre des parties est contestée, lorsqu'il s'agit de savoir, par exemple, si l'action en bornage peut être intentée par l'usufruitier, par l'usager, par le mari à l'égard des biens personnels de sa femme, par le tuteur sans l'autorisation du conseil de famille? Nous n'hésitons pas à adopter l'affirmative, et nous sommes encore d'accord sur ce point avec M. Delahaye : « Le juge de paix, dit M. Delahaye, dans l'article précité, peut et doit connaître des questions qui s'élèvent sur la qualité du demandeur et dont voici quelques exemples : L'action en bornage peut-elle être intentée par l'usufruitier, l'usager, par le mari, à l'égard des biens personnels de sa femme? Le droit du mari est-il le même, selon qu'il y a ou qu'il n'y a pas séparation de biens? Lorsque les époux sont mariés sous le régime dotal, ne faut-il pas distinguer entre les biens dotaux et les biens paraphernaux? Le tuteur peut-il intenter l'action en bornage sans l'autorisation du conseil de famille? Par qui peut-elle être intentée dans l'intérêt de l'absent? Ces questions peuvent n'être pas sans difficultés; elles exigent certainement une connaissance assez étendue du droit. Néanmoins, je n'hésite pas à penser que le juge de paix ne soit investi du pouvoir de les décider : en attribuant à un juge la connaissance d'un certain genre de contestation, la loi lui confère le droit de statuer sur toutes les questions de fait et de droit qui se lient à ce genre de contestation, et notamment sur celles qui concernent la qualité de celui qui intente l'action; s'il en était autrement, le tribunal serait entravé dès le début, par des déclinatoires sans nombre. »

130. Mais M. Millet va plus loin; il prétend que le juge de paix peut même décider de la qualité d'héritier et, s'il y a lieu, condamner comme héritier pur et simple un héritier bénéficiaire; il rapporte dans son traité un jugement rendu par lui d'après ce principe, et dans lequel, considérant que la demanderesse soutient et offre de prouver qu'avant son acceptation bénéficiaire le défendeur avait soustrait de la succession de son père différents objets mobiliers; qu'il doit être réputé à son égard héritier pur et simple et, comme tel, condamné personnellement au payement de la somme réclamée, il admet la preuve des faits articulés.

131. Nous ne saurions, quant à nous, adopter sur ce point, l'opinion de M. Millet : la qualité d'héritier ou d'héritier bénéficiaire attribuée par jugement, de quelque tribunal que le jugement émane, ne saurait manquer de rejaillir dans toutes les circonstances ultérieures sur la partie qui aurait repoussé cette qualité.

132. Si le juge de l'action est quelquefois juge de l'exception, c'est lorsque l'exception rentre dans ses attributions; or, aucune loi ne donne au juge

de paix le droit de prononcer sur la qualité d'un héritier.

L'on ne peut dire, d'ailleurs, que ce soit là un simple moyen opposé à une demande : c'est une exception qui défère au juge de paix une question sur laquelle les tribunaux de première instance sont seuls aptes à prononcer.

L'article 426 du Code de procédure civile dit formellement que, « si la qualité des veuves et héritiers est contestée devant les tribunaux de commerce, les juges renverront devant les tribunaux ordinaires, pour ces qualités y être réglées, et qu'ensuite il sera jugé sur le fond par le tribunal de commerce. »

Quoique Rodière (t. Ier, p. 147) prétende qu'en l'absence d'un texte qui reproduise pour les justices de paix la disposition établie pour les tribunaux de commerce, par l'article 426 du Code de procédure, il y a lieu d'appliquer, dans le cas dont il s'agit, la règle générale que le juge de l'action est juge de l'exception, et quoique MM. Dalloz, en leur *Répertoire*, nouvelle édition, au mot *Compétence civile des juges de paix*, n° 339, citent cette opinion sans la contrôler, ce serait, à notre avis, renverser toutes les règles, que d'attribuer aux juges de paix, à propos d'une demande intentée contre un héritier bénéficiaire, la connaissance de la contestation qui s'élève sur cette qualité.

133. Il y a, d'ailleurs, une autre raison, peut-être plus grave encore, pour refuser au juge de paix le droit de prononcer sur la qualité d'héritier pur et simple ou d'héritier bénéficiaire, etc.; c'est qu'une pareille contestation a toujours un caractère indéterminé et que la décision peut entraîner des conséquences bien supérieures au taux sur lequel les juges de paix sont appelés à prononcer.

134. Mais, en supposant même que les conséquences dussent se renfermer dans l'intérêt actuel de la contestation, n'y aurait-il pas quelque chose d'anormal dans la décision d'un juge de paix qui, contrairement à toutes les règles de compétence, et sous prétexte que le juge de l'action est aussi le juge de l'exception, déclarerait héritier bénéficiaire, ou déchu du bénéfice d'inventaire, un défendeur auquel on dénierait devant lui cette qualité?

Lorsque de pareilles exceptions sont soulevées, le juge de paix, pour peu qu'elles paraissent fondées, doit donc renvoyer les parties à se pourvoir et surseoir à prononcer jusqu'à décision du tribunal compétent.

135. Nous disons : pour peu que l'exception paraisse fondée, car, s'il s'agissait d'une exception sans aucun fondement et opposée uniquement pour entraver la marche de la justice, le juge de paix pourrait passer outre. Nous avons mainte et mainte fois démontré qu'il ne suffit pas d'une simple allégation

ou prétention pour détruire la compétence du juge, mais il doit s'arrêter devant des motifs sérieux.

136. D'ailleurs, dès lors que le défendeur au bornage dénie sa qualité d'héritier, il dénie en même temps son droit à la propriété : il y a donc là une véritable question de propriété, et le juge de paix ne saurait être compétent pour la décider.

CHAPITRE VI.

Du sursis ou du dessaisissement, en cas de contestation sur la propriété ou sur les titres.

137. L'article 6 de la loi du 25 mai 1838 porte : « Les juges de paix connaissent, à charge d'appel.....; 2° des actions en bornage....., lorsque la propriété ou les titres qui l'établissent ne sont pas contestés. »

Résulte-t-il de cet article qu'aussitôt que la propriété et les titres qui l'établissent sont contestés, le bornage lui-même échappe aux attributions des juges de paix? Le juge de paix est-il dessaisi d'une manière absolue, ou doit-il seulement surseoir jusqu'à ce que le tribunal compétent ait prononcé sur la question de titre ou de propriété soulevée?

La loi de 1838 attribue aux juges de paix la connaissance de plusieurs actions autres que celles en bornage, sous la même condition que le droit à l'indemnité, les titres ou la propriété ne seront pas contestés.

Ainsi, d'après le numéro 1er de l'article 4, « les juges de paix connaissent... des indemnités réclamées par le locataire ou fermier pour non-jouissance..., *lorsque le droit à une indemnité n'est pas contesté.* »

D'après l'article 5, « les juges de paix connaissent des actions pour dommages faits aux champs, fruits et récoltes, soit par l'homme, soit par les animaux, et de celles relatives à l'élagage des arbres ou haies et au curage, soit des fossés, soit des canaux servant à l'irrigation des propriétés ou au mouvement des usines, *lorsque les droits de propriété ou de servitude ne sont pas contestés.* »

D'après l'article 6, n° 2, « les juges de paix connaissent, à charge d'appel, des actions en bornage et de celles relatives à la distance prescrite par la loi, les règlements particuliers et l'usage des lieux pour les plantations d'arbres ou de haies, *lorsque la propriété ou les titres qui l'établissent ne sont pas contestés;* » n° 3, « des actions relatives aux constructions et travaux énoncés dans l'article 674 du Code Napoléon, *lorsque la propriété ou la mitoyenneté du mur ne sont pas contestées.* »

Il semblerait que le sursis ou le dessaisissement

absolu dût être, dans les mêmes conditions, appliqué à tous ces cas divers, la loi se servant toujours des mêmes expressions; et cependant il n'en a point été ainsi. En effet, sous l'empire de la loi du 24 août 1790, le juge de paix prononçait aussi sur l'indemnité *pour non-jouissance de bail et pour dommages aux champs, fruits ou récoltes, lorsque le droit à l'indemnité ou à la propriété n'était pas contesté* : dans le premier cas, on décidait que de la contestation du droit à l'indemnité résultait une incompétence absolue; dans le second que, si la propriété était contestée, le juge de paix devait seulement surseoir et la cause lui revenir, pour apprécier le dommage.

138. Voici quelques exemples d'arrêts rendus antérieurement à la loi de 1838 et sous l'empire de cette loi :

Une demande de cent francs de dommages-intérêts avait été intentée pour dépaissance sur des marais; le défendeur prétendant avoir droit à la dépaissance, le juge de paix le renvoya à se pourvoir à cet égard, dans un délai fixé, devant le juge compétent, et sursit jusque-là à statuer sur les dommages-intérêts.

Le défendeur *n'ayant pas fait juger la question dans le délai imparti,* le juge de paix le condamna aux dommages-intérêts demandés.

Appel fut interjeté. Devant le tribunal d'appel,

l'appelant excipa de nouveau du droit de servitude dont il avait déjà essayé de se prévaloir devant le juge de paix : l'intimé lui opposa que le tribunal civil, saisi de l'appel d'une sentence de juge de paix, n'est compétent que pour décider si cette sentence est bien ou mal rendue, et qu'il excéderait ses pouvoirs s'il connaissait, comme juge d'appel, d'une question de servitude dont il ne peut connaître que comme juge de première instance.

Un jugement du tribunal de Nîmes, ayant nonobstant apprécié les titres, réforma le jugement du juge de paix. Mais, sur pourvoi, ce jugement fut cassé par arrêt de la Chambre civile du 11 avril 1837, « attendu qu'en décidant qu'il était compétent pour apprécier les titres des parties et prononcer sur le fond de leurs droits, le tribunal avait méconnu les règles de la compétence et avait confondu celle qui lui appartenait comme tribunal d'appel, avec celle qui lui appartenait comme juge de première instance. »

139. Ainsi, la Cour de cassation reconnaît par cet arrêt que le juge de paix avait eu raison de surseoir et que le tribunal de première instance aurait dû statuer sur les faits tels qu'ils se présentaient devant lui, c'est-à-dire en tenant compte du sursis expiré.

140. Dans une autre espèce, il s'agissait, devant un juge de paix, d'une demande en trois francs de

dommages-intérêts, pour enlèvement d'herbes. Les défendeurs opposaient qu'ils étaient propriétaires du terrain sur lequel ils avaient fait cette récolte.

Sentence du juge de paix et, sur appel, jugement qui confirme, en se fondant sur ce que les appelants avaient seulement allégué, sans chercher d'ailleurs à le prouver, un prétendu droit de propriété ou de possession.

Pourvoi et rejet. Dans l'arrêt de la Cour de cassation, on lit : « Attendu que l'instance avait pour objet un dommage causé aux champs, estimé trois francs ; que la décision d'une pareille contestation appartenait en dernier ressort au juge de paix ; que cependant le demandeur eût pu faire cesser cette compétence en justifiant de la propriété et en concluant à ce que le juge de paix se déclarât incompétent, ou au moins à ce qu'il sursît à faire droit, jusqu'à ce que la question de propriété fût jugée par les tribunaux qui devaient en connaître ; mais qu'il n'a ni fait cette justification, ni pris de conclusions et s'est contenté d'alléguer vaguement la possession, en concluant au mal-fondé de l'action dirigée contre lui, conclusions qui, loin d'enlever la connaissance de la contestation au juge, la lui soumettaient d'une manière positive. » Arrêt de la Chambre des requêtes du 26 mai 1840.

141. Il résulte d'un arrêt de cassation de la Chambre civile du 22 juin 1842, que le juge de

paix compétent pour statuer sur une demande en dommages-intérêts pour dommages aux champs cesse de l'être, si le défendeur oppose une exception prise de la propriété du champ auquel le dommage aurait été causé. Dans ce cas, le juge de paix doit, même d'office, *surseoir à statuer* sur la demande principale, jusqu'à la décision de l'exception par le juge compétent.

« L'exception, dit l'arrêt, faisait naître une question de propriété *nécessairement préjudicielle* à celle de dommage; en statuant définitivement sur la demande, au lieu de *surseoir* jusqu'à ce que les prétentions à la jouissance exclusive de la pièce de terre dont il s'agissait eussent été examinées et jugées par les juges compétents, le tribunal avait commis un excès de pouvoir et violé l'article 9 du titre III de la loi du 25 août 1790. »

142. Ces trois décisions ont été rendues relativement à des dommages aux champs, fruits et récoltes, et non au bornage, en vertu de la loi de 1790, et non de la loi de 1838. Mais on a vu que les termes de ces lois, quant aux dommages aux champs et au bornage, étaient les mêmes; que les juges de paix devaient connaître alors (et il en est encore de même aujourd'hui), des dommages aux champs, comme ils connaissent du bornage, lorsque les droits de propriété ne sont pas contestés.

Or, puisque c'est à sursis qu'il y a lieu et non à

dessaisissement dans le premier cas, on peut dire qu'il en doit être de même dans le second.

143. On ne saurait donc conclure des termes du numéro 2 de l'article 6, que les juges de paix ne connaissent pas du bornage, quand la propriété ou les titres ne sont pas contestés; ce n'est pas là une conséquence nécessaire du texte de la loi, puisque, dans des cas semblables et en présence d'un texte identique, la Cour de cassation a jugé qu'il n'y avait pas lieu à dessaisissement, mais seulement à sursis.

144. Relativement à l'action, soit pour dommages aux champs, soit en bornage, presque tous les auteurs qui ont écrit sur la loi de 1838 se sont au reste prononcés pour le sursis. (Voir, à cet égard, ANNALES DES JUST. DE PAIX, 1851, p. 203 et suiv.) Curasson et MM. Dalloz sont peut-être les seuls qui aient exprimé une opinion contraire.

145. Ainsi, Marc Deffaux dit : « que pour que la disposition qui défère le bornage au juge de paix reçoive application, il faut que le droit de propriété ne soit pas contesté; il le serait si le défendeur prétendait que le champ est sa propriété ou qu'il en est le fermier; qu'en cette qualité, il a ensemencé la récolte; et si, à l'appui de sa prétention, il demandait à être renvoyé devant qui de droit, pour faire statuer sur son exception. Dans ce cas, le juge de paix devrait surseoir jusqu'au jugement de l'exception. »

146. « Dans ces divers cas, dit Benech, *Traité des justices de paix*, p. 275, le juge surseoira jusqu'à la décision du juge du pétitoire. Mais, dès que les difficultés auront été évacuées, toutes les autres questions accessoires au bornage rentreront dans les attributions du juge de paix. Ainsi, en procédant d'après le rapport du géomètre qu'il aura délégué ou que les parties auront elles-mêmes choisi, il déterminera la ligne de séparation des deux fonds; il prononcera sur les restitutions de fruits et fera les réductions et attributions proportionnelles de bénéfice et de perte. »

147. « En règle générale, dit Masson, c'est la demande qui fixe la compétence du juge ; tous les incidents, toutes les contestations qui peuvent surgir dans une instance ne peuvent faire changer cette compétence; autrement il pourrait dépendre du caprice du défendeur d'éluder la juridiction devant laquelle il est appelé. Dès que la matière qui fait l'objet de l'affaire est spécialement attribuée à un tribunal, une difficulté quelconque qui sort de ces attributions ne peut lui ravir le droit de juger; il peut bien, jusqu'après sa décision, être obligé de suspendre son jugement, mais il a été compétemment saisi; rien ne l'oblige, ne lui permet même de se dessaisir de la cause. S'il se déclare incompétent, il faudra qu'il prononce sur les dépens : y condamnera-t-il le demandeur qui s'est conformé à la loi?

Les fera-t-il supporter par le défendeur, dont la contestation peut être juste et fondée? On sent l'embarras que suscite un pareil système. Mais, dira-t-on, on laissera au tribunal qui devra statuer sur la contestation le soin de statuer en même temps sur l'action principale et sur les dépens. Cette marche, la plupart du temps, serait impossible, car la difficulté soulevée sur une demande en bornage peut avoir pour objet l'interprétation d'un titre par voie administrative; or, il est absurde de penser que l'administration puisse juger sur les dépens faits à l'occasion d'une instance qui sort essentiellement de ses attributions; et il serait plus ridicule encore de vouloir lui déférer la décision de l'affaire. Et qu'arriverait-il donc si la contestation ne pouvait être jugée que par un tribunal autre que celui de la situation des lieux? Si, par exemple, pour prouver la propriété, on produisait un testament, une vente, un acte quelconque dont l'interprétation pourrait être déférée au tribunal du domicile du défendeur, à quelles conséquences ne serait-on pas entraîné?

148. « Mais supposons, ce qui est possible, que la demande en bornage soit dirigée contre dix propriétaires voisins, et qu'arrivant à l'opération qui aurait été ordonnée par un jugement passé en force de chose jugée, un seul élevât une contestation sur le titre de demandeur ou de l'un des défendeurs:

si le juge est obligé de se déclarer incompétent, il faudra, de toute nécessité, amener ces dix individus dans l'instance qui sera portée devant le tribunal d'arrondissement; et cependant ils n'auront rien à y démêler, puisqu'ils auront donné leur consentement au bornage.

On voit par ces différents exemples, et notamment par la dernière hypothèse, que si le législateur avait voulu que le juge de paix se déclarât incompétent dans le cas de contestation, lors de la production des titres pour opérer le bornage, loin de faire une loi utile, il aurait ouvert l'accès le plus facile à la chicane et multiplié les procès, ce que surtout il a voulu éviter.

« Le sursis n'aura aucun de ces inconvénients et, de plus, les contestations seront infiniment plus rares, parce que celui qui voudra les élever saura que les frais qu'elles occasionnent ne seront plus considérés comme frais de bornage et payables en commun, mais resteront à la charge du téméraire plaideur.

Masson cite Pardessus, qui dit : « En cas de prétention à la possession au delà des titres, les opérations de bornage doivent être *suspendues* jusqu'à la décision des tribunaux. »

Il rapporte ensuite les paroles de M. Renouard : « Quand des questions de propriété sont engagées, le juge de paix n'en devra pas connaître; »

ainsi que celle du ministre : « Dans ces cas le juge *s'arrêtera.* »

Il termine par une objection sans réplique : « Le système que nous venons de développer, ajoute-t-il, est tout à fait en harmonie avec la loi et les principes, et l'on peut concevoir difficilement, d'ailleurs, qu'après avoir rendu un jugement qui ordonne le bornage, le juge de paix vienne prononcer une incompétence qui anéantirait la première décision, en laissant tomber toute la procédure. Cette dernière considération, surtout bien appréciée, suffirait à elle seule pour faire admettre notre opinion. » (*Commentaire*, p. 187).

149. Après avoir donné l'opinion de ces nombreux auteurs en faveur du simple sursis, nous citerons un extrait de MM. Dalloz, qui, comme nous l'avons fait remarquer, ont adopté l'opinion contraire :

« Le juge, disent ces auteurs, au mot *Bornage*, n° 26, doit déclarer son incompétence, dès que les titres sont contestés ; il ne peut se borner à surseoir, car le juge du pétitoire aura le droit de statuer sur la délimitation, qui deviendra alors un accessoire du litige : c'est déjà ce que la loi 4, § 4, D., *Fin. regund.*, voulait, en cas de contestation de la possession : *etiam de finibus cognoscere potest* ; mais le juge de la complainte n'ordonne qu'un bornage provisoire. Au reste, il est d'usage, lorsqu'on prévoit une contestation de la propriété, de déclarer dans l'ajournement que, ce cas arrivant, il vaudra citation en conciliation; c'est aussi la remarque de M. Curasson, t. II, p. 458. »

150. Les arguments donnés par Masson et par les autres partisans du sursis nous paraissent réfuter victorieusement les motifs en sens contraire, sur lesquels s'appuient MM. Dalloz.

151. Pour nous, nous croyons que le but formel de la loi de 1838 a été de confier aux juges de paix le bornage, dans tous les cas possibles. Les fréquentes contestations que font naître les rapports de voisinage, disait M. le garde des sceaux Barthe, en présentant le projet, en 1827, à la Chambre des députés, ne se jugent bien que *par la vue des lieux*; c'est en leur présence que les titres s'interprètent sans équivoque. Or, le juge de paix est le seul juge qui puisse commodément se transporter sur les lieux; c'est réellement lui qui est le juge du bornage, considéré quant au placement des bornes. Dès lors donc, où le texte de la loi ne s'oppose pas au sursis, le juge de paix doit seulement surseoir et non se dessaisir.

CHAPITRE VII.

Du règlement des droits de propriété en matière de bornage d'après les titres, la possession ou la prescription.

152. Nous examinerons dans ce chapitre quelles sont les règles qui doivent servir de base, lorsque les titres de propriété sont contestés, lorsque les parties ont été renvoyées par le juge de paix devant le tribunal d'arrondissement, ou même lorsque le juge de paix a, en présence de parties consentantes, à fixer lui-même leurs droits.

Pour arriver à l'opération du bornage, lorsque la propriété ou les titres qui l'établissent ne sont pas contestés, il n'y a lieu qu'à une espèce d'établissement de la propriété. Mais il en est tout autrement, quand la propriété est contestée; il faut alors, d'après les règles du droit, décider quel est le véritable propriétaire.

153. La propriété s'acquiert par droit d'accession ou par la possession ou prescription, ou par succession, donation entre vifs ou testamentaire, ou en vertu de tout autre contrat ou obligation. Elle se prouve, suivant les cas, par titres ou par témoins, ou par les autres genres de preuves admis par le Code Napoléon. Art. 1315 et 1369.

154. Les usurpations de terrain entre propriétaires voisins proviennent souvent d'anticipations

minimes, qui se commettent peu à peu. Quelquefois aussi, les contenances sont exagérées dans les titres : le Code Napoleon contient des dispositions toutes particulières, art. 1617 et suiv., sur l'indication de la contenance des immeubles en cas de vente. Il est certain que les vendeurs sont portés à exagérer les contenances et qu'un acte de vente peut, par conséquent, se trouver, lorsqu'on l'applique au bornage, suspect d'inexactitude. Non pas, toutefois, que nous admettions avec certains auteurs qu'il y ait souvent connivence, entre le vendeur et l'acquéreur, pour préparer à ce dernier les moyens d'anticiper plus tard sur le terrain voisin et de faire consacrer par les titres ces anticipations; mais, sans qu'il y ait eu ainsi préméditation de la part des parties, les experts et le juge peuvent être amenés à tenir compte des exagérations que la loi elle-même a prévues, lorsque, surtout, ces exagérations ne sont repoussées ni par les termes des actes eux-mêmes, ni par les lois et circonstances.

Section Ire. — *De l'interprétation et de l'application des titres, en matière de bornage.*

155. Les auteurs ont donné quelques règles sur la manière d'appliquer les titres au bornage des propriétés; nous examinerons ces règles, dans les paragraphes suivants.

§ Ier. — Titres donnant à l'un des voisins plus, à l'autre moins qu'il n'a.

156. Lorsque les titres donnent à l'un des voisins plus, à l'autre moins qu'il n'a, ou, comme le dit Pothier, lorsqu'il paraît par l'arpentage que l'un des voisins a plus que la contenance portée par ses titres et que l'autre en a moins, on doit parfaire ce qui manque à celui-ci, par ce que l'autre a de plus. (*Appendice au contrat de société*, n° 233).

S'il est reconnu par le mesurage, dit Toullier, que l'un des voisins a plus que l'étendue portée dans ses titres et que l'autre en a moins, on doit parfaire ce qui manque à celui-ci, par ce que l'autre a de plus. T. III, n° 127.

Tels étaient aussi les principes du droit romain; la loi 7 au Digeste, liv. X, tit. Ier, *Fin. regund.*, porte : *De modo agrorum arbitri dantur; et is qui majorem locum in territorio habere dicitur, cœteris qui minus possident integrum locum assignare compellitur : idque ita rescriptum est.* On nomme des arbitres pour mesurer les terres, et celui qui se trouve avoir plus de terrain que son titre ne porte, pendant que les autres en ont moins, est obligé de compléter ce qui leur manque ; cela résulte de rescrits.

157. D'après Pardessus, on peut, *suivant les circonstances*, obliger le propriétaire de la plus forte portion à faire aux autres, qui ont des portions plus

petites, leur mesure entière, telle que leurs titres la leur accordent.

Pardessus veut donc que l'on ait égard aux *circonstances*, pour décider s'il y a lieu de compléter le moins de l'un des voisins par le trop de l'autre, et en cela il a raison, car il ne faut pas toujours, dans ces appréciations, s'en rapporter uniquement aux titres : on peut avoir égard à la possession, à la configuration des terrains, aux haies, aux talus, aux fossés, aux circonstances.

158. Si chacun des voisins avait moins de terrain que n'en énonce leur titre, la règle serait de réduire proportionnellement les deux terrains.

Il arrive quelquefois, dit Poullain du Parc, dans ses *Principes du droit français*, que l'étendue portée dans les titres des deux parties ne s'accorde pas. Dans le cas où il n'y a pas possession, si les titres respectifs réunis contiennent une étendue plus grande que celle de tout le terrain, il faut nécessairement faire une règle de proportion, pour borner chacun à une partie du terrain : par exemple, si le terrain est de six journaux, si les titres de l'un lui en donnent six, si les titres de l'autre lui en donnent trois, le premier doit être réduit à quatre journaux et le second à deux. T. VIII, liv. IV, ch. VII.

Toullier adopte les mêmes principes. T. III, n° 176.

159. Pardessus avait d'abord aussi adopté la même règle ; dans sa septième édition du Traité de servitude, on lisait :

« Les quantités énoncées aux titres peuvent excéder la totalité des terrains des parties qui procèdent au bornage, sans qu'on puisse opposer que l'une d'elles a laissé usurper par des étrangers, ou que de toute autre manière elle a diminué sa portion. Chacun des intéressés doit alors être restreint proportionnellement : par exemple, si le terrain était de douze arpents, les titres de l'un lui en attribuant dix et les titres de l'autre cinq, le premier devrait être réduit à huit et le second à quatre. » Septième édition, p. 186, n° 123.

Mais dans la huitième et dernière édition du même traité, Pardessus ne veut plus que la restriction proportionnelle soit de plein droit : « C'est, dit-il, lorsque les quantités énoncées au titre excèdent les terrains de chacune des parties, que l'examen des titres et le fait de la possession deviennent d'une grande importance. Lorsque le titre de l'un lui donne expressément et déterminément une quantité et qu'il la possède de fait, la présomption d'usurpation est bien difficilement inadmissible, surtout si les deux propriétés sont d'un genre de culture différent. Mais si le titre est vague, s'il ne donne qu'une certaine quantité ou environ, si la possession présente quelque chose d'équivoque et d'incertain, il est assez naturel que chacun des intéressés soit réduit proportionnellement. » T. I, p. 312, n° 123).

160. M. Millet, après avoir rapporté l'opinion des auteurs qui sont pour la diminution proportionnelle quand même et de ceux qui veulent qu'on prenne encore ici en considération les circonstances, ajoute : « Ce que l'on doit remarquer dans les différents passages des auteurs, c'est que tous adoptent, selon des cas donnés, la règle de la répartition proportionnelle, les uns d'une manière absolue, les autres avec modification, en raison de la possession conforme aux titres.

« Si je ne me trompe, les auteurs qui l'ont restreinte n'ont examiné la difficulté qu'à son point de vue particulier et non général; je m'explique : lorsque, comme je l'ai annoncé en commençant, il existe un déficit dans une pièce de terre, et que le propriétaire sait que ce qui lui manque n'est point dans les pièces de terre contiguës à la sienne, il doit appeler au bornage tous les propriétaires voisins comme ses arrière-voisins; il doit, en un mot, pousser l'opération jusqu'à ses limites les plus reculées, ce qui ne peut se prolonger beaucoup, car une étendue de terrain comprise dans un lieu, dit-il, se trouve souvent circonscrite, soit par des limites naturelles, soit par des bornes ou autres signes.

« Si le manque qui peut aussi bien provenir de plusieurs pièces de terre que d'une seule ne se retrouve pas, alors chaque pièce de terre doit être diminuée, et l'on ne voit pas de raison qui serait un obstacle à ce partage de perte proportionnelle par voie de retranchement.

« La cause de cet état de choses est presque toujours inconnue; s'il existait la moindre présomption contre l'un ou l'autre propriétaire, il la faudrait admettre, et celui-là supporterait l'intégrale perte. »

Ainsi, tout en critiquant d'abord l'opinion d'après laquelle les circonstances doivent être prises en considération, M. Millet arrive lui-même à conseiller de tenir compte de ce qu'il appelle les présomptions. Or, si nous ne nous trompons, aussi à notre tour, ces présomptions ne sont autre chose que les circonstances qui peuvent porter à ne pas diminuer le terrain de l'un ou de l'autre des voisins, suivant la règle proportionnelle.

161. Quant à ce que dit M. Millet de la nécessité qui peut exister dans ces cas de mettre en cause les arrière-voisins, nous ne saurions qu'y applaudir; il est certain que le déficit existant sur deux propriétés voisines peut provenir d'empiétements ou d'usurpation de la part des arrière-voisins. Mais aussi cela peut ne pas être; il n'y aura donc pas toujours lieu de mettre les arrière-voisins en cause.

Leur propriété aura d'ailleurs, dans bien des cas, été bornée par acte contradictoire ou par jugement; et alors on ne pourra pas les appeler dans un nouveau bornage.

162. Cependant, on est amené à se demander ici si le bornage fait par acte contradictoire ou par jugement avec un voisin pourrait être attaqué par un arrière-voisin ; nous croyons qu'il faut répondre affirmativement, car les actes n'ont de force que contre ceux qui y ont figuré; et l'exception de la chose jugée ne peut être opposée qu'à ceux qui ont été parties au jugement. Il peut se faire, d'ailleurs, que des limites aient été bien posées entre voisins, et que, cependant, il y ait eu usurpation de propriété de la part de l'un ou de l'autre. Qui sait, par exemple, si, lorsque des terrains à borner excèdent les quantités portées dans les titres, cela ne provient pas de ce que les excédants appartiendraient à d'autres voisins ou à d'autres arrière-voisins?

§ 2. — Contenance matérielle des propriétés à borner supérieure à celle des titres.

163. Lorsque l'étendue totale de deux propriétés à borner se trouve plus considérable que celle énoncée dans les titres de chacun des propriétaires, y a-t-il lieu à un partage proportionnel de l'excédant?

Les auteurs sont encore fort divisés sur cette question : Toullier, Pardessus, Solon (*Des servitudes*, n° 71), Perrin, Vaudoré sont d'avis que, si le fait de possession ne s'y oppose, l'excédant doit être partagé proportionnellement ; d'autres auteurs suivent l'opinion de Favard, d'après laquelle le bornage ne peut donner plus de terrain que n'en donne le titre, par la raison qu'il n'est pas attributif, mais déclaratif des quantités. Ainsi, par le résultat d'un arpentage (opération qui précède toujours le bornage), un des deux propriétaires contigus a plus de terrain que n'en portent les titres, mais l'autre propriétaire a tout celui que ses titres lui donnent; ce dernier entrera-t-il en partage de l'excédant de son voisin? Non, car cet excédant peut aussi bien provenir de l'inexactitude des énonciations du contrat, des évaluations de mesure, que du fait de l'usurpation. Et puis, si cette usurpation a eu lieu, elle a pu être faite d'un autre côté. Enfin, celui qui a son contingent n'a rien à demander à personne. *Répertoire*, t. V, v° *Servitudes*, § 2, n° 2.

164. M. Millet pense que l'une et l'autre opinion doivent recevoir des circonstances certaines modifications. Si tous les arrière-voisins ont leur compte et qu'ils soient bornés, que l'excédant ne se trouve que dans une pièce de terre non délimitée avec celles contiguës, le partage de l'excédant doit

s'effectuer, malgré la possession de cet excédant, puisqu'on en ignore l'origine et que, dans l'incertitude, la simple possession annale ne doit pas prévaloir sur la raison d'équité.

Souvent il arrive aussi, ajoute M. Millet, qu'après l'opération terminée, un excédant provenant de plusieurs propriétaires est laissé, non pas au possesseur, mais au dernier propriétaire, afin que si son voisin, avec lequel il n'est pas borné, demande le bornage, ce surplus fasse partie des quantités d'une opération qui peut avoir lieu avec des propriétaires plus éloignés.

165. Pour nous, nous croyons que celui dont les titres ne donnent pas aux terrains qu'il possède une étendue plus grande que l'étendue réelle de ce terrain pourrait difficilement se faire attribuer une partie quelconque des terrains voisins, lors même que la contenance de ces terrains voisins serait bien supérieure aux titres en vertu desquels ils ont été acquis. Nous repoussons donc, dans les termes les plus absolus, la *règle* du partage de l'excédant en faveur de celui qui, d'après son titre, possède son dû. Il faudrait donc, pour que celui-ci pût se faire attribuer une part dans l'excédant de la propriété voisine, qu'il prouvât, soit par une possession ancienne et par une comparaison des titres avec cette possession, soit en comparant les titres avec l'état des lieux, qu'il a droit à cette part.

En cas de déficit dans les contenances, et surtout en présence d'un déficit contre un excédant, on peut facilement présumer qu'il y a eu empiétement d'un terrain sur l'autre; mais c'est beaucoup plus difficile, lorsque celui qui se plaint a l'étendue que ses titres lui assignent.

§ 3. — Contenance indiquée dans les titres d'une manière incertaine, par le mot *environ* ou autres équivalents.

166. Quelquefois, les titres indiquent les contenances d'une manière incertaine, par exemple, par les mots *ou environ*, ou bien la contenance est dite être de quinze à vingt arpents, de vingt à vingt-cinq, etc.

Pardessus enseigne que, « si le titre de l'un des voisins lui attribuait une quantité déterminée sans équivoque, et que l'autre n'en eût qu'une *environ*, ce serait au premier qu'il faudrait d'abord accorder la mesure indiquée par son titre. »

167. Il était de principe, sous l'ancienne jurisprudence, que ces mots *ou environ*, n'indiquaient qu'un léger défaut de contenance.

« En déclarant la contenance d'un héritage, dit Pothier, on ajoute quelquefois les termes *ou environ*; par exemple : cinq arpents de vigne, ou environ; cent arpents de bois, ou environ, etc. Le sens de ces termes est que le vendeur ne sera pas tenu du défaut de la contenance, lorsque ce défaut sera peu considérable, comme si, sur cinq arpents, il ne manquait que huit ou dix perches, car cinq arpents, à si peu de chose près, sont vraiment cinq arpents *ou environ*. Mais si le défaut était considérable, comme si, sur les cinq arpents, il en manquait un demi-arpent, les termes *ou environ* n'empêcheraient pas que le vendeur ne fût tenu du défaut de contenance. » *Traité du contrat de vente*, t. I, p. 267.

168. D'après l'article 1619 du Code Napoléon, lorsque la vente d'un immeuble n'a pas été faite à raison de tant la mesure, mais, « soit qu'on ait vendu un corps certain et limité, soit que la vente ait pour objet des fonds distincts et séparés, soit qu'elle commence par la mesure ou par la désignation de l'objet vendu suivie de la mesure, l'expression de cette mesure ne donne lieu à aucun supplément de prix en faveur du vendeur, pour l'excédant de mesure, ni, en faveur de l'acquéreur, à aucune diminution du prix pour moindre mesure, qu'autant que la différence de la mesure réelle à celle exprimée au contrat est d'un vingtième en plus ou en moins, eu égard à la valeur de la totalité des objets vendus, s'il n'y a stipulation contraire. »

169. On voit par ces citations que les termes *ou environ* laissent supposer un déficit tout au plus d'un vingtième, d'où M. Millet conclut, avec rai-

son, que si la mesure complète faite au porteur d'un titre à quantité déterminée ne laissait au porteur du titre contenant l'expression *ou environ* qu'une quantité très-inférieure au chiffre mentionné en son titre, on devrait avoir égard à la disposition de l'article 1619 et ne diminuer le terrain du second que d'un vingtième. Autrement, il arriverait que ce dernier éprouverait une réduction injuste, puisque, selon les principes anciens et nouveaux, *environ* veut dire anciennement un *trentième*, aujourd'hui un *vingtième* en moins ou en plus, et que le titre n'en existe pas moins pour cette contenance ainsi réduite.

170. Nous irons plus loin, et nous dirons qu'en ce cas, comme dans le cas précédent, on ne devra avoir qu'un certain égard au titre, même le plus complet. Nous ne saurions trop le répéter, les titres produits dans les bornages n'étant pas contradictoires ne peuvent seuls servir de règle, et le juge ne saurait, sans les plus grands inconvénients, repousser, même en présence des titres, les indications résultant des autres documents, de la disposition des lieux et des circonstances.

171. Nous appliquerons les mêmes règles au cas où, les titres d'un des voisins donnant une contenance positive, ceux de l'autre voisin n'indiqueraient l'étendue du terrain que d'un nombre à un

autre, par exemple, de quinze à vingt arpents, de vingt à vingt-cinq, etc.

Pardessus ne voit dans ces expressions que la preuve de la contenance la moins forte exprimée.

« Les titres, dit cet auteur, servent seulement pour ce qu'ils expriment déterminément. Si un acte porte qu'une pièce contient de quinze à vingt arpents, c'est un titre exprès pour quinze arpents; au delà, il n'annonce qu'incertitude, que la possession peut seule fixer; il n'est pas, à la vérité, contraire à une possession de seize, dix-sept, vingt, mais il n'en établit pas le droit; il n'exclut pas la propriété de plus de quinze arpents, et même il la fait présumer ; mais il ne la donne pas. »

172. Dans ces cas, comme dans les précédents, on aurait égard aux titres, et l'on attribuerait au porteur du titre positif la quantité déterminée, pourvu que l'autre partie trouvât dans les résultats de l'opération une quantité de terrain au moins égale à la moindre exprimée dans son titre; et pourvu encore que les autres documents de la cause, la possession et la disposition des lieux, ne vinssent pas contrarier ses attributions.

§ 4. — *Quid*, si l'un des propriétaires a des titres et que l'autre n'en ait pas?

173. Si quelques propriétaires ont des titres et que d'autres n'en aient pas, il faut, à moins de pres-

cription acquise par la possession, et si les titres déterminent d'une manière claire et précise l'étendue des terrains, attribuer d'abord aux propriétaires nantis du titre la contenance et l'étendue exprimée en leurs titres.

174. Cependant Pothier, et après lui M. Dumay, ont établi une distinction qui paraît devoir être suivie : ou le titre du revendiquant est postérieur, ou il est antérieur à la possession de l'autre partie : la production du titre, dans le premier cas, ne suffirait pas, puisque le vendeur ou le cédant n'aurait pu transmettre valablement un héritage qu'il ne possédait pas lui-même ; mais le titre du revendiquant est suffisant, lorsque ce titre est antérieur à la possession du vendeur, qui est alors présumé avoir été le possesseur et le propriétaire de l'héritage, et, comme tel, avoir transmis possession et propriété.

175. On comprend, toutefois, que la possession pourra être plus ou moins opposée, en pareil cas, suivant qu'elle aura été plus ou moins longue, paisible, publique et à titre de propriétaire, et que le titre contraire sera plus ou moins fortifié par des précédents, c'est-à-dire qu'encore il faudra avoir égard aux circonstances, à l'état des lieux, etc.

Rien ne prouverait même que le déficit réclamé par le porteur de titres ne se trouverait pas dans l'héritage d'un autre voisin.

176. En un mot, comme nous le verrons ci-après (nos 182 et suiv.), des titres non contradictoires peuvent avoir une certaine autorité, mais il ne faut pas qu'ils servent à troubler dans leur propriété ceux qui n'y ont jamais été parties et qu'une longue possession doit mettre à l'abri de toute réclamation qui ne serait pas fondée sur des moyens juridiques et sur des preuves légales.

§ 5. — Comment se règlent les droits en cas d'absence totale de titres.

177. Lorsqu'il y a absence totale de titres, ou que quelques propriétaires ont des titres et que d'autres n'en ont pas, voici quelles doivent être les règles du bornage.

En l'absence totale de titres, on peut avoir recours à tous autres documents, mais surtout à la possession constatée par des enquêtes.

« Il n'est pas interdit aux juges, dit Pardessus, d'employer, pour lever l'incertitude et reconnaître les véritables droits des parties, d'anciens procès-verbaux d'arpentage, des cadastres, des plans non suspects, à défaut de renseignements plus exacts.

« La possession, qui l'emporte sur les titres, lorsqu'elle a duré le temps fixé par la loi, doit, à plus forte raison, décider en faveur de celui qui l'invoque, s'il n'existe point de titres capables de déterminer l'étendue des deux propriétés contiguës, ou au moins de l'une d'elles. Alors, il n'est pas indispensable que cette possession ait duré le temps nécessaire pour prescrire; le seul fait de son existence pendant un an, sans trouble, établit, suivant l'article 2230 du Code Napoléon, en faveur de celui qui l'invoque, une présomption légitime dont l'effet ne peut être détruit que par un titre ou une possession antérieure, d'une durée équivalant à un titre. T. I, p. 127.

Curasson ajoute aux moyens de reconnaître les limites des propriétés, les anciens vestiges, les livres d'arpentements, les simples énonciations, même celles qui se trouveraient renfermées dans des titres étrangers aux parties.

178. D'après Dumay, « dans les opérations de bornage, on peut avoir égard à des documents qui n'ont pas précisément le caractère de titres, c'est-à-dire qui ne sont pas *causæ idoneæ ad transferendum dominium*, et qui, par conséquent, ne pourraient pas servir de base à une demande en revendication, tels que des terriers, des plans, des déclarations aux états de section, le cadastre, des déclarations de fermiers, etc. Si les documents sont anciens et non suspects, et que la jouissance actuelle soit conforme, ils équivalent à un titre et peuvent même l'emporter sur les titres proprement dits produits par les voisins, mais qui ne sont pas appuyés de possession. Il en est de même de simples énonciations renfermées, soit dans les titres des

parties, soit dans des actes qui leur sont étrangers et qui peuvent être admises dans un bornage, quoiqu'elles dussent être rejetées des autres instances pétitoires, comme n'étant pas suffisamment probantes. » *Appendice*, n° 31.

179. En matière de délimitation et de bornage, il n'y a pas de preuve plus certaine de propriété qu'une possession patente, paisible, publique, bien certaine, c'est-à-dire ne consistant pas dans ces empiétements imperceptibles, dans ces usurpations insensibles entre voisins, dans ces soustractions clandestines, qu'il importe par-dessus tout de ne pas laisser consacrer par le juge.

180. Comme nous le verrons ci-après, dans une discussion générale sur les titres, nos 182 et suiv., quelques auteurs ont même prétendu que les titres présentés dans le bornage, n'étant presque jamais contradictoires entre les parties, n'avaient que peu de valeur ou plutôt n'avaient aucune valeur. Nous combattons cette doctrine, mais en reconnaissant, toutefois, les avantages de la possession, lorsqu'elle est revêtue de toutes les qualités nécessaires.

Voici, au reste, comment M. Millet résume les règles à suivre, lorsque, dans les opérations de bornage, il n'existe de titres ni de part ni d'autre.

« Si la possession est précise, il est évident, dit-il, p. 406, qu'elle doit seule servir de base à l'opération, puisque le propriétaire qui voudrait obtenir une contenance supérieure à celle dont il jouit n'aurait rien pour justifier sa prétention, et pour forcer son voisin à lui céder une partie de son héritage; il y aurait, en ce cas, parité de droits.

« Si l'un des propriétaires prétendait n'avoir été privé d'une partie de sa contenance que depuis un certain temps, il pourrait se faire réintégrer dans cette portion par la voie de possession, si l'anticipation remontait à moins d'un an, et qu'il eût une possession annale et caractérisée antérieure.

« Si l'étendue de la possession de chaque voisin était incertaine et qu'il n'y eût pas de documents pour la fixer, il faudrait partager par moitié, à l'exception de certains biens communaux qui, aux termes de la loi du 10 juin 1793 et des avis du Conseil d'Etat des 20 juillet 1807 et 26 août 1808, doivent être divisés proportionnellement au nombre de feux.

« S'il n'y a de titre ni de part ni d'autre, la possession, même annale, fait la règle, dit Perrin d'après Toullier.

« C'est pour ce cas que la possession annale est éminemment utile et doit être invoquée avec certitude, rien ne venant contredire cette possession.

« Tous les auteurs qui ont écrit avant la loi du 25 mai 1838 sur les justices de paix, et les commentateurs de cette loi, ont rappelé cette règle posée par Toullier que, s'il n'y a de titre de part ni d'autre, la seule possession doit faire la règle.

181. Ces règles paraissent devoir être suivies, sauf toutefois celle relative à la possession annale, qui ne nous paraît pas, quant à nous, préférable, *dans tous les cas*, aux preuves ou même aux présomptions de propriété résultant des documents divers, des baux, des procès-verbaux d'arpentage, de la disposition des lieux, etc. Voir ci-après, n° 199.

§ 6. — Considérations générales sur les titres et sur la force des titres en matière de bornage.

182. Nous avons, dans nos *Annales des justices de paix*, publié plusieurs articles de M. Morin, avocat, ancien sous-préfet, sur les titres en matière de bornage, un article de M. Lahache, juge de paix du canton de Bruyères, et nos propres observations sur le même sujet. ANNALES 1856, p. 165 et 256, et ANNALES 1857, p. 47, 143 et 328.

M. Morin a soutenu, dans tous ses articles et plus fortement encore dans le premier que dans le dernier, que les titres, sans aucune autorité à l'égard des tiers, puisqu'ils ne sont pas contradictoires, ne doivent pas même être produits dans l'instance en bornage. Qu'on nous permette de rappeler ici nos dernières observations sur cette doctrine, tant soit peu étrange.

« Exclure, disions-nous (*Annales* 1857, p. 341), les titres d'une manière absolue est une véritable aberration; car les titres peuvent être un moyen certain de décider, une preuve irrécusable dans bien des espèces.

« Ainsi les titres du demandeur et ceux du défendeur en bornage peuvent ne pas se contredire; combien de fois n'arrive-t-il pas que la possession, cette possession dans laquelle notre honorable contradicteur a si grande confiance, n'est qu'un moyen d'usurpation du bien d'autrui? On connaît l'adresse que mettent certains propriétaires à s'avancer petit à petit sur le terrain de leur voisin; c'est, chaque année, chaque mois, un progrès presque imperceptible; c'est un centimètre de terrain qu'on enlève, et, au bout de quelques années, ce sera un, deux, trois sillons.

« Mais, si nous ne nous trompons, l'action en bornage, les formalités du bornage n'auraient été établies que pour arrêter cette usurpation insensible de la possession, et ce serait uniquement sur la possession que pourrait être fondée la preuve en matière de bornage.

« Supposons qu'après une usurpation longue et graduée, un propriétaire soit parvenu à enlever à son voisin quelques ares, même quelques hectares : le voisin réclame; il demande l'action en bornage; d'après le système de M. Morin, le défendeur n'aura qu'une chose à dire : Je possède, j'ai possédé; donc tout m'appartient.

« Au contraire, d'après notre système, le juge demandera au voisin ses titres; il verra, par ces titres, que la propriété du voisin contenait bien autrefois l'étendue du terrain qu'il réclame; il demandera également au défendeur ses titres; il verra par les titres du défendeur que sa propriété était jadis moins étendue qu'elle ne l'est aujourd'hui; il interrogera la possession, il la trouvera équivoque, il constatera bientôt l'usurpation; la demande sera par conséquent on ne peut mieux justifiée. Or, le juge aura surtout été amené à le reconnaître par l'examen des titres. Et l'on voudrait qu'il fût forcé de repousser de prime abord les titres, parce qu'ils n'auront pas été contradictoirement faits entre le demandeur et le défendeur, ou entre leurs auteurs, parce qu'ils sont *res inter alios acta!* En vérité, l'on ne comprend pas qu'un pareil système ait pu être soutenu, et il faut que ceux qui y ont adhéré ne l'aient pas compris et n'en aient pas calculé les conséquences.

« Enfin, M. Morin ne s'aperçoit-il pas que, dans son étrange théorie sur la preuve en matière de bornage, il renverse tous les principes du Code Napoléon sur la propriété et sur la possession? Le Code a déterminé dans quel cas et dans quelles conditions la possession peut être une présomption ou une preuve de la propriété, ou même un moyen d'acquérir la propriété; en dehors de ces règles, la possession n'a qu'une force qui peut être détruite par toute espèce de preuves, même par la preuve testimoniale.

183. « Nous savons bien qu'à l'appui du système que nous combattons, on pourrait dire : Celui qui possède possède, et le fait seul de sa possession est une preuve de son droit de propriété, jusqu'à ce qu'une autre prenve vienne la détruire; or, votre titre, que vous m'opposez, n'a aucune valeur vis-à-vis de moi, puisqu'il n'a pas été fait avec moi ou avec mon auteur ou mon vendeur. Soit, s'il en était ainsi; mais ce n'est pas seulement mon titre que je vous oppose, c'est aussi le vôtre; la quantité de terrain que mon titre m'attribue, le vôtre vous la refuse; et si, à l'appui de cette première présomption si grave, qui s'élève contre vous, je prouve par d'autres voies, par une enquête, par l'état des lieux comparé à la description des titres, que vous avez pris ce qui était à moi, je ne serais pas écouté! Et le juge n'aura pas même le droit de comparer nos titres communs avec vos prétentions, avec l'état des deux propriétés! Non, nous le répétons, cela n'est pas soutenable et le législateur a été le premier à autoriser la preuve par les titres en matière de bornage, puisqu'il a voulu que le juge basât sa décision *sur les titres de propriété.* »

184. « Maintenant, si l'on veut savoir notre

opinion tout entière, nous dirons encore, comme dans notre premier article, que le juge ne doit pas trop facilement ajouter foi à des titres et à des mesurages auxquels le demandeur ou le défendeur ou leurs auteurs n'ont pas été parties; loin de nous également la pensée d'accorder une trop grande importance à la règle si souvent citée : *In antiquis enunciativa probant etiam contra alios*; cette règle, en effet, ne doit être appliquée qu'avec la plus grande prudence; et des énonciations de titres ne devraient pas prévaloir, à notre avis, contre une bonne et solide possession.

« Nous répéterons donc encore volontiers que la théorie de M. Morin sur la valeur des titres peut être utile, pourvu qu'on ne la pousse pas, comme lui, jusqu'à ses dernières conséquences. Mais vouloir exclure complétement les titres de la preuve en matière de bornage; empêcher le juge de chercher dans des titres quelquefois concordants les moyens d'éclairer sa religion; défendre d'invoquer les titres à l'appui de la preuve testimoniale; interdire surtout au juge de paix de consulter les titres, un pareil système ne se soutient pas, et nous espérons, pour notre part, n'avoir plus à y revenir, ni à en fatiguer nos lecteurs. »

185. Nous ne saurions que persister aujourd'hui dans nos observations de 1857 : non, sans doute, les titres ne sont pas tout en matière de bor-

nage, mais ils sont quelque chose. Il est certain qu'on ne peut opposer dans une instance, comme preuve juridique, des titres dans lesquels l'adversaire n'a pas été partie; mais le législateur a si bien pensé que les titres peuvent servir de preuve, qu'il a fait dépendre la compétence du juge de paix et celle du tribunal d'arrondissement de la condition que les titres seraient ou non contestés.

186. Lorsqu'entre deux voisins les titres contradictoires manquent (et c'est là un caractère tout particulier de l'action en bornage), lorsque l'on n'a pour règle que des titres réciproquement étrangers à chacune des parties, c'est le cas d'appeler à son aide toutes les autres circonstances, la possession, les signes limitatifs, les bornes naturelles du terrain, ravins, ruisseaux, etc., la disposition des lieux, les anciens arpentages, plans terriers, le cadastre même, de joindre et de réunir tous les documents. Rien, dans cette matière, n'est interdit au juge; la loi ne l'oblige pas plus à juger d'après les titres qu'à repousser les titres; il doit chercher la vérité dans tous les documents de la cause et fonder sur tous sa décision.

SECTION II.—*Des preuves autres que les titres en matière de bornage. — Preuve par témoins, présomptions, serment.*

187. Ainsi que nous l'avons dit plus haut, tous les genres de preuves sont admissibles en matière

de bornage, les titres anciens ou nouveaux, même non contradictoires, la preuve testimoniale, les enquêtes, etc.

188. Les simples présomptions étant admises dans tous les cas où la loi permet la preuve testimoniale (C. Nap., 1353), il n'est pas douteux qu'elles ne puissent être également invoquées pour compléter le sens des titres et le caractère de la possession. Peut-être même les présomptions, quand elles sont graves, précises et concordantes, méritent-elles en général plus de confiance que la preuve testimoniale, car ce sont des inductions tirées d'un fait certain qui ne peut guère tromper, tandis que la confiance accordée à la preuve testimoniale n'est fondée que sur la supposition que les témoins ne veulent pas en imposer à la justice, et ce n'est là trop souvent qu'une illusion. Les indications fournies par les arbres ou arbustes excrus sur le terrain litigieux, par les chemins, les sentiers, les ravins et les ruisseaux, doivent donc être étudiées avec soin et préférées, dans leur impartialité, au témoignage des hommes. Curasson, t. II, p. 462; Vaudoré, *Droit civil des juges de paix*, v° *Bornage*, n° 18; Dalloz, au mot *Bornage*, n° 55.

189. Le serment peut être déféré entre les parties, sur des faits de possession respectivement allégués. Celle à qui il est déféré ou qui le refuse, ou

ne consent pas à le déférer à son adversaire, ou l'adversaire à qui il a été déféré et qui le refuse, doit succomber dans sa demande ou dans son exception (C. Nap., 1361). Le juge peut aussi déférer le serment à l'une des parties, pour en faire dépendre la décision de la cause, ou pour déterminer le montant de la condamnation. Mais, pour cela, deux conditions sont nécessaires ; il faut : 1° que la demande ou l'exception ne soit pas pleinement justifiée ; 2° qu'elle ne soit pas totalement dénuée de preuves. C. Nap., 1366, 1367.

Section III. — *De la prescription en matière de bornage, considérée comme moyen d'établir la propriété.*

190. On a beaucoup discuté sur la prescription en matière de bornage, comme si les dispositions du Code Napoléon sur la prescription de trente ans ou de dix ans n'étaient pas applicables aux terrains placés sur les limites des propriétés.

Nous examinerons dans cette section les règles de l'application de la prescription de trente ans, de la prescription par dix et vingt ans, et de la prescription annale en bornage.

§ 1er. — De la prescription de trente ans.

191. La prescription de trente ans est-elle applicable en matière de bornage, de telle sorte qu'il soit possible de prescrire au delà de bornes con-

tradictoirement posées? Cette question est née de ce que, sous l'ancienne jurisprudence, l'authenticité, l'espèce de caractère de solennité attaché aux *limites*, avait fait rejeter cette prescription par quelques auteurs : les bornes, disaient-ils, *perpetuò clamant*. Aujourd'hui, la prescription devrait être admise, suivant les règles ordinaires, malgré cette considération; et cela est généralement admis.

192. Mais ce qui ne l'est pas autant, c'est le droit de prouver une possession trentenaire, à l'égard de petits empiétements successifs de quelques parcelles de terrains détournées successivement et insensiblement à chaque labour. Ainsi, d'après M. Dumay, « quand il s'agit d'une faible portion de terrain, de quelques sillons, par exemple, réunis au moyen d'anticipations successives et pour ainsi dire imperceptibles, la preuve trentenaire ne doit pas être admise par les tribunaux, parce que, quand elle serait faite, elle ne devrait inspirer aucune confiance, à raison de l'impossibilité où seraient les témoins de se rappeler que, pendant le laps si long de trente années, les choses ont toujours été dans l'état où on les voit actuellement. Mais il en serait autrement, s'il s'agissait d'une portion notable de terrain distraite en une seule fois de l'un des héritages, pour être réunie à l'autre, ou si même, s'agissant d'une parcelle d'une faible étendue, elle se trouvait séparée par des

arbres, des portions de haies, des fragments de roches, en un mot, par quelque chose d'apparent, qui indiquât jusqu'où, pendant les trente années, s'est constamment étendue la possession; alors, d'une part, les témoins ont un point fixe; de l'autre, le voisin auquel on oppose la prescription, a eu un moyen facile de reconnaître, et ne peut être présumé avoir ignoré l'empiétement commis sur le fonds, n° ... »

Curasson établit aussi en principe que, quand il s'agit d'anticipations d'une partie de tel champ, de tel pré, ces anticipations sont censées n'avoir eu lieu que successivement et d'une manière imperceptible; la preuve qu'elles existent depuis plus de trente ans serait donc inadmissible, à moins que des indices certains et reconnaissables, tels qu'un buisson, un fragment de haie, un rocher, un arbre, ne pussent servir à attester le point extrême où la culture s'est arrêtée. Comment, en l'absence de ces signes, des témoins pourraient-ils déposer d'une manière impartiale et sans erreur, et le juge statuer en parfaite connaissance de cause? Dans ces cas, on ne peut que s'en rapporter aux titres et aux preuves indiquées, ou s'en tenir à la possession actuelle à défaut de tous autres. T. II, Commentaire sur l'article 6, n° 4.

193. Cette doctrine était suivie dans l'ancienne jurisprudence, et elle a été consacrée par un arrêt

de la Cour de Paris, du 28 février 1851, dans lequel on lit : « Considérant que les usurpations de terre qui se font graduellement en labourant sont presque toujours imperceptibles et ne donnent lieu qu'à une possession clandestine ; qu'une pareille possession, quelque longue qu'elle soit, ne peut jamais faire supposer de la part du propriétaire l'abandon de ses droits et servir de base à la prescription ; que la preuve testimoniale d'une pareille possession ne pourrait jamais être concluante, parce qu'en raison de la clandestinité de cette possession les témoins ne pourraient en avoir connaissance et attester sa continuité... »

194. Mais M. Troplong, dans son *Traité de la prescription*, t. Ier, n°s 352 et suivants, repousse cette espèce de présomption légale de clandestinité, que l'on voudrait attacher à l'usurpation des terrains de limites ; il critique, sur ce point, l'ancienne jurisprudence et l'arrêt de la Cour de Paris du 28 février 1851 ; il n'admet pas l'impossibilité absolue d'arriver à la preuve.

« Les cultivateurs, dit-il, ont ordinairement sur les limites des données positives : un buisson, un fragment de haie, une pierre, un arbre, un alignement, un point quelconque de repère peuvent indiquer le point extrême où la culture s'arrête depuis trente ou quarante ans ; et, dans ce cas, la prescription doit faire maintenir ces limites, quand même elles seraient hors des contenances fixées par les titres. Le parti le plus prudent est donc d'admettre le résultat des enquêtes : si elles déposent d'une possession continue, publique, dans des limites connues depuis plus de trente ans, il ne faudra pas hésiter à se prononcer en faveur de la prescription, quand même le terrain disputé serait de peu d'importance; l'on n'écoutera pas, surtout, le propriétaire voisin, qui prétendra qu'à raison de l'exiguïté de la parcelle, l'usurpation a échappé à la surveillance, et qu'ainsi la possession manque de publicité. On ne saurait, en effet, transformer en acte clandestinune jouissance qui s'est produite au grand jour, et ce serait tout renverser que de mettre sur le compte de la ruse d'autrui la négligence dont on s'est rendu coupable envers soi-même. Mais si les témoins ne peuvent indiquer depuis combien de temps les anticipations ont eu lieu; s'ils laissent croire que pendant trente ans on s'est avancé d'une manière lente, occulte, imperceptible, on rejettera la prescription, et l'on s'en référera aux énonciations contenues dans les titres. »

195. M. Millet, après avoir cité les diverses opinions des auteurs, résume ainsi la sienne propre :

« Toutes les fois qu'une des parties oppose la prescription trentenaire, il faut qu'elle précise les faits sur lesquels elle prétend fonder sa demande ; il ne suffirait pas de dire que depuis plus de trente ans on possède une quantité de ... excédant les titres de propriété, il faut, au contraire, établir, indiquer comment la possession s'est opérée.

« Ainsi, on pourra considérer comme règle certaine le cas de signes, d'indices, établissant que la possession a dû être publique, et réunir toutes les considérations de la loi.

« On décidera alors qu'en plaine, s'il n'existe aucun signe, la prescription n'aura pu être que clandestine.

« Dans tous les autres cas, la demande à fin de preuve, basée sur des circonstances résultant de la situation des lieux, sera toujours accueillie, et l'on attendra le résultat de la preuve offerte.

« C'est ainsi, ce me semble, que peut être restreinte, dans des limites toutes rationnelles, la prescription trentenaire. »

196. Ces conseils sont fort sages et doivent d'autant plus être suivis, que, toutes les fois qu'une enquête est demandée, le juge de paix peut exiger que les faits soient articulés, afin de décider s'ils sont permanents et admissibles ; c'est même la règle obligatoire devant les tribunaux ordinaires (C. proc., 252). Si la publicité de la possession ne résulte pas suffisamment des faits articulés, le juge pourra refuser l'enquête ; mais si l'on propose de

prouver qu'on a, pendant trente ans, labouré telle portion de terrain bien déterminée, au vu et su de tous, que ce soit en plaine, qu'il y ait des signes extérieurs, indices ou non, l'enquête devra être ordonnée, sauf à mettre ensuite les frais de la preuve à la charge du plaideur téméraire.

§ 2. — De la prescription par dix et vingt ans.

197. La prescription par dix et vingt ans peut aussi être opposée en matière de bornage.

D'après l'article 2265 du Code Napoléon, celui qui acquiert de bonne foi et par juste titre un immeuble en prescrit la propriété par dix ans, si le véritable propriétaire habite dans le ressort de la Cour impériale, dans l'étendue de laquelle l'immeuble est situé ; et par vingt ans, s'il est domicilié hors dudit ressort.

Les articles suivants portent :

« Art. 2266. Si le véritable propriétaire a eu son domicile, en différents temps, dans le ressort et hors du ressort, il faut, pour compléter la prescription, ajouter à ce qui manque, aux dix ans de présence, un nombre d'années d'absence double de celui qui manque, pour compléter les dix ans de présence.

« Art. 2267. Le titre, nul par défaut de forme, ne peut servir de base à la prescription de dix et vingt ans.

« Art. 2268. La bonne foi est toujours présumée, et c'est à celui qui allègue la mauvaise foi à la prouver.

« Art. 2269. Il suffit que la bonne foi ait existé au moment de l'acquisition. »

198. La possession doit être nécessairement conforme au titre en vertu duquel on possède, et, dès lors qu'il s'agit de contenance et d'étendue de terrain, comme en matière de bornage, il faut que les actes décrivent les lieux, *selon certains signes ou limites*, et que l'on puisse prouver que l'on a possédé publiquement, paisiblement et à titre de propriétaire, pendant dix ans ou vingt ans, la quantité de terrain comprise dans ces limites, ou bien encore que le fonds ait été vendu comme *corps certain* : tels seraient un bois, une vigne, une oseraie, un étang, sans autre désignation de contenance, un héritage clos de murs, de haies, de fossés ou qui serait entouré par un sentier, un ravin, des allées d'arbres, etc., etc.

Et il importerait peu, dans tous ces cas, que l'on pût opposer à la prescription des titres antérieurs énonçant une contenance beaucoup moindre, car on prescrit contre le titre; la prescription est plus forte que le titre.

§ 3. — De la possession annale opposée comme preuve de propriété en matière de bornage.

199. Nous avons vu, plus haut, n°s 177 et suivants, que d'après la plupart des auteurs, lorsqu'il n'y a de titre de part ni d'autre entre propriétaires voisins, dans une instance en bornage, la possession même annale doit faire règle.

Quant à nous, nous ne saurions admettre que la possession annale pût, même en l'absence totale de titres, prévaloir contre toute possession antérieure, quelque longue qu'elle fût, et même contre certains documents, tels que procès-verbaux d'arpentage, baux, plans non suspects, anciens vestiges, énonciations en titres étrangers aux parties, etc., etc.

Le seul effet que nos Codes attribuent à la possession annale, c'est, en cas de trouble, de faire maintenir au possessoire ceux qui, depuis une année au moins, étaient en possession paisible par eux ou les leurs, à titre non précaire (C. proc., 23). Mais cette maintenue en possession n'est ni une preuve absolue, ni une consécration de la propriété; celui qui a succombé au possessoire peut réclamer les droits au pétitoire, et là, lorsqu'il s'agit, non plus de la maintenue en possession, mais du droit de propriété, de décider quel est le véritable propriétaire; tous les genres de preuves peuvent être admis.

200. Comprend-on, par exemple, que celui qui opposera une simple possession d'an et jour puisse, par cela seul, faire écarter les prétentions de son voisin qui, précédemment, aura joui du même terrain, publiquement, paisiblement, pendant un grand nombre d'années; qui, pas plus que lui ne présentera, il est vrai, de titres, mais qui prouvera par d'anciens arpentements, par la disposition des lieux, par d'anciens vestiges, par d'anciens baux, d'accord avec son ancienne possession, que c'est lui qui est propriétaire.

Toullier, l'illustre professeur de Rennes, a été pendant longtemps l'oracle du droit; les auteurs qui l'ont suivi, subjugués par son autorité (voir ci-dessus, n° 180), ne nous paraissent pas avoir suffisamment compris les effets de la possession annale, toute-puissante au possessoire, mais qui a une valeur beaucoup moins grande au pétitoire, comme preuve de propriété.

CHAPITRE VIII.

Règles d'attribution de propriété particulières à certaines espèces de terrains, chemins, rivières, ruisseaux, rideaux, clôtures, talus, fossés.

201. On divise les chemins en deux grandes classes : les chemins *publics* et les chemins *privés*.

202. Les chemins publics, routes impériales, départementales, chemins vicinaux et même tous chemins classés ou appartenant aux communes, ne doivent pas être compris dans le bornage.

203. La qualité de chemins *vicinaux* n'a été assignée dans chaque commune qu'à un certain nombre de chemins publics, qui présentaient assez d'importance pour que leur entretien dût être mis à la charge de la commune, en sorte que, dans toutes les communes, il se trouve un assez grand nombre de voies de communication, chemins, sentiers, ruelles ou passages, qui, bien que d'une moindre importance, ne pouvaient cependant pas être supprimées sans inconvénient, soit parce qu'elles donnent accès à une fontaine publique, à un abreuvoir, à un pâturage communal, soit parce qu'elles sont nécessaires à l'exploitation de différents cantons de terres arables.

Ces voies de communication ont reçu de la circulaire du ministre de l'intérieur, du 19 novembre

1839, le nom de chemins *ruraux*. Cette dénomination se justifie, puisque, dans cette catégorie, ne rentre aucune des voies publiques qui règnent dans l'intérieur des villes, bourgs ou villages.

Les chemins ruraux sont des chemins publics, car ils servent ou peuvent servir à l'usage de tous, et ne sont réclamés par personne, à titre de propriété privée.

204. Les chemins *privés* sont ceux qui existent, soit à titre de propriété, la portion de terrain consacrée à leur formation appartenant à ceux qui en jouissent, soit à titre de servitude sur l'héritage d'autrui. Ces voies sont donc soumises aux règles ordinaires de propriété ou de servitude.

La circulaire précitée du 16 novembre 1839, conforme à un avis du Conseil d'Etat du 12 avril 1839, a prescrit de dresser dans chaque commune un tableau des chemins ruraux qui comprît même les simples sentiers, afin qu'il pût servir à établir pour toujours les droits de la commune. Ce tableau a dû être déposé pendant un mois à la mairie, et avis de ce dépôt a dû être donné par deux publications successives, afin de mettre tous les propriétaires de la commune, qu'ils y soient domiciliés ou non, à portée de venir en prendre connaissance et de réclamer, soit contre les omissions qu'ils remarqueraient, soit contre l'inscription au tableau des chemins dont ils prétendraient avoir la propriété à titre privé. Ces réclamations ont dû être soumises, avec le tableau même, à l'examen du Conseil municipal, qui devait discuter les réclamations, s'il en avait été présenté, et proposer de les admettre ou de les rejeter.

Les réclamations présentées, soit pendant, soit après le délai des publications, et qui n'ont pas été admises par le Conseil municipal, doivent être renvoyées à la connaissance des tribunaux civils, et ce n'est qu'après le jugement du litige, et si la commune triomphe, que le chemin peut être maintenu définitivement dans la catégorie des chemins ruraux. Foucart, t. II, p. 469.

205. Ainsi, à la différence des chemins vicinaux, les contestations sur la propriété des chemins ruraux devront être vidées avant que l'autorité administrative puisse imprimer à ces chemins le caractère de chemins publics, tandis que, pour le classement des chemins vicinaux, il n'y a point à s'arrêter devant les exceptions de propriété. La raison de cette différence gît en ce que l'arrêté du préfet n'est point attributif à la voie rurale du sol compris dans ses limites, comme cela a lieu en matière de chemins vicinaux. L. 1836, art. 15.

Par ce même motif, l'arrêté du préfet ne serait pas un obstacle à une action en revendication, puisque, ne statuant que sur la publicité du chemin, cet arrêté ne peut produire d'effet qu'autant que le chemin est la propriété commune. Foucart, t. II, p. 469.

206. Les rivières et cours d'eau appartiennent aussi, dans leur usage, au domaine public ou au domaine privé; nous disons *dans leur usage*, car la propriété elle-même des eaux et du lit des rivières est considérée par plusieurs auteurs comme appartenant uniquement au domaine public. Mais cette question n'intéresse en rien le bornage, si ce n'est, toutefois, quant au lit des ruisseaux, qui peut être considéré sans inconvénient, lorsque les rivières ne sont ni navigables ni flottables, lorsqu'il s'agit surtout de simples ruisseaux courant dans des rigoles, comme appartenant à la propriété privée.

207. Les rivières navigables et flottables, étant dans le domaine public, ne doivent être comprises dans le bornage que comme limites ou confins des terrains à borner.

208. Les articles 640 et suivants du Code Napoléon règlent les droits des propriétaires sur les sources ou cours d'eau qui naissent dans leurs propriétés, qui les traversent ou qui les longent.

« Il ne faut pas perdre de vue, dit M. Pardessus, que les cours d'eau, les sentiers ou autres passages qui ne sont pas publics font partie des propriétés qui les entourent ou qu'ils traversent; par conséquent leur étendue doit compter dans celle du terrain, savoir : pour moitié, lorsque quelques-uns de ces objets sont mitoyens; et pour la totalité, à celui à qui ils appartiennent exclusivement.

209. D'après M. Frion, juge de paix, que nous avons déjà cité, il paraîtrait que, sous le régime féodal, on ne comprenait pas ordinairement dans la mesure du champ la moitié des rivières qui le bordaient, parce qu'elles appartenaient alors aux seigneurs, mais qu'on y portait comme aujourd'hui la partie qui le traversait. Depuis, tantôt on a compris dans la mesure, tantôt on a laissé en dehors l'étendue de la rivière qui longeait l'héritage, sans doute parce qu'après l'abolition de la féodalité, la propriété des cours d'eau était devenue incertaine, et que, plus tard, le Code Napoléon ne les a attribués aux propriétaires riverains que restrictivement. P. 48.

210. M. Millet croit que, *pour éviter toute méprise* sur l'application des énonciations des titres qui s'expliquent rarement sur les confins des rivières, il est, avant de se prononcer, un moyen prudent à employer, c'est de mesurer d'abord moitié de la rivière, et si, déduction faite de cette moitié, le riverain a sa quantité, ainsi que les autres propriétaires, alors on ne comprend pas la rivière; si, au contraire, il résulte que la moitié de la rivière, dont la longueur peut être plus ou moins grande, a de l'influence sur la répartition des terrains, alors on mesure la rivière et on en prend la

moitié dans les quantités que donnent les titres.

211. Cette manière de procéder, indiquée par M. Millet, ne nous paraît pas devoir être entièrement suivie, ainsi que le dit M. Frion dans l'extrait cité plus haut; sous le régime féodal, on ne comprenait pas ordinairement dans la mesure du champ la moitié des rivières qui le bordaient; on ne trouverait donc dans beaucoup d'anciens titres aucune mention relative aux droits des parties sur ce point, et l'on s'exposerait par conséquent à infliger bien des mécomptes.

Il faut remarquer, d'ailleurs, que le Code Napoléon a établi une espèce de présomption du droit des riverains à la moitié de la rivière, puisque, d'après l'article 644, ceux dont les propriétés bordent une eau courante, autre que celles déclarées dépendances du domaine public, ont un droit égal à s'en servir à son passage, pour l'irrigation de leurs propriétés, puisque, d'après l'article 561 sur le droit d'accession, « les îles et atterrissements qui se forment dans les rivières non navigables et non flottables appartiennent aux propriétaires riverains du côté où l'île s'est formée : si l'île n'est pas formée d'un seul côté, elle appartient aux propriétaires riverains des deux côtés, à partir de la ligne qu'on suppose tracée au milieu de la rivière. »

C'est donc la règle ou la présomption que chacun des propriétaires riverains a droit à la moitié du ruisseau, qui nous semble devoir être prise en considération, et, à moins que des titres il ne résulte le contraire, ce mode d'attribution doit être suivi.

212. Nous trouvons dans le remarquable Traité de M. Millet une discussion pleine de faits et de clarté sur les *tertres, arbres, haies, fossés, et rideaux*, et sur les attributions qui doivent en être faites dans les bornages.

« Voici, dit M. Millet, ce qu'on lit dans Fournel : On appelle *rideau* une langue (1) entre deux héritages voisins. Dans quelques coutumes, cette portion intermédiaire est connue sous le nom de *tertre* ou *terme*. Il y a de fréquents débats sur la propriété de cette pente, et sur la question de savoir auquel des deux héritages elle appartient, pouvant être considérée par l'une et l'autre partie comme une prolongation de son terrain. Plusieurs coutumes adjugent le rideau ou tertre au voisin supérieur : telle est celle d'Ayren, local d'Auvergne, qui porte : « Quand il y a terme ou tertre entre les deux terres, le terme est à la terre supérieure. » Mais l'usage le plus commun est d'adjuger la propriété du rideau au propriétaire inférieur, et de ne laisser au voisin supérieur que les jambes pendantes. On appelle ainsi l'espace que le pro-

(1) C'est plutôt une éminence, une élévation de terrain.

priétaire supérieur peut embrasser par ses jambes sur le côté du tertre. Cet usage est textuellement indiqué par quelques coutumes, et entre autres celle de Saint-Clément, local d'Auvergne, en ces termes : « Au seigneur supérieur de l'héritage appartient le terme étant entre deux héritages, tant que les pieds du seigneur de l'héritage se peuvent étendre, quand il est assis sur ledit terme; le résidu appartient au successeur de la propriété qui est dessous. » Rien ne serait plus versatile que l'étendue de cette propriété, si elle pouvait varier d'un moment à l'autre, suivant l'étendue des jambes de chaque propriétaire, mais l'usage l'a réglée à deux pieds. Voir *Traité du voisinage*, t. II, p. 407, v° *Rideau*.

213. « Souvent, dit Vaudoré, des tertres, rideaux, balmes ou lisières, séparent deux héritages, dont l'un est plus élevé que l'autre ; on adjuge la propriété de ces terrains, d'après l'usage le plus général, au propriétaire inférieur, et on en laisse au propriétaire supérieur deux pieds à peu près, afin que son héritage ne puisse s'ébouler. Néanmoins, on doit rigoureusement suivre les usages locaux. »

Vaudoré cite trois textes de coutumes : celle de la Marche, celle d'Ayren (haut pays d'Auvergne), et celle de Saint-Clément (local d'Auvergne). On connaît les deux dernières; celle de la Marche porte : « Tertre et gorse, étant entre un pré et une terre, appartiennent au seigneur du pré, *s'il n'appert du contraire.*

« On sent, ajoute l'auteur, que la coutume de Saint-Clément ne doit pas être suivie à la lettre, quant à la manière de mesurer la part revenant à chaque voisin ; l'usage a fixé la portion réservée pour l'héritage supérieur à deux pieds. Lorsque, continue-t-il, les tertres, rideaux ou lisières présentent un plan horizontal, on les partage par moitié entre les deux voisins. La possession peut être déterminante. »

Vaudoré fait remarquer que, quand la propriété est reconnue, les voisins peuvent se contraindre, soit à les partager, soit à les attribuer par des bornes à celui auquel ils appartiennent. Telle a été notre opinion, lorsque nous avons dit que les parties de fonds comme rideaux, ruisseaux, peuvent être délimités séparément de ces mêmes fonds.

214. Nous avons vu que Pardessus appliquait maintenant aux rivières ce qu'il avait décidé pour les tertres et rideaux. Voici ce qu'il dit relativement à ces derniers objets, dans la huitième édition de son *Traité des servitudes* : « Il arrive souvent qu'à l'extrémité des propriétés qu'il s'agit de borner se trouvent des élévations résultant de l'inégalité du terrain, connues le plus souvent sous le nom de *rideaux*, *tertres*, *lisières*, ou sous d'autres dé-

nominations locales. Quelques coutumes avaient à ce sujet des dispositions que l'on peut encore considérer comme des usages particuliers, utiles, d'après les articles 1159 et 1160 du Code, pour l'interprétation des titres. Ces rideaux, tertres ou lisières, lorsqu'ils présentent une pente ou un plan incliné, sont assez généralement considérés comme propriété de l'héritage inférieur, en laissant au propriétaire supérieur un espace suffisant pour le garantir des éboulements. Mais s'ils présentent un plan horizontal, il est plus naturel, en l'absence de titres, ou à défaut de possession suffisante qui les attribueraient à un seul héritage, de les partager par moitié. » Huitième édition, t. Ier, p. 306.

215. Les usages de chaque contrée sont tellement variables et contradictoires, qu'il est difficile de poser des règles fixes; aussi Pardessus, au lieu de donner, comme il l'avait fait originairement, moitié du rideau à chaque voisin, s'en réfère maintenant aux usages et surtout à la disposition des lieux.

215 *bis*. Dans le département de l'Oise, et notamment dans l'arrondissement de Beauvais, les rideaux sont généralement attribués pour les deux tiers au propriétaire inférieur. Dans l'Aisne, au contraire, c'est presque toujours la moitié. On applique assez généralement l'ancienne opinion de l'auteur du *Traité des servitudes*.

216. Quant aux arbres et aux haies, ils sont toujours censés plantés en deçà de la ligne séparative, conformément aux anciens usages ou aux distances prescrites par nos lois nouvelles, sauf la preuve contraire qui peut résulter de la situation des lieux. Dans ce cas, l'espace de terrain situé au delà des arbres ou de la haie doit être mesuré, et compté à l'héritage où se trouvent et la haie et les arbres; si les arbres ou haies sont mitoyens, moitié à chaque propriétaire.

Quelquefois on contre des arbres et des haies plantés sur la limite des héritages, et appartenant à un seul voisin; que la plantation remonte à plus ou à moins de trente ans, on ne doit rien compter en ce cas au delà desdits arbres et haies.

Il en est ainsi des fossés; une distance a pu être observée comme ne l'être pas, et souvent il arrive aussi qu'ils sont pratiqués sur la ligne. On sait que le rejet des terres est le signe de la mitoyenneté. Au surplus, la position des terrains a une grande influence sur toutes ces choses, et les décisions en dépendent presque toujours.

217. Nous terminerons par l'opinion qu'expriment MM. Dalloz en leur *Répertoire*, au mot *Bornage*, n° 60. « Les ruisseaux, haies, fossés, sentiers et autres chemins privés doivent être attribués en entier aux parties sur l'héritage desquelles ils se trouvent. Lorsqu'ils sont sur la limite des pro-

priétés en litige, ils doivent être présumés mitoyens et attribués pour moitié à chacune des parties, sauf le droit de propriété exclusive que l'une d'elles peut avoir acquis à cet égard (Voir en ce sens Pothier, *Société*, n° 233; Pardessus, n° 122; Curasson, t. II, p. 261; Vaudoré, *Droit civil des juges de paix*, n°s 29, 30). Les rideaux à plan incliné doivent, toutefois, être censés défendre les fonds supérieurs qu'ils soutiennent, à moins que le propriétaire de l'autre fonds ne justifie que, soit d'après l'usage des lieux, soit d'après son titre ou sa possession, le rideau doit lui appartenir (Vaudoré, *loc. cit.*, n° 31). Il n'est pas besoin de faire observer que les dépendances du domaine public, telles que les rivages, lais et relais de la mer, le lit des rivières navigables ou flottables, ne peuvent être comprises dans la délimitation des héritages (Val., *Ord. de la marine*, l. 4, t. VII, art. 1er; Pardessus, n° 122; Perrin, n° 915). Quant aux chemins de halage qui bordent les rivières, comme ils font partie des propriétés riveraines, ils doivent, au contraire, être compris dans le bornage. Pardessus, n° 122; Vaudoré, *ibid.*, n° 34. »

CHAPITRE IX.

Instruction de l'action en bornage. — Procédure. — Expertise. — Formes à suivre. — Procès-verbal.

SECTION Ire. — *Distinction entre la délimitation et le bornage. — Partie de l'instance qui précède l'expertise. — Du bornage volontaire ou sans contestation devant le juge de paix. — De l'alignement et du consentement des parties en cas d'alignement.*

218. Le bornage implique deux opérations qui sont : 1° la délimitation des héritages; 2° le placement des bornes. Par la délimitation, on détermine les droits de chaque partie, la ligne séparative des fonds, soit que, les parties étant d'accord, le juge se borne à constater ce qui résulte de leurs actes, soit que, sur la contestation des droits et de la possession, le juge du pétitoire détermine les limites qu'elles doivent désormais reconnaître.

La plantation des bornes est l'opération qui a lieu après que la délimitation a été reconnue par les parties ou fixée par le juge.

219. Il arrive quelquefois que les parties s'accordent sur la délimitation de leurs héritages respectifs, et qu'elles veulent seulement faire planter des bornes, en vertu de jugement, sur la ligne qui les sépare, pour la fixer d'une manière invariable. Dans ce cas, pour constater l'accord des

parties et prévenir des contestations ultérieures, le juge doit d'abord rendre une décision par laquelle il donne acte aux parties de ce qu'elles reconnaissent que la ligne séparative de leurs propriétés se trouve à tel point fixe, en indiquant ce point avec autant de précision que possible dans son jugement, sur les renseignements qui lui sont fournis par les intéressés. Par le même jugement, le juge de paix déclare qu'il se transportera sur les lieux avec ou sans experts, suivant qu'il juge convenable; c'est en pareille circonstance que le secours des hommes de l'art peut paraître superflu et que le magistrat peut *se servir à lui-même d'expert et de géomètre*, suivant l'expression de M. Barthe (Discours de présentation du projet devenu la loi de 1838, à la Chambre des députés). Au jour et à l'heure indiqués, le juge de paix se transporte sur les lieux, accompagné des parties, et fait planter les bornes sur la ligne divisoire fixée par son jugement. Lorsque cette opération est terminée, le greffier en dresse un procès-verbal circonstancié, contenant avec exactitude la désignation des bornes et des témoins de pierre ou de tous autres signes employés pour les faire facilement reconnaître. Le juge doit, en outre, s'attacher à décrire avec précision la ligne séparative, avec toutes les sinuosités, s'il en existe : Curasson, t. II, p. 465, conseille de plus de joindre au procès-verbal de bornage un plan qui en retrace les points les plus essentiels. Ce soin paraît utile, mais il exige le concours d'un homme de l'art, et l'opération devient par cela même plus dispendieuse.

220. D'autres fois, lors même que la ligne séparative des deux héritages résulte clairement des titres, on la modifie et on la déplace, afin d'en corriger les irrégularités, de faire disparaître, par exemple, les coudes et les angles rentrants ou saillants, qu'elle pourrait présenter.

Et alors le bornage constitue un véritable alignement *pour la commodité de l'un et de l'autre des propriétaires*, comme le dit Domat, *en laissant d'une part autant qu'on donne de l'autre. Lois civiles*, livre II, t. VI, sect. II, n° 6.

221. A cet égard plusieurs questions peuvent se présenter :

1° Le consentement des parties est-il nécessaire?

2° Ce consentement peut-il être donné par le tuteur figurant dans une action en bornage, au nom du mineur, ou par les époux mariés sous le régime dotal, relativement à l'immeuble constitué en dot?

3° Le bornage ainsi fait sera-t-il purement déclaratif ou sera-t-il, au contraire, attributif, de telle sorte, par exemple, que les créanciers hypothécaires soient fondés à prétendre qu'il y a là, en ce qui les concerne, une aliénation ordinaire, et qu'ils peuvent suivre dans les mains du propriétaire voisin la portion détachée de l'immeuble qui fait leur gage?

M. Demolombe, après avoir posé ces questions, les résout ainsi :

« Que le consentement des parties soit nécessaire, nous le croyons; car il s'agit entre elles d'une espèce d'échange, et le juge, chargé seulement de constater et de déterminer les limites existantes, ne nous paraîtrait pas pouvoir, même pour le plus grand intérêt des parties, les changer lorsqu'elles sont certaines et reconnues. Le magistrat n'a point chez nous, comme autrefois à Rome, le pouvoir de faire, en pareil cas, une *adjudicatio. Institutes, De officio judicis*, § 6.

« Mais la solution de la première question n'entraîne-t-elle pas, dans le même sens, la solution des deux autres? Et si le consentement des parties est nécessaire, parce que l'opération a le caractère d'une aliénation, n'en faut-il pas conclure qu'il ne peut être donné que par les parties capables d'aliéner et en ce qui concerne seulement les biens aliénables?

« Cette déduction semble, en effet, à première vue, rigoureusement logique, et pourtant nous ne croirions pas devoir l'adopter.

« Nous supposons, bien entendu, deux choses :

d'abord que l'espèce d'échange qui résulte du redressement, et plus généralement du déplacement de la ligne séparative des héritages, n'est que de peu d'importance, et ensuite que tout se passe, en fait, avec bonne foi.

« Eh bien! alors, notre avis est que cette opération devrait être considérée comme un acte de bonne et sage administration, qui n'excède pas les pouvoirs du tuteur, ni ceux du mari, sous le régime dotal, relativement à l'immeuble constitué en dot. C'est ainsi que le Tribunal civil de Caen a nettement décidé que le mari qui, en procédant au bornage des propriétés dotales, avait rectifié l'alignement, en cédant quelques portions à peu près égales à celles qu'il avait reçues, n'avait pas fait un échange auquel l'article 1559 fût applicable.

« Par suite, les créanciers hypothécaires auraient été valablement représentés par le propriétaire agissant dans la limite du droit d'administration qu'il conserve.

« Nous dirions donc, dans ce cas, du bornage comme du partage, qu'il est purement déclaratif. » Cours de Code Napoléon, t. XI, n° 274.

SECTION II. — *De la procédure en cas de renvoi devant le tribunal de première instance. — Du bornage après décision du tribunal de première instance ou arrêt sur appel. — Du bornage en cas de contestation sur les limites, sans contestation sur la propriété ou sur les titres. — Des experts. — Du transport du juge de paix sur les lieux contentieux.*

222. Lorsque le juge de paix s'est déclaré incompétent, le demandeur doit ajourner son adversaire devant le Tribunal de première instance. Il est utile qu'il fasse signifier, en tête de l'exploit d'ajournement, la sentence rendue par le juge de paix, parce que cette décision devient un élément du procès et doit être nécessairement consultée par les juges, pour qu'ils puissent apprécier la conduite du défendeur et statuer sur les dépens.

223. Les juges peuvent, lorsque d'ailleurs ils sont suffisamment éclairés par les moyens d'instruction de la cause, fixer eux-mêmes la démarcation entre deux propriétés, sans ordonner une expertise. C'est ce qui a été jugé sous l'ordonnance de 1667 (Cass., 2 nov. 1808), et c'est ce qu'on jugerait sous le Code de procédure, car les juges ne sont pas astreints à suivre l'avis des experts, lorsqu'ils en ont nommé (C. proc., 323). A plus forte raison peuvent-ils se dispenser d'ordonner une expertise, lorsqu'ils la croient inutile.

224. Après avoir statué sur les questions de propriété, les juges doivent fixer avec soin la ligne

divisoire, suivant les droits reconnus des parties; prescrire la plantation des bornes sur cette ligne, conformément à ce qui a été expliqué, n° 46; ordonner la restitution des fruits en faveur de ceux auxquels la délimitation rend une partie de leur terrain, et statuer sur les dépens.

225. Lorsque le délai indiqué par le jugement qui a prononcé le sursis et renvoyé l'incident devant le Tribunal d'arrondissement est expiré, ou après jugement et arrêt sur les questions de titre et de propriété, toutes les parties, ainsi que l'expert, se présentent à l'audience du juge de paix.

La partie la plus diligente présente le jugement qui a statué sur la contestation.

« Alors, dit M. Millet (deuxième édition, p. 544), les parties font tous dires et observations qu'elles jugent convenables; il est ordonné que l'expert rectifiera ou complétera son travail de répartitions de terrain au cabinet, en suivant pour base les décisions intervenues, tant du Tribunal de paix que du Tribunal d'arrondissement.

« Sur les lieux, en présence ou en l'absence des parties, l'expert représente son travail; chaque propriétaire est obligé de s'expliquer sur ce qui le concerne, approuve ou improuve ce qui a été fait sur le papier, en demande la rectification ou la modification; le voisin intéressé consent ou ne consent pas; l'expert est entendu, et le juge décide si le travail sera ou ne sera pas maintenu.

226. Sans contester ni la propriété ni les titres, les parties ne s'accordant pas sur les limites, voici comment le juge de paix devrait procéder. Il se ferait d'abord remettre les titres des parties, et il ordonnerait ensuite que les propriétés litigieuses seraient arpentées par des experts qu'il nommerait, afin de déterminer, d'après les actes, la ligne divisoire. Au jour indiqué par le jugement, il se transporterait sur le lieu du litige avec les experts et les parties. Les pièces à borner seraient alors arpentées, et la ligne divisoire déterminée conformément aux titres. Après cette opération, et sur le rapport des experts, le juge devrait, autant que possible et pour éviter un nouveau déplacement, rendre sur les lieux, conformément à l'article 42. C. proc., une nouvelle sentence, par laquelle il fixerait les limites des deux propriétés contiguës et ordonnerait la plantation des bornes sur la ligne séparative fixée par le résultat de l'expertise, sans cependant être astreint à suivre les indications des experts, s'il estimait qu'il y a eu erreur dans leur appréciation ou dans leur travail. Conformément à ce jugement, les bornes devront ensuite être placées, et il sera dressé procès-verbal de cette opération. Mais ce procès-verbal ne suffirait pas; un jugement devrait être nécessairement rendu, et cela pour deux raisons : la première, c'est que la déci-

sion du juge de paix serait sujette à l'appel et qu'il faudrait qu'elle fût transcrite pour être déférée au juge du degré supérieur; la seconde, c'est qu'il importerait que chacune des parties eût un titre exécutoire contre son adversaire, afin d'éviter une nouvelle contestation, et le procès-verbal serait insuffisant pour assurer ce résultat.

227. M. Millet pose cette question :

« La restitution des terrains contestés ou non contestés peut-elle être ordonnée par le juge de paix?

« Une fois les quantités matérielles connues par la voie de l'arpentage, répond-il, une fois l'application des titres non contestés faite par le juge de paix, il ne reste plus qu'une seule chose à faire, la répartition des terrains. Or, l'expert, d'après les indications données par le magistrat, opère les reprises selon les règles de son art, toujours eu égard aux titres des parties, c'est-à-dire qu'il retirera à l'un ce qu'il a de trop pour remettre à l'autre à qui il en manque.

« Cette opération est une opération purement d'expert; on doit conserver le plus possible aux pièces de terre leurs configurations actuelles qui, par suite de tradition, sont l'image de la figure primitive qui aura été conservée, malgré les anticipations actives ou passives qu'elles auront faites ou auront eu à souffrir.

« Les reprises sont tellement la conséquence du bornage, que ce n'est que pour atteindre ce but que l'on a recours à cette opération.

« Ce qui se passe en cette circonstance est extrêmement simple : il ne s'agit que de constater des faits, de faire rentrer les pièces de terre dans leur état normal ; la plupart du temps, il ne se présente aucune contestation, si ce n'est pour quelques légères difficultés matérielles qui se trouvent bientôt aplanies.

« Ce point de vue n'a pas encore été indiqué par les auteurs.

« Dans un jugement rendu par nous le 27 septembre 1838, nous disions que les juges de paix avaient le droit de décider non-seulement les incidents relatifs à l'opération matérielle, mais encore de faire la répartition des terrains et d'ordonner les restitutions qui sont la conséquence de l'opération. »

228. Comment le juge de paix doit-il procéder à la nomination des experts en bornage et combien d'experts doit-il nommer ?

L'article 42 du Code de procédure civile porte : « Si l'objet de la visite ou de l'appréciation exige des connaissances qui soient étrangères au juge, il ordonnera que les gens de l'art, qu'il nommera par le même jugement, feront la visite avec lui et donneront leur avis ; il pourra juger sur le lieu même, sans désemparer. Dans les causes sujettes à appel, procès-verbal de la visite sera dressé par le greffier, qui constatera le serment prêté par les experts. Le procès-verbal sera signé par le juge, par le greffier et par les experts; et si les experts ne savent ou ne peuvent signer, il en sera fait mention. »

Carré, dans son ouvrage sur la juridiction des justices de paix, n° 2813, dit que le juge de paix peut ne nommer qu'un seul expert, si les parties y consentent, pourvu qu'elles aient la libre disposition de leurs droits; si les parties nomment leurs experts, le juge doit leur confier l'opération; sinon, il les nomme d'office et, pour éviter le partage, il doit en nommer trois; c'est du moins un argument qu'on peut tirer de l'article 303. Les parties ont, après cette nomination, la faculté de convenir d'autres experts (305); elles doivent le faire dans les trois jours de la signification, si le jugement est interlocutoire, ou dans les trois jours de la prononciation, s'il est seulement préparatoire. Cette nomination est faite par une déclaration au greffe.

Dans ses *Lois de la procédure*, le même auteur se demande, sur l'article 52, quel doit être le nombre d'experts à nommer. Les experts, dit-il, dans les justices de paix, ne rédigent pas à la vérité de procès-verbal, mais dans les causes sujettes à appel le greffier doit tenir un procès-verbal, et dans les causes non susceptibles d'appel on doit, aux termes de l'article 43, insérer au jugement le résultat de l'expertise. On sent qu'en ces deux cas il doit être présenté un seul avis : il faut donc qu'il ait été nommé un ou trois experts. C'est, d'ailleurs, l'esprit général du Code (art. 303); il veut éviter le partage d'avis qui pourrait embarrasser le juge dans sa décision.

M. Chauveau, dans ses additions à Carré, croit que le juge de paix fera sagement de se conformer à ses prescriptions, quoiqu'aucune loi positive ne l'y oblige; mais dans le système de M. Pigeau (*Comm.*, t. I, p. 106), il faut toujours trois experts, à moins que les parties, maîtresses de leurs droits, ne consentent à la désignation d'un seul. Dans celui de M. Thomine-Desmazures (t. I, p. 115 et 116), il n'en faut que deux, parce que le juge est le tiers expert ou l'expert suprême.

229. M. Millet critique ces diverses opinions; il soutient avec raison, et en cela il est d'accord avec Curasson (t. I, p. 113), que l'article 303 du Code de procédure, relatif aux tribunaux ordinaires, est, par là même, étranger aux justices de paix; l'article 42 accordant aux juges de paix la faculté de recourir à des gens de l'art, sans en déterminer le nombre, tout à cet égard est laissé à l'arbitrage de ces magistrats. C'est au juge de paix qu'il appartient d'apprécier si la nomination d'un seul expert

suffit, sans qu'il soit besoin pour cela du consentement des parties. M. Millet soutient donc qu'en justice de paix, en matière de bornage comme en toute autre matière, la nomination des experts doit toujours être faite d'office, parce que le juge seul doit savoir si ses connaissances lui permettent ou non de pouvoir, sans le secours d'autrui, apprécier le litige. Il peut certes consulter les parties sur le choix à faire, mais il n'y est point obligé.

Quant au nombre des experts, le juge est entièrement libre à cet égard, la loi n'en a point limité le nombre. Cela est laissé à son appréciation. Dans les causes de peu d'importance, il n'en nommera qu'un seul, dans d'autres deux; dans de graves affaires il devra en nommer trois.

230. Le procès-verbal dressé par le greffier constatera le serment prêté par les experts, lorsque le juge de paix aura eu recours à leur assistance. Cet acte doit, en outre, être signé par les experts, par le juge et par le greffier. Si les experts ne savent ni ne peuvent signer, il en sera fait mention. C. proc., 42.

231. Comment doit être faite l'expertise? Le juge de paix doit-il être présent? *Quid*, si l'expertise est ordonnée par le tribunal de première instance?

D'après l'article 42 du Code de procédure civile, le juge de paix, après avoir nommé des experts pour faire *avec lui* la visite des biens et donner leur avis, peut juger sur les lieux mêmes sans désemparer.

Les articles 302 et suivants, qui règlent les rapports d'experts devant les tribunaux de première instance, supposent, au contraire, que le travail de l'expert se fait en dehors de la présence du juge. Ces derniers articles ne sont pas applicables aux expertises qui se font dans les justices de paix, lesquelles ne sont régies que par l'article 42 du Code; mais quelles que soient les expressions de l'article 42, les experts nommés sur demande en bornage, de même que tous ceux qui opèrent en justice de paix, ne sont pas tenus absolument de procéder à leurs opérations *en présence du juge*. La question a été traitée par presque tous les auteurs qui ont écrit sur les justices de paix; M. Chauveau, dans les lois de la procédure de Carré, la pose et la résout ainsi : « Le juge de paix peut-il ordonner un rapport d'experts sans ordonner en même temps une descente? M. Thomines-Desmazures, t. I, p. 115, décide qu'une expertise ordonnée par le juge de paix ne peut avoir lieu qu'en sa présence; il est lui-même, dit cet auteur, l'expert désigné par la loi; les gens de l'art ne sont que des aides, que ses conseillers. Il faut convenir que les dispositions et la rédaction de l'article 42 sont bien faites pour accréditer cette opinion. Ne semble-t-il pas que ces officiers soient nécessairement toujours ensemble et ne puissent opérer séparément? L'article 43 paraît encore en être une autre preuve. Le Code ne trace d'ailleurs aucune règle pour le dressé, le dépôt du rapport, dans le cas où les experts procéderaient en l'absence du juge, nouvel argument en faveur de la solution de M. Thomines-Desmazures. Cependant, à y bien réfléchir, nous croyons qu'on doit se décider pour l'opinion contraire. M. Pigeau (Comm., t. I, p. 108) la professe sans difficulté, et il en tire une foule de conséquences pour l'application, aux expertises qui se font devant les justices de paix, des articles 302 et suivants, relatifs aux expertises devant les tribunaux ordinaires.

M. Chauveau cite à l'appui de son opinion un arrêt de la Cour de cassation du 20 juillet 1837, qui a déclaré qu'en n'assistant pas à toutes les opérations d'expertises, le juge de paix ne commet pas un excès de pouvoir ; il est à noter que, dans l'espèce, il y avait eu visite de lieu par le juge, et ce n'était que comme complément qu'il avait ordonné une expertise hors sa présence.

231 *bis*. Curasson, après s'être, prononcé dans son premier volume, pour la présence du juge dans les expertises des cas généraux ordinaires, admet l'expertise hors sa présence pour les opérations du bornage.

« Dans plusieurs affaires, dit-il, il est possible que le juge de paix puisse se servir à lui-même d'expert et de géomètre, comme le disait M. Barthe; mais s'il s'agit d'appliquer des titres, de rechercher des limites incertaines, cette application, cette recherche, les mesurages nécessaires compliquent l'opération et rendent indispensable la nomination d'un ou de plusieurs experts entendus; car les articles 302 et suivants du Code de procédure ne sont pas une loi pour le juge de paix. Ce magistrat peut présider à l'expertise, mais la règle établie à cet égard par l'article 42 dudit Code n'est point absolue. Si donc ses occupations ne lui permettent pas d'assister à l'opération, il peut statuer sur un rapport d'experts, sauf à compléter lui-même l'instruction sur les lieux, dans le cas où le rapport ne contiendrait pas des documents suffisants pour l'éclairer. La délimitation peut être importante et donner lieu à plusieurs jours de travail, s'il s'agit surtout du mesurage d'une grande étendue de terre auquel seraient intéressés cinq ou six voisins assignés par le demandeur ou appelés dans la cause, pour reconnaître lequel a anticipé, et dont chacun proposerait ses observations. En faisant procéder l'expert sans l'assistance du juge et en présence des parties, il y aura économie de frais pour elles et économie de temps pour le magistrat. » T. II, p. 343, n° 16.

232. M. Curasson (t. II, p. 459) enseigne même que le juge de paix n'est pas obligé de se transpor-

ter sur les lieux. MM. Dalloz émettent un avis contraire : « Si le juge de paix ne se transporte pas sur les lieux, disent-ils (*Répert.*, au mot *Bornage*), par qui sera rédigé le procès-verbal de bornage, lequel, d'après l'article 42 du Code de procédure, doit être signé par le juge ? Nous comprenons très-bien que, lorsque l'arpentage doit durer plusieurs jours, le juge n'assiste pas à cette opération, pour laquelle sa présence est inutile ; mais il doit, en général, être présent au bornage, afin de pouvoir ensuite signer le procès-verbal, conformément à l'article 42 dudit Code. Il ne doit lui être permis de se tenir éloigné du lieu de l'opération, que lorsqu'il est représenté un plan figuré des lieux auquel les parties disent s'être conformées dans la plantation des bornes. »

233. M. Millet, après avoir cité un passage de la brochure de M. Frion, juge de paix à Chaumont (Oise), s'exprime ainsi :

« De tout ce qui précède, on peut conclure que toutes les fois qu'il s'agira de bornage dont les opérations ne sont pas susceptibles de durer plus d'un jour ou deux, le juge de paix ne devra nommer qu'un seul expert arpenteur, lequel opérera en sa présence.

« Que si le bornage doit se prolonger plusieurs jours, comme au cas de mise en cause des arrière-voisins, où il faut mesurer un grand nombre de pièces de terre, le juge de paix nommera deux, trois experts et plus, si les circonstances l'exigent; il se rendra sur les lieux le premier jour, afin de vider toutes les difficultés matérielles d'exécution résultant, soit d'accidents de terrains, d'existence de chemins, rivières, ruisseaux, ravins, rideaux, arbres et haies, etc. Il constatera la nature de, ces objets, s'ils sont publics ou privés, s'ils sont faits de main d'homme, s'ils ont plus de trente ans de plantation et comment ils doivent être comptés dans le mesurage. Le juge examine, en un mot, toutes les difficultés que peuvent faire naître les accidents de terrain.

« La mission du juge de paix au premier jour de l'opération est d'éclairer la marche des experts, afin qu'ils ne soient point arrêtés dans le cours de leurs opérations.

« Les difficultés matérielles aplanies, le juge indique le jour où la cause sera appelée à l'audience, eu égard au temps nécessaire aux experts pour faire l'arpentage, les calculs au cabinet, les reprises et la rédaction du plan.

« Les experts opèrent et continuent pendant les jours indiqués dans le procès-verbal. Le mesurage terminé, ils se rendent au cabinet de l'un d'eux, font leurs calculs de chaque quantité trouvée, selon les jouissances actuelles, comparent ces quantités avec les quantités énoncées dans les titres; ensuite ils effectuent sur le papier les reprises et les font figurer en ligne rouge sur le plan. Si des observations sont nécessaires pour l'intelligence du plan, les experts les consignent en marge.

« Le travail des experts parachevé, les parties, ainsi que les experts, comparaissent à l'audience, au jour fixé au procès-verbal du juge; là, en présence ou en l'absence des parties (le jour ayant été contradictoirement indiqué), les experts déposent sur le bureau le plan de toutes les pièces de terre, avec indication des reprises opérées. Chaque propriétaire intéressé est appelé pour prendre communication du travail; les experts fournissent tous les renseignements nécessaires. Si le travail est approuvé, comme s'il est désapprouvé, le greffier en tient note sur le plumitif : tous dires et observations sont consignés comme dans les affaires ordinaires.

« Si le travail est entièrement approuvé, ou si les difficultés soulevées sont aplanies, le juge en fait mention dans le simple jugement de remise de la cause et intime à tel jour, pour la plantation des bornes en sa présence et en présence de toutes les parties. Les bornes plantées, procès-verbal en est rédigé, et on y joint le plan des experts. »

234. Il y a dans cette manière d'opérer, décrite par M. Millet, une grande simplicité, et qui ne pa-

rait contredire en rien le sens et l'esprit de la loi. Il est vrai que l'article 42 du Code de procédure civile paraît exiger que les experts fassent la visite des lieux avec le juge de paix lui-même ; mais cet article, comme on l'a fait observer, a eu en vue les cas les plus simples et les plus ordinaires; on sait, d'ailleurs, que la procédure des justices de paix n'admet pas d'irrégularités irritantes; qu'à la différence de ce qui a lieu dans les tribunaux ordinaires (C. proc., 1029), les nullités y sont, le plus souvent, simplement comminatoires.

235. Ces mêmes considérations nous porteraient à penser que, dans les cas où, pour l'utilité de la cause, il y aurait intérêt à ce que les experts ne fissent pas seulement un simple plan parcellaire, mais dressassent un rapport, ce rapport devrait être dressé.

Il peut se présenter des circonstances où un rapport ajouté au plan simplifierait beaucoup le jugement à rendre. Nous avons établi plus haut que les fonctions du juge de paix ne consistent pas uniquement dans la position des bornes; il peut avoir à prononcer sur l'interprétation et l'application des titres; il est certain qu'à part même toute opération de bornage, il a droit, en pareil cas, de demander un avis et même un rapport d'experts.

Les explications des experts données à l'audience peuvent être beaucoup plus confuses, entraîner plus de perte de temps et être moins bien saisies par le greffier, que si elles avaient été consignées dans un rapport.

Puisque donc le rapport ne peut, dans aucun cas, entraîner nullité, nous ne voyons pas pourquoi, surtout dans les causes sujettes à l'appel, telles que le sont toujours les actions en bornage,, il ne serait pas dressé par les experts.

Il pourrait, d'ailleurs, servir à simplifier la sentence du juge de paix et le procès-verbal d'apposition de bornes.

SECTION III. — *Du placement des bornes. — Bornes naturelles. — Bornes artificielles. — Procès-verbal. — Plan figuratif.*

236. Les bornes sont *naturelles*, comme rivières, rideaux, rochers, édifices, arbres, haies, fossés, chemins; ou *artificielles* ou *accidentelles*, comme piquets ou pieux, pierres enfoncées en terre, etc. On suit, quant au choix des bornes artificielles, les usages locaux.

237. La matière dont sont composées les bornes artificielles varie suivant les localités. On place sous les bornes, d'après les auteurs (Brodeau, *Coutumes du Maine*, art. 677; Vaudoré, v° *Bornage*, n° 39), des pierres cassées, des tuiles, du charbon, des tessons de bouteilles et même des métaux. Ces

signes portaient autrefois le nom de *perdriaux*, *gardes*, *filleuls*; on les nomme aujourd'hui *témoins* ou *garants*. C'est par des *termes* ou *croix* faites sur les rochers que, dans les pays de bois et de montagnes, la délimitation des propriétés s'opérait. Ces signes avaient le même effet que celui qui est attribué aux bornes dont il vient d'être parlé, dès qu'ils avaient été formés du consentement unanime des parties. Aix, 17 juillet 1838.

238. Voici de quelle manière le nouveau Denisart enseigne que le bornage doit être effectué : « La règle, en matière d'arpentage et de bornage, est que deux points marqués sur les limites des héritages indiquent qu'il faut tirer, pour former la limite, une ligne droite de l'un à l'autre. Ainsi, s'agit-il de marquer les limites d'un héritage carré, on plantera quatre bornes aux quatre coins, A, B, C, D, ce qui suffira pour indiquer que les lignes AB, BC, CD et DA, sont les limites de l'héritage. Cette règle ne souffre d'exception que lorsque la pente du terrain ou sa trop grande étendue font que l'on ne pourrait pas aisément d'une borne apercevoir l'autre. Pour indiquer une ligne circulaire et elliptique, il faut autre chose que des bornes plantées de distance en distance : il faut un mur, une haie ou un fossé, ou bien que le plan joint au procès-verbal d'arpentage-bornage indique que la ligne qui doit être tirée de tel point à tel autre

point est circulaire, et forme telle courbure d'un côté ou d'un autre. »

239. Nous devons ajouter qu'il est convenable de placer des bornes à la naissance de chaque courbe que peut décrire la ligne divisoire, afin d'en marquer, autant que possible, les points principaux.

240. Le placement des bornes est constaté par un procès-verbal. « On éviterait bien des difficultés, dit Perrin, et on se trouverait dans les termes et l'esprit d'un arrêt rendu par la Cour de Pau, le 29 mai 1839, rapporté aux *Annales de la législation*, t. VII, n° 171, si, profitant de l'avis que donne Toullier, on avait la précaution de clairement désigner les pierres bornales ou tous autres objets pris pour bornes dans le procès-verbal de bornage ; d'y établir les dimensions et la forme de ces pierres, la distance qui existe entre les unes et les autres, leur direction, leur éloignement des murs, arbres, haies, fossés, etc., de l'un ou de l'autre voisin, et même de tous les deux, s'il est possible ; enfin, de designer aussi les objets qu'on a déposés comme témoins. »

241. Curasson conseille de joindre un plan à tout procès-verbal de bornage, lorsque les propriétés à borner sont considérables ; M. Millet considère le plan comme nécessaire dans tous les cas. « Le plan, dit-il, est le plus sûr moyen d'ob-

tenir une opération durable; il peut avoir lieu pour tout bornage, quelque minime ou important qu'il soit; il est l'image, la reproduction de ce qui est, de ce qui a été fait; aussi cette reproduction des choses matérielles est-elle appelée *plan figuratif.* Dans tout bornage un plan doit avoir lieu et être joint au procès-verbal qui n'en est que l'explication motivée. »

242. Voici, d'après M. Millet, ce que doit contenir, dans les cas ordinaires, le procès-verbal de bornage :

1° Les formalités communes à toutes les visites de lieux faites par expertise;

2° La décision du juge sur les difficultés matérielles d'exécution;

3° Les contenances matérielles selon les jouissances actuelles;

4° Les contenances d'après les titres représentés;

5° Les pièces de terre qui n'ont pas leur compte;

6° Les reprises effectuées sur telles ou telles pièces;

7° La contenance de chaque pièce par suite des reprises;

8° La condamnation à fin de restitution, si les parties n'y consentent;

9° La plantation des bornes, leur position, leur direction et la distance des bornes entre elles, ou portée de chaîne de l'une à l'autre borne, ou balance des bornes entre elles ;

10° Les restitutions des fruits, le cas échéant;

11° La condamnation aux dépens, avec la distinction admise entre les frais de procédure et ceux de l'opération, ainsi que les frais des incidents.

Cette énumération est complète, sauf qu'il faut y ajouter les considérants sur lesquels serait basée la décision du juge de paix sur le bornage, car l'acte que M. Millet décrit ainsi mérite plutôt le nom de *jugement* que celui de *procès-verbal*; et, en effet, c'est un véritable jugement que rend le juge de paix, quand même il ne se serait pas élevé de difficultés entre les parties ; aussi devrait-il être, à notre avis, rédigé dans la forme des jugements.

CHAPITRE X.

Des restitutions des fruits et des dépens.

243. Après les reprises consenties ou ordonnées, le juge statue sur les restitutions de fruits, ainsi que sur les dépens, et ordonne la plantation des bornes.

A cet égard, tout ce qui a été fait, en ce qui concerne la jouissance antérieurement au procès, doit être maintenu, parce que chaque propriétaire est considéré comme étant de bonne foi, jusqu'à preuve contraire. Ainsi, lorsque la mauvaise foi n'est pas établie, celui à qui l'on reprend du terrain pour compléter la quantité du voisin, si ce terrain est couvert de récoltes, a le droit de recueillir les fruits; en un mot, celui qui sème récolte. Ce mode est aussi simple que juste. Cependant, si les terrains n'étaient encore que préparés, le voisin aurait à tenir compte des labours et des semences.

Voici comment s'exprime, sur la restitution des fruits, Curasson, dont l'opinion est en ce point conforme à celle de tous les auteurs qui ont écrit sur ces matières: « La restitution des fruits est une conséquence de l'action en bornage, mais il faut observer que celui qui, par le résultat de cette opération, sera reconnu avoir anticipé, ne doit les fruits que depuis la demande en justice; ceux antérieurs à la demande ne pourraient être réclamés que contre le possesseur de mauvaise foi; mais la mauvaise foi ne se présume point, elle doit être prouvée; il est rare que cette preuve puisse résulter d'un bornage dont l'objet est de faire réparer de légères anticipations dont on ignore l'époque et quelquefois la cause.

244. D'après l'article 646 du Code Napoléon, « le bornage se fait à frais communs; » mais dans cet article il ne peut être question que des frais du

bornage proprement dit ; tout jugement qui interviendrait sur les questions d'interprétation de titres ou de propriété devrait statuer sur les dépens de l'instance qui aurait donné lieu au jugement, et le sort de ces dépens serait fixé selon les règles ordinaires.

245. Quant au frais du bornage proprement dit, les termes de l'article 646 ont donné lieu à des interprétations différentes,

Ainsi, d'après Pardessus, « la proportion dans laquelle les frais doivent être supportés serait celle de l'étendue de chaque propriété; autrement le propriétaire d'une portion considérable de terrain, dont l'arpentage serait devenu nécessaire pour arriver à fixer le lieu de plantation des bornes, pourrait ruiner son voisin qui n'en aurait qu'une très-petite partie, en lui faisant supporter la moitié des dépens. Il semble naturel, dans ce cas, de distinguer entre le bornage et l'arpentage : le bornage intéresse dans la même proportion les deux voisins, car il peut seul prévenir les anticipations, mais l'arpentage concerne chacun pour ce qui lui appartient.

Curasson s'exprime ainsi : « Pardessus distingue, relativement aux frais, le bornage de la délimitation nécessaire pour y arriver ; les bornes étant destinées à prévenir les anticipations, dans l'intérêt des deux parties, elles doivent supporter également les frais de la plantation ; pour ce qui est de ceux de la délimitation, qui sont plus considérables, ils doivent être proportionnels à l'étendue des terrains. »

246. M. Millet pense qu'un autre mode doit être suivi, plus conforme, d'après lui, à l'esprit de la loi et à la pratique des opérations de bornage, à savoir que les frais judiciaires proprement dits doivent être supportés en commun, et ceux d'opérations matérielles, y compris la plantation des bornes, répartis au prorata des quantités.

« Cette opération, dit-il, n'est pas contraire à l'esprit de la loi, pas même à ses termes, car *en commun* ne veut pas toujours dire *par moitié ;* ce qui est commun peut être par portions inégales, tandis que la moitié est une quantité déterminée qui ne peut varier ; s'il y a deux ou dix propriétaires en cause, ce sera toujours la moitié, le tiers, le quart ; mais *en commun* peut se concevoir avec des quantités inégales, ce ne sera pas moins une répartition commune ; c'est donc avec intention que l'on a substitué le mot *commun* au mot *moitié*.

« La répartition des frais, comme nous la concevons, est en outre dans l'esprit de la loi : les frais judiciaires doivent être par tête, parce qu'ils sont en quelque sorte personnels, que la plus ou moins grande quantité de terrain ne les diminue ni ne les augmente. Mais il n'en est pas de même des frais de l'opération matérielle; plus les terres ont d'étendue, plus elles demandent de temps pour les mesurer. Il peut arriver aussi qu'un seul propriétaire ait plusieurs pièces de terre soumises au bornage.

247. M. Demolombe croit qu'il convient de distinguer entre les frais du bornage lui-même (art. 646), c'est-à-dire de l'opération matérielle de la plantation des bornes, et les frais du mesurage des propriétés respectives, qui a pu être nécessaire pour y arriver.

Les premiers doivent être supportés en commun, c'est-à-dire, suivant nous, par moitié, parce qu'en effet ceux-là sont également utiles à l'un et à l'autre. Arg. de l'article 3 de la loi de 1791 et de l'article 14 du Code forestier.

Quant aux frais d'arpentage, il semble logique et équitable qu'ils soient supportés proportionnellement à l'étendue de chaque propriété; autrement, il pourrait arriver que le propriétaire qui aurait un domaine d'une grande étendue imposât ainsi, pour un simple bornage, une énorme charge à son voisin, qui n'aurait qu'un petit coin de terre.

248. D'après M. Dalloz (*Répertoire* au mot *Bornage*), en cas de contestation, il faut faire deux parts distinctes des frais: la première, composée des dépens occasionnés par les exceptions et les interlocutoires, doit être supportée par la partie qui a succombé; la seconde, formée des frais ordi-

naires du bornage, doit être payée en commun (Toullier, t. III, n° 180; Pardessus, n° 129; Solon, n° 178; Perrin, n° 923; Marcadé, *Eléments de droit civil français*, sous l'art. 646). Plusieurs auteurs, MM. Merlin (RÉP., v° *Bornage*), Vaudoré (*Droit civ. des juges de paix*, n° 53), Perrin (n° 922), enseignent toutefois que si la demande en bornage n'avait été portée devant le juge qu'à raison de la minorité ou de l'interdiction de l'une des parties, les frais nécessaires pour arriver au bornage devraient rester communs. Cette opinion, ajoutent MM. Dalloz, est justifiée par ce qui se pratique en matière de partage, mais elle n'est pas équitable. Il nous semble injuste de faire subir à l'une des parties les frais qui sont occasionnés uniquement par l'incapacité de son adversaire. Il est encore à remarquer que, lorsqu'il a été procédé à un arpentage, les frais ne doivent pas toujours en être supportés également par les deux parties. Ils doivent être supportés par les parties, dans la proportion de l'étendue de leurs héritages respectifs; s'il en était autrement, le bornage pourrait devenir ruineux pour le propriétaire d'un petit champ contigu à une vaste propriété.

249. Ainsi quatre catégories de frais :

1° Les frais provenant des contestations ou des difficultés élevées par l'une ou l'autre des parties et qui donnent lieu à un jugement spécial; ils doivent être mis à la charge de la partie qui succombe;

du moins les articles 130 et 131 du Code de procédure civile sur les dépens y autorisent.

2° Les frais occasionnés par l'état de minorité de l'une des parties; ils doivent rester à sa charge, pourvu que ce soient des frais extraordinaires et relatifs à des autorisations à obtenir, ou à des formalités spéciales à cet état de minorité; car, s'il s'agissait, par exemple, de la nécessité de borner *en vertu de jugement*, au lieu de borner *à l'amiable*, les frais du jugement constatant le bornage devraient être communs.

3° Les frais d'arpentage, du rapport des experts et du plan peuvent être partagés proportionnellement à l'étendue des propriétés, ou au moins des champs et pièces de terre formant la limite des propriétés soumises au bornage.

4° Les frais de procédure nécessaires au bornage ordinaire, lorsqu'ils ne sont pas augmentés par des contestations et des prétentions injustes ou téméraires, et les frais du jugement qui établit le bornage doivent être partagés entre les parties, à moins encore que les terrains formant la lisière des propriétés des unes soient beaucoup moins longues et moins étendues que ceux formant la lisière des propriétés des autres, auquel cas encore ces frais nous semblent pouvoir être répartis.

APPENDICE.

Preuve de la propriété. — Examen et validité des titres. — Possession. — Mobilité, incertitude et force de la possession. — Abus des partages proportionnels des différentes mesures. — Principales régles à adopter pour le bornage.

250. Nous avons mentionné ci-dessus, p. 160 et suiv., la discussion qui s'est élevée entre M. A.-S. Morin, avocat, ancien sous-préfet, plusieurs de nos correspondants et nous, sur quelques questions assurément les plus importantes en matière de bornage. Nous retraçons ci-après cette discussion dans toute son étendue, pour ne pas en affaiblir l'importance.

Les questions étaient ainsi posées :

« Quand il s'agit de procéder au bornage de deux « pièces contiguës, entre lesquelles il n'existe ni « haie, ni fossé, ni aucun autre objet propre à dé- « terminer les limites, quelle règle doit-on suivre? « — Si aucun des propriétaires n'accuse son voi- « sin d'avoir commis, à une époque quelconque, « une usurpation ou un empiétement, le juge de « paix doit-il ordonner la représentation des titres « de propriété, puis l'arpentage des champs con- « tigus; ou doit-il seulement se baser sur le fait de « possession, lors même que cette possession ne « serait qu'annale? »

Ainsi que nous l'avons déjà dit, nos lecteurs trouveront dans l'article de M. Morin des renseignements et une discussion intéressante sur les indications d'étendue et les mesurages, contenus dans les titres anciens, et sur la valeur que l'on peut attribuer à l'arpentage. Toutefois nous ferons suivre l'article de quelques observations critiques.

« Quand une opinion est consacrée par un long usage, dit M. Morin, quand elle a pour elle la majeure partie des auteurs les plus recommandables et une masse imposante de décisions judiciaires, il semble qu'on ne puisse la combattre sans être accusé de témérité, d'excentricité paradoxale. Néanmoins, il ne peut y avoir de prescription contre la raison et l'équité, et, quand on invoque les vrais principes, on se fait toujours écouter des hommes de bonne foi, qui cherchent consciencieusement la vérité. Nous allons heurter de front une opinion généralement accréditée : persuadé que nous nous appuyons sur le droit, nous prions le lecteur de nous prêter un peu d'attention, et de ne se prononcer qu'après un sérieux examen.

« Quand il s'agit de procéder au bornage de deux pièces de terre contiguës entre lesquelles il n'existe ni haie, ni fossé, ni aucun autre objet propre à déterminer les limites, quelle règle doit-on suivre?... Telle est la question que nous allons examiner.

« Deux cas peuvent se présenter. — Aucun des propriétaires n'accuse son voisin d'avoir commis, à une époque quelconque, une usurpation ou un empiétement : alors il s'agit tout simplement d'opérer d'après la possession actuelle, et de planter des bornes aux extrémités de la ligne qui sépare les héritages; — ou bien un des propriétaires se plaint d'une usurpation ou d'un empiétement : alors il doit être sursis au bornage, jusqu'à ce qu'il ait été statué sur la plainte; le plaignant agira suivant qu'il le jugera convenable, soit au possessoire, soit au pétitoire; il sera tenu, bien entendu, de justifier ses prétentions, d'expliquer comment, à quelle époque et dans quelle étendue a eu lieu l'empiétement, et de prouver tout ce qu'il avance; puis, quand le jugement rendu sur la contestation aura été exécuté, le bornage n'en sera que la consécration, et ne pourra donner lieu à aucune difficulté.

« La marche que nous venons d'indiquer nous paraît dictée par le bon sens; mais la plupart des praticiens entendent les choses tout autrement. Si de deux voisins l'un demande le bornage, même quand il n'y a plainte de part ni d'autre, le juge ordonne la représentation des titres de propriété, puis l'arpentage des champs contigus, et la contenance des deux champs est répartie proportionnellement aux contenances exprimées dans leurs titres. Voyons si ce mode d'opérer peut se justifier d'après les principes du droit.

«Examinons d'abord quelles sont la valeur et la portée des contrats translatifs de propriété. Celui qui cède à autrui un immeuble par vente, échange donation ou autrement, lui transfère tous les droits qu'il avait sur l'immeuble, mais rien de plus, nul ne pouvant donner plus qu'il n'a. Il s'ensuit que l'acte qui intervient ne concerne que ceux qui y sont parties et leurs ayants cause, et ne peut en aucun cas être opposé à des tiers, à l'égard desquels il sera toujours une chose étrangère, *res inter alios acta*. Le titre par lequel j'ai acquis un champ pourra donc me servir, soit en cas de difficulté avec mon auteur, pour prouver qu'il m'a subrogé dans ses droits, soit en cas de difficulté avec des personnes qui prétendraient avoir acquis du même auteur des droits quelconques sur ce champ; enfin, en cas de difficulté avec des tiers, si j'ai à me prévaloir de ma possession, je pourrai encore invoquer le titre pour prouver que c'est à moi que doit profiter la possession de mon auteur. Mais, en dehors de ces cas, je ne puis invoquer ce titre contre des étrangers, ni me prévaloir contre eux des clauses qui s'y trouvent ou de la désignation de l'immeuble que j'ai acquis.

« Qu'importe donc aux tiers l'énonciation qu'il m'a plu d'insérer dans mon titre, de la contenance de mon champ? Comment cette énonciation pourrait-elle leur être opposée?.... Ont-ils été appelés à la contrôler, à la contredire, si elle était inexacte? Nullement... Lors de la rédaction de mon titre, y a-t-il eu du moins intervention solennelle de l'autorité publique pour constater que le champ avait réellement alors la contenance affirmée par moi ou par mon cédant, ou par tous deux, et pour vérifier que mon cédant avait réellement droit à cette contenance? Pas le moins du monde. Que l'acte ait été rédigé sous seing privé ou dans la forme notariée, peu importe : le notaire, s'il a prêté son ministère, n'a fait que recueillir nos déclarations, qu'il n'avait pas mission de contrôler; il n'a fait que prêter à nos conventions la forme authentique. Nous avons donc pu, mon cédant et moi, insérer dans cet acte tout ce que nous avons voulu; on a pu, sans opposition de qui que ce fût, assigner au champ une contenance exagérée; et cette erreur a pu être commise de très-bonne foi, de même que, dans certains cas, elle a pu être faite dans un but frauduleux. Tout le monde sait qu'il est de style, dans les actes, de stipuler que le vendeur ou cédant ne s'oblige pas à la garantie de mesure, quelle que puisse être la différence entre la contenance indiquée et la mesure réelle, de sorte qu'une énonciation exagérée ne lui impose aucune responsabilité. L'énonciation de la contenance n'est donc qu'un renseignement sans valeur, même pour les parties contractantes, et ayant uniquement pour but de servir à établir la spécification du champ, de manière à le distinguer de tout autre champ.

« Et si plus tard il s'agit de fixer les limites de ce champ d'avec les champs voisins; si alors, conformément à l'usage abusif que je combats, on ordonne l'expertise, et que mon champ se trouve avoir une contenance inférieure à celle qui est indiquée dans mon titre, je pourrais rendre mes voisins responsables du déficit de mesure, et invoquer contre eux, comme une autorité irrécusable, une énonciation qui est mon œuvre seule ou celle de mon cédant; énonciation à laquelle ils ont été étrangers et qu'ils n'ont pas été appelés à contredire; énonciation qui, même dans la pensée des contractants, n'avait rien de sérieux, puisqu'elle ne les engageait à rien vis-à-vis l'un de l'autre, et qu'elle ne reposait sur aucun fondement régulier!... Ce système choque le bon sens et l'équité, et rien dans la loi ne peut l'autoriser.

« Allons plus loin, et cherchons comment se sont formées les énonciations de contenance qu'on trouve dans les titres. On sait qu'avant le cadastre, les habitants des campagnes ne connaissaient que la *mesure renommée*, c'est-à-dire que chaque champ était réputé, dans l'opinion de la population du pays, avoir *à peu près* une ceraine contenance qui était déterminée, non d'après un arpentage, mais d'après une appréciation faite au hasard, et, comme on dit vulgairement, *à vue de nez*. Ces contenances étaient toujours exprimées en nombres ronds : ainsi, dès qu'un champ dépassait deux minots, on l'estimait à un nombre entier de minots, sans fraction ; s'il était d'une étendue considérable, l'estimation était en setiers, toujours sans fraction. Il y avait donc des champs de 7 setiers, de 8 setiers, etc., mais jamais de 7 setiers 1 minot 3 perches 7/10. Tous ceux qui employaient les indications usuelles savaient parfaitement qu'elles ne donnaient qu'une approximation très-imparfaite; souvent même l'erreur était grossière, mais la désignation erronée continuait d'être invariablement employée, par respect pour l'usage, cette désignation servant à reconnaître le champ, à établir son identité. Il en résultait nécessairement que deux champs indiqués comme ayant la même contenance, d'après la même mesure renommée, différaient très-sensiblement : par exemple, un champ ayant 85 perches était appelé 1 setier, et l'on disait que le setier était *fort;* un autre, n'ayant que 76 perches, était aussi appelé 1 setier, et l'on disait que le setier était *faible*. Dans les ventes, échanges, baux, etc., qui avaient ces champs pour objet, on leur donnait la désignation admise dans le pays, et rien n'avertissait que tel setier fût fort ou faible, ni surtout de combien la contenance réelle différait de celle qui était consacrée par l'usage. Dans chaque titre, on ne manquait pas de copier textuellement la désignation du champ, telle qu'elle était dans les titres antérieurs. L'erreur se perpétuait ainsi. N'est-il donc pas déraisonnable d'aller chercher dans de pareils actes des précédents sur une prétendue contenance normale originaire? Deux setiers contigus, l'un fort (85 perches), l'autre faible (76 perches), ont été transmis pendant des générations, chacun ne portant l'indication que de 1 setier, sans autre explication; puis, un beau jour, mon voisin, demandant à borner, soutiendra que nos champs doivent être arpentés, et que, nos titres nous attribuant à chacun la même contenance, chacun de nous a droit à être nanti de la moitié juste de la superficie totale des deux champs! De sorte que celui qui, par lui et ses auteurs, ne possédait depuis un siècle que 76 perches, en aura 80 et demie, et celui qui en avait possédé 85 sera dépouillé de 4 et demie. Comment peut-on soutenir un système aussi contraire à la raison et aussi inique? Comment puis-je être victime des erreurs commises par les paysans de ma contrée dans la nomenclature faite verbalement et grossièrement des divers champs? Ce que j'ai acquis, ce n'est pas telle contenance déterminée de terre, c'est *tel* champ situé dans *tel* chantier, ayant *tels* joignants et aboutissants. On me l'a vendu *tel qu'il se poursuivait et comportait*, ainsi qu'en avaient joui les propriétaires successifs. En indiquant que ce champ contenait un setier, cela ne voulait pas dire qu'on me vendait exactement et précisément un setier, ni plus ni moins : loin de là ; puisque nous avons stipulé, suivant l'usage, que je prendrais le champ tel qu'en jouissait mon vendeur, que celui-ci ne s'obligeait pas au *parfournissement de mesure*, et que la différence en plus ou en moins, entre la contenance indiquée et la contenance réelle, tournerait à mon profit ou à ma perte, la désignation du setier ne signifiait donc autre chose, sinon que ce champ était réputé dans le pays pour un setier. Cette désignation de contenance, bien que reconnue comme vicieuse, a dû figurer dans l'acte comme renseignement ; mais évidemment l'insertion de ce renseignement ne doit pouvoir nuire ni profiter à personne, et il est impossible de voir dans cette circonstance la prétention à consacrer une énonciation de contenance à laquelle les parties n'ont jamais attaché la moindre valeur.

« Depuis l'établissement du système métrique, il a été d'habitude de continuer à désigner les champs par leur contenance, d'après leur mesure renommée, en y ajoutant seulement la traduction en nouvelles mesures ; ainsi l'on disait 39 *ares* 60 *centiares* (un setier). On savait que ces indications étaient très-inexactes, mais on trouvait un avantage à les employer : c'était de suivre dans les anciens titres la filiation des pièces de terre. La loi du 4 juillet 1837, ayant prohibé l'emploi des anciennes mesures, amena une révolution dans la rédaction des titres. Les notaires, qui n'avaient pas fait difficulté jusque-là de désigner un champ comme contenant 39 ares 60 centiares (un setier), ne pouvant plus se servir du mot de *setier*, comprirent qu'il devenait bien difficile et peu rationnel de conserver seule la traduction en nouvelles mesures d'une contenance inexacte fournie par la renommée : attribuer à un champ, non pas un nombre rond d'ares ou d'hectares, mais une quantité comme 39 ares 60 centiares, c'était annoncer une prétention à la précision. Il fallut donc chercher cette précision, et pour cela sortir de la routine. — On employa quelquefois les contenances fournies par les arpentages : il y avait certainement là un grand progrès, puisqu'au moins l'énonciation reposait sur une opération régulière. Mais au point de vue de la question qui nous occupe, il est évident que l'arpentage qu'un particulier fait faire de son champ, de son autorité privée et sans le concours de ses voisins, ne peut avoir de force contre ceux-ci, et que, s'il s'agit plus tard de borner, il ne sera nullement fondé à demander un réarpentage et à exiger tout ce qui pourra se trouver de déficit de mesure, d'après la comparaison entre le nouvel arpentage et l'ancien, dont le résultat aura été consigné dans ses titres. Il serait trop commode à un propriétaire avide de faire faire par un géomètre de son choix un arpentage à son avantage, d'en exprimer le résultat dans un titre, et de l'invoquer ensuite comme loi contre les voisins. Les énonciations de contenance d'après un arpentage particulier doivent donc être sans autorité.

« Reste le cadastre. Ici du moins il s'agit d'une opération générale, faite par l'autorité publique, et méritant quelque confiance. Mais le gouvernement, en faisant procéder au cadastre, n'a eu pour but que de parvenir à une meilleure péréquation de l'impôt foncier, à une base aussi exacte que possible de statistique. Il n'a jamais été décrété que l'arpentage du cadastre ferait loi à l'égard des parties dans les contestations privées. Les particuliers, il est vrai, ont été admis à faire leurs observations, lors des opérations du cadastre; mais on n'y a pas attaché d'autre importance que celle d'un recensement financier. Pourvu que chacun y soit porté pour toutes les parcelles qui lui appartiennent, et rien de plus, pourvu que l'évaluation de la superficie et la classification n'entraînent pas d'erreur trop sensible dans l'assiette de l'impôt, on s'est tenu tranquille. En fait, il est certain et avoué de tout le monde que le cadastre contient de nombreuses inexactitudes, que personne n'a le droit de faire accepter à perpétuité. L'énonciation, dans les titres, de la contenance cadastrale ne peut donc encore être une autorité irrécusable. D'ailleurs, il faut remarquer que quand un champ est désigné dans un titre par tous ses éléments caractéristiques, et particulièrement par la section et le numéro de section, la contenance cadastrale est superflue, puisque le lecteur peut la trouver sur les registres publics. Ainsi, que le titre indique ou non la mesure cadastrale, du moment qu'il n'en donne pas d'autre, c'est exactement la même chose. Il s'ensuit que, pour ceux qui reconnaissent l'autorité du cadastre, ce ne seront plus les titres particuliers qui devront être invoqués en matière de bornage, mais toujours et exclusivement les matrices du rôle. Cette conséquence n'a cependant pas été adoptée par les auteurs et par les arrêts, qui veulent qu'en matière de bornage on arpente les champs à borner, et qu'on assigne à chacun une superficie proportionnelle à celle que lui attribuent les titres.

« Le cadastre remonte déjà à une époque assez reculée, à une quarantaine d'années pour une grande partie du territoire français ; encore quelques années, et, même pour les parties le plus récemment cadastrées, l'opération aura plus de trente années d'existence. Or, il est admis dans le notariat que, dans un acte de cession d'immeubles, il suffit de faire remonter la propriété à trente ans. Donc, pour la plupart des actes, et bientôt pour tous, l'indication de la mesure cadastrale est ou va être la seule employée, ce qui équivaut, comme nous venons de le dire, à l'absence d'indication particulière et au recours aux registres communaux. Que deviennent donc l'autorité des titres, la nécessité de les produire, et l'obligation de répartir la superficie suivant les titres? Tout ce système s'évanouit par la force des choses.

« Si, par exception, il arrive quelquefois, depuis le cadastre, qu'au lieu d'employer dans les actes la contenance cadastrale, on en indique une autre, nous demanderons à nos adversaires si les parties auxquelles il convient de déroger ainsi, de leur autorité privée, à un usage général, devront en retirer quelque avantage vis-à-vis de leurs voisins. Il serait fort étrange qu'ils pussent ainsi, par leur fait, se créer une prérogative au détriment des autres propriétaires. S'ils se contentent d'indiquer une mesure différente de la mesure cadastrale, sans énoncer les motifs de préférence, il serait vraiment déraisonnable qu'une évaluation arbitraire de la superficie de leur champ dût être réputée mériter plus de confiance et avoir plus de force que l'arpentage fait par l'autorité publique. Si, au contraire, ils indiquent un arpentage particulier, ce ne pourra être qu'un renseignement sans autorité, et nous nous référons à ce que nous avons dit plus haut sur une opération faite par un particulier sans le concours de ses voisins, auxquels elle ne peut jamais être opposée.

« Remarquons encore que parfois des erreurs involontaires sont commises par les clercs dans l'énumération et la désignation des pièces de terre faisant l'objet des contrats, que ces erreurs sont souvent reproduites dans les actes subséquents... N'importe ; tout ce qui est écrit dans les titres est un oracle infaillible devant lequel doivent s'incliner les voisins.

« Nous avons supposé jusqu'ici les contenances indiquées de bonne foi par les parties dans les titres. Mais il faut bien aussi supposer la possibilité de fraude, et ici elle serait extrêmement facile. Qu'un acquéreur, d'accord avec son vendeur, qui n'encourt aucune responsabilité, assigne dans l'acte de vente une contenance exagérée au champ vendu, il s'ensuivra, d'après la doctrine que nous combattons, que cet acquéreur, venant à demander le bornage à ses voisins, leur fera produire leurs titres, où la véritable contenance peut être indiquée ou à peu près : fort du titre qu'il aura fabriqué pour le besoin de la cause, il se fera attribuer une contenance qui ne lui appartient pas, et dépouillera impunément les propriétaires de bonne foi. On objecterait en vain, contre cette hypothèse, que le stratagème sera dévoilé si l'on recourt aux titres antérieurs. Il est très-facile de rompre la tradition en n'énonçant pas dans l'acte de vente comment le vendeur est propriétaire de l'objet vendu, ce qui sera sans inconvénient pour l'acquéreur s'il a confiance dans la solvabilité du vendeur, et s'il est assuré que celui-ci possédait depuis un temps suffisant pour prescrire. Une fois le titre frauduleux obtenu, l'indication mensongère sera répétée dans les titres subséquents, s'il y a changement de propriétaires ; de sorte que, quand il faudra agir contre les voisins, on leur opposera une série de titres conformes ; et cette conformité, qui ne sera autre chose que la répétition d'une erreur volontaire, et qui, d'après la raison, ne devrait être d'aucun poids, sera souverainement imposante aux yeux des partisans de l'autorité des titres.

« Le système que nous réfutons ne pourrait être juste qu'autant qu'on prouverait préalablement la vérité de ces deux propositions :

« 1° L'énonciation faite par les parties, dans un acte transmissif de propriété, de la contenance des terres, est toujours d'une exactitude infaillible ;

« 2° Une fois la contenance d'un champ établie

dans un titre, le propriétaire a droit à cette contenance à perpétuité, quels que puissent être les événements ultérieurs, et les voisins doivent la lui garantir, sous leur responsabilité.

« Il n'est personne qui ne saisisse, au premier énoncé, la monstrueuse absurdité de ces deux propositions; et pourtant il est évident que, l'une d'elles venant à manquer, tout le système de nos adversaires s'écroule. Entrons sur ces deux points dans quelques développements.

« Nous avons suffisamment prouvé que les divers modes d'énonciation des contenances sont sujets à erreur, et qu'en aucun cas ces énonciations ne peuvent être opposées aux voisins qui n'ont pas été parties dans les actes. Et vraiment, c'est avoir trop beau jeu que de combattre ceux qui revendiquent le don de l'infaillibilité pour tous les acquéreurs, même quand ils sont intéressés à tromper à leur avantage. Nous n'ajouterons sur ce point qu'une réflexion : qu'arrivera-t-il si les divers titres concernant un champ ne concordent pas sur la contenance? Auxquels donnera-t-on la préférence? Aux plus anciens?... Mais qu'ont-ils de plus respectable que les modernes? et ne doit-on pas présumer, au contraire, que si l'on a modifié la contenance, c'est qu'on a reconnu que les précédentes énonciations étaient fautives?... Mais si (comme il arrive le plus souvent) l'énonciation plus récente est conforme au cadastre, ce qui forme une autorité tout à fait en dehors des titres, les partisans des titres devront la négliger pour recourir à ces actes vénérables et sacro-saints qui n'indiquaient que la mesure renommée, laquelle ne pouvait errer, sans doute en vertu de l'adage : *Vox populi, vox Dei*. Néanmoins, quel que soit le choix que l'on fasse, le principe fléchit d'une manière désastreuse ; car adopter un titre, c'est rejeter les autres, c'est les déclarer erronés, c'est dépouiller les titres en général du privilége d'infaillibilité. Et quelle garantie dès lors avons-nous que le titre adopté à l'exclusion des autres échappe complétement aux causes qui les ont infectés d'erreurs? Le prestige de l'oracle s'évanouit.

« En supposant qu'à une époque quelconque l'acte transmissif de propriété d'un champ ait renfermé une indication de contenance parfaitement conforme à ce que possédait et transmettait le cédant, s'ensuit-il que plus tard l'acquéreur aura droit, lors du bornage avec un de ses voisins, à retrouver la même contenance et à réclamer du voisin le déficit, s'il y en a?... Ainsi, il y a vingt, trente, quarante ans, votre champ contenait deux setiers : soit. Vous êtes entouré de cinq ou six voisins. Aujourd'hui vous avez à borner avec moi, qui suis un de vos voisins, et vous prétendez qu'on produise les titres, qu'on arpente nos deux champs, et qu'on en répartisse la totalité entre nous, proportionnellement aux contenances portées dans nos titres; de sorte que si vous avez moins de vos deux setiers, et si moi, dont le titre porte un minot, je me trouve posséder davantage, je serai tenu de vous parfaire votre contenance... Mais toute action contre une personne doit être basée sur un engagement pris par elle, ou sur un fait de sa part donnant lieu à une obligation. Je n'ai contracté envers vous aucun engagement; vous n'articulez contre moi aucun fait dommageable; vous n'alléguez pas que, par moi ou par mes gens, j'aie commis sur vos champs aucun ratirage (et si vous l'alléguez, vous seriez tenu de le prouver); et néanmoins vous voulez vous emparer d'une partie de mon héritage! Votre prétention ne repose sur aucun fondement. Vous dites que vous ne retrouvez plus votre ancienne contenance... Et que m'importe? M'avez-vous donné votre champ à garder? Si vous l'avez laissé s'amoindrir, suis-je responsable de votre négligence? Vous prétendez que je dois vous fournir ce qui vous manque, comme s'il était établi que c'est moi qui vous en ai dépouillé. Et cependant vous ne vous croyez pas obligé d'affirmer que j'aie commis cette spoliation, ce qui vous mettrait dans la nécessité de faire une preuve que vous êtes incapable de faire. Il vous suffit d'une présomption. J'ai *pu* être l'auteur de la spoliation, donc je dois la réparer. Mais il est de principe que la fraude et le délit ne se présument jamais et ont toujours besoin d'être prouvés. Si vous aviez perdu un objet mobilier, seriez-vous fondé à vous adresser sans preuve au premier venu, sous le prétexte qu'il a pu vous le prendre? Non, sans doute. Vous ne pourriez intenter une action qu'à la charge de prouver que celui que vous poursuivez a commis la soustraction dont vous vous plaignez. Et pourquoi en serait-il autrement en matière d'immeuble? La raison et l'équité ne dictent-elles pas une même solution?

« Nous avons supposé une question de bornage posée entre vous et moi : je vous demande pourquoi vous voulez faire peser précisément sur moi le déficit dont vous vous dites victime? Si ce déficit provient d'une usurpation, elle a pu être commise par chacun de vos voisins; il ne peut dépendre de votre caprice de me choisir pour en faire la réparation. Quoi! vous aurez laissé un de vos voisins s'agrandir à vos dépens; puis, la question de bornage s'élevant entre vous et moi, vous pourrez exiger que je répare votre déficit aux dépens de mon patrimoine, non-seulement sans être tenu de rien prouver contre moi, mais sans même avoir à rien alléguer; et je serai ainsi obligé de pâtir pour le délit d'autrui!... Car, dans le système que nous combattons, mon voisin n'est nullement tenu de mettre en cause tous ses voisins. — Si cependant il le fait, sa prétention au moins aura quelque chose de moins choquant. Il dira : J'avais telle mesure d'après mon titre; il m'en manque telle quantité, elle n'a pu m'être enlevée que par vous ou par quelques-uns de vous, je vous rends tous responsables. — Ce mode d'argumenter ou de procéder rappelle la justice à la turque. Qu'un objet précieux ait été déposé dans un endroit où se trouvent dix personnes, et ait ensuite disparu; qu'on ait ainsi des raisons de croire que la soustraction n'a pu être commise que par un des dix, le cadi commencera par leur faire appliquer à tous des coups de bâton sous la plante des pieds, en vertu de ce principe... turc, qu'il est parfaitement licite de punir des innocents pour parvenir plus sûrement à atteindre le coupable. Mais dans les pays civilisés, on procède autrement, Dieu merci; et soit au criminel, soit au civil, on ne frappe que celui qui est personnellement convaincu du fait répréhensible ou dommageable. Celui qui se prétend victime d'une spoliation, au lieu de s'en prendre arbitrairement à tel de ses voisins qu'il lui plaît de désigner, ou à tous ses voisins en bloc, doit donc articuler contre celui qu'il croit coupable les faits précis de spoliation, et en faire la preuve.

« On prétend que tout ce que je possède au delà de la contenance portée dans mes titres est autant de bien usurpé, et que je dois le rendre à celui ou à ceux de mes voisins qui se trouvent en déficit de mesure, et qui les premiers viendront élever contre moi des réclamations... Je me réfère à ce que j'ai dit plus haut sur l'autorité qu'on veut donner aux titres. Mais il y a plus : quand même il serait vrai qu'à une certaine époque mon titre eût exprimé exactement l'état de ma possession ou de la possession de mes auteurs, il ne s'ensuit aucunement que tout ce que je possède au delà doive être attribué précisément à celui de mes voisins avec lequel j'ai à borner; car ce surplus, j'ai pu l'acquérir d'autres personnes, soit en vertu de titres que je n'aurais pas conservés, soit verbalement, ce qui est parfaitement licite; il est même possible qu'un de mes auteurs l'ait envahi au préjudice d'un de ses voisins autre que celui avec lequel j'ai à borner, ce qui ne pourrait m'obliger à aucune restitution envers ce dernier. Si néanmoins, dans ce dernier cas, je suis condamné à lui restituer ce surplus, je n'en serai pas moins exposé à une action de la part de celui qui a été réellement spolié; et, après cette double restitution, je me trouverai injustement privé d'une partie de mon héritage, et peut-être de mon héritage tout entier. Ainsi mon titre m'attribuait un minot : mon champ s'est trouvé contenir deux minots, par suite de l'usurpation commise par un de mes auteurs au préjudice de mon voisin du côté de l'est. Mon voisin du côté de l'ouest demande le bornage : on lui attribue un minot à prendre dans mon champ, et il le prend naturellement à l'ouest de ma propriété. Puis mon voisin de l'est prouve l'usurpation ancienne, et se fait rendre un minot. Il ne me reste plus rien du tout.

« L'erreur, comme la vérité, a sa logique, et il y a des esprits qui, une fois engagés dans une mauvaise voie, sont entraînés à descendre tous les degrés de l'abîme. — J'ai objecté à mes adversaires que si l'un de mes voisins a du déficit dans sa mesure, il n'y a pas de raison pour qu'il s'en prenne à moi plutôt qu'à ses autres voisins. Aussi quelques auteurs ont-ils admis résolûment que le plaignant doit mettre en cause tous ses voisins; chacun de ceux-ci, à son tour, peut prétendre que, pour parvenir à restituer à chacun la contenance assignée par ses titres, il y a lieu de mettre en cause tous ses voisins, et ainsi de suite, de proche en proche; de manière qu'une simple demande en bornage entre deux parties peut amener l'arpentage et l'abornement de la plaine entière. (Vaudoré, *Droit civil des juges de paix*, n° 12.) — Voilà, certes, un magnifique résultat! Pour une petite querelle entre deux propriétaires de deux petits champs, toute une commune va être livrée au fléau de la chicane; une foule d'individus qui vivaient en paix et se croyaient à l'abri des procès vont être forcés, bon gré, mal gré, d'intervenir dans une contestation élevée à une lieue de chez eux, de défendre à une instance, d'exercer des recours, des mises en cause, de demander des expertises, des arpentages, des descentes de lieux, etc. Voilà ce qui s'appelle un procès monstre, capable de durer autant que la guerre de Troie, et de dévorer en frais toute une commune. Mieux vaudrait deux années de grêle qu'une pareille avalanche de procédures. — Peut-être croira-t-on que ce n'est là qu'un jeu d'esprit, qu'une hypothèse ingénieuse de jurisconsultes qui ont voulu pousser jusqu'au bout les conséquences de leur principe. Hélas! cette hypothèse est devenue plus d'une fois une calamiteuse réalité, et je sais l'exemple d'un propriétaire paisible, qui cultivait avec amour un modeste champ que lui avaient transmis ses ancêtres, et qui, obligé d'intervenir, dans le bornage d'une plaine entière, ressentit cruellement le contre-coup des rectifications ordonnées par le juge de tous les héritages, conformément aux anciens titres; il fut condamné, comme le Mélibée de Virgile, à délaisser le champ fécondé de ses sueurs, et on lui assigna en échange, à quelques centaines de pas de là, un autre terrain de contenance égale, mais ne produisant que des cailloux. Voilà comme on était censé réparer les effets des empiétements supposés d'un millier de propriétaires.

« Il suffit de rapporter de tels résultats pour faire ressortir l'iniquité du système. Voilà où conduit la doctrine déraisonnable qui veut qu'un titre fasse foi contre des tiers.

« Puisque cette méthode d'abornement général a des partisans et a été réalisée, il ne sera pas inutile de faire à ce sujet quelques observations.

« On s'arrête à la plaine plutôt qu'à la commune, au canton, etc., parce qu'on suppose que la plaine ou le *champtier* a des limites certaines, invariables. C'est une erreur. Ces limites sont déterminées le plus souvent par des chemins et des ravins. Or, les chemins ont été remaniés, rectifiés bien des fois, souvent même sans qu'aucun procès-verbal régulier conserve la description de l'ancienne et de la nouvelle direction. Rien n'est plus capricieux que le cours des torrents, dont le thalweg varie d'année en année. Les limites que donnent les ravins sont bien incertaines. Si donc la superficie totale vient à varier, il est impossible de la prendre pour le mètre auquel on rapportera les superficies partielles.

« Qu'arriverait-il si l'arpentage de la plaine entière donnait une contenance différente du total des contenances partielles portées dans les titres (et il y a au moins un million de chances contre une pour qu'il en soit ainsi)? Il en résulterait évidemment, ou que tous les titres sont fautifs, d'où il suit qu'on aurait tort de les prendre pour guides; — ou que quelques-uns sont erronés; et comme il n'y a aucun criterium pour les discerner d'avec les titres exacts, il s'ensuit encore qu'on ne doit pas suivre l'autorité des titres.

« Si, dans les innombrables pièces composant la plaine, il s'en trouve quelques-unes de bornées, devra-t-on avoir égard à ce bornage et les excepter du réarpentage général?... Ce serait une inconséquence. Car du moment où il est admis que le défaut de conformité de la contenance actuelle d'un seul champ avec la contenance portée au titre peut provenir des empiétements successifs de tous les propriétaires de la plaine, et que l'arpentage de cette plaine entière, avec application de tous les titres et mise en cause de tous les propriétaires, peut seul donner le redressement de tous les empiétements et la rectification normale des contenances de toutes les pièces de terre, il s'ensuit que le bornage individuel entre deux voisins ne peut avoir qu'une valeur précaire, et doit s'effacer devant la grande mesure de justice générale. D'ailleurs le bornage partiel fait entre deux voisins a pu avoir pour résultat de leur attribuer à tous deux plus ou moins de superficie que ne comportent leurs titres : il n'y avait donc là qu'une satisfaction imparfaite et provisoire donnée à l'autorité des titres; il faudra faire mieux, et pour cela remettre tout en question. — Ainsi un propriétaire pacifique, après avoir amiablement borné avec tous ses voisins, se flattait d'être à l'abri des embarras et des procès : erreur; il sera arraché à sa sécurité par l'apparition néfaste des huissiers, et il sera contraint de prendre part à la guerre générale... Périsse la paix publique plutôt que le grand principe de l'appel aux titres!

« Qu'arrivera-t-il si l'une des parties possède sans titres?... La réponse est bien simple : « On procède suivant les titres de l'autre partie.» (Curasson, t. II, p. 460; Vaudoré, *Droit civil des juges de paix*, v° *Bornage*, n° 16.) Ainsi je possède un champ de deux minots, je n'ai pas de titres ou j'ai perdu ceux que j'avais. Mon voisin a un champ qui, d'après son titre, contenait sept setiers. On arpente, on trouve que nos deux champs réunis ne contiennent que six setiers deux minots. Mon voisin aura droit à la totalité, et moi, après avoir perdu mon héritage entier, je me trouverai encore débiteur de deux minots... C'est une belle chose qu'un système qui produit de telles conséquences.

« Quel sera le résultat de l'arpentage? Il peut se présenter trois cas. L'arpentage peut donner une contenance égale, inférieure ou supérieure à la contenance réunie des champs d'après les titres. En cas d'inégalité, on ôte à celui qui a plus pour donner à celui qui a moins, de manière que chacun ait juste la mesure assignée par son titre. Dans le cas contraire, on répartit proportionnellement l'excédant ou la perte. (Vaudoré, v° *Bornage*, n° 17; Pardessus, *Des servitudes*, n° 118; Toullier, t. III, n° 176.) Il en résulte, pour le cas d'excédant, une inconséquence que nous devons signaler. Mon voisin m'intente une action en bornage; je soutiens qu'il y a lieu de s'en rapporter à la possession; mon adversaire prétend, au contraire, d'après les jurisconsultes précités, que les titres seuls doivent faire foi. Le juge admet son système et ordonne l'arpentage, duquel il résulte que mon voisin a plus que la mesure portée en son titre, et que je suis dans le même cas. Or, puisque, dans le système de mon adversaire, le titre doit être maintenu scrupuleusement comme la loi et les prophètes, puisque la contenance portée dans le titre est la contenance normale, légitime, immutable comme la vérité, que tout ce qui est possédé de surplus est un bien mal acquis, ayant nécessairement l'usurpation pour origine, il s'ensuit que le partisan d'une telle doctrine doit donner l'exemple de fidélité à ses principes, et qu'il doit répudier avec horreur tout ce qui excède la mesure fixée par des titres aussi sacrés que s'ils étaient descendus du ciel. Le juge qui sanctionne ces prétentions ne peut également, sans inconséquence, nous allouer une parcelle de terre au delà de nos titres; car, si nous n'y avons pas droit, c'est consacrer une déprédation; s'il reconnaît, au contraire, que nous y avons droit, c'est déclarer qu'on peut, au moins en certains cas, posséder légitimement au delà de son titre, et alors tout le système s'envole en fumée...

« Nous arrivons au point capital de la discussion, à la question de *possession*. Rappelons d'abord les principes qui régissent la matière.

« *La propriété se prouve par la possession et non par les titres.* — Si je possède un champ, nul ne pourra m'en évincer, à moins qu'il ne prouve qu'il a droit, soit à la propriété de ce champ, soit à une possession préférable, ce qu'il ne pourra faire qu'en établissant que, par lui ou par ses auteurs, il a possédé ce champ pendant le temps exigé par la loi. Il ne lui servira donc à rien de me montrer des titres : son titre d'acquisition, en constatant qu'il a acquis cet immeuble d'un certain particulier, prouve seulement que celui-ci lui a transmis les droits qu'il pouvait avoir sur l'immeuble; l'acquéreur muni de son titre ne sera pas plus avancé que s'il n'y avait pas eu de transmission, et que son vendeur lui-même se présentât pour revendiquer le champ. Au lieu d'une mutation, mettez-en deux, trois... un nombre quelconque; la question n'en sera pas plus avancée. Le nombre des individus par les mains desquels ont passé successivement des prétentions ne donne aucune force à ces prétentions, qui restent ce qu'elles seraient si l'auteur primitif se présentait en personne. De ce que plusieurs individus se sont transmis les droits qu'ils prétendaient avoir à un champ, il ne s'ensuit pas qu'aucun d'eux l'ait possédé. Les titres invoqués serviront donc uniquement en ce que le dernier acquéreur, subrogé dans le droit de ses auteurs, aura le droit de se prévaloir de la possession de ceux-ci (nous supposons, bien entendu, qu'il n'est allégué aucun titre émanant de moi ou de mes auteurs, ce qui changerait toute la question). Tout se réduira donc, pour le demandeur, à la preuve du fait d'une possession continue et ayant les autres qualités voulues par la loi.

« Ces principes sont les mêmes, soit qu'il s'agisse d'un vaste domaine ou de la plus petite parcelle de terre, de la totalité de mon champ ou d'une mince portion de ce champ. Or, celui qui, par suite d'une demande en bornage, prétend mettre en question la limite séparative de nos héritages, qui demande des opérations tendant, au moins éventuellement, à déplacer cette limite et à se faire attribuer une part plus ou moins considérable de mon champ; celui-là me trouble dans ma possession, il revendique une partie de mon patrimoine; il doit d'abord préciser exactement ce qu'il demande, déterminer quelle est l'étendue de terre qu'il réclame, puis prouver qu'il a sur cette portion de terre des droits supérieurs aux miens. Il est demandeur : à lui tout le fardeau de la preuve; ne souffrons pas qu'on intervertisse les rôles, et remarquons, avant d'aller plus loin, qu'il importe peu qu'il soit voisin ou non, que sa qualité de voisin ne lui confère aucun privilége, ne l'affranchit nullement du droit commun, ne le dispense pas des obligations dont serait tenu tout autre réclamant.

« Voyons maintenant les divers cas qui peuvent se présenter :

« 1° Mon voisin demandant une nouvelle délimitation de nos héritages d'après un réarpentage, je lui oppose que je possède mon champ, avec l'étendue qu'il a aujourd'hui, depuis plus de trente ans, laps de temps qui, d'après la loi, suffit pour acquérir la prescription. La jurisprudence reconnaît que le bornage doit se faire alors dans les limites de la possession actuelle. Orléans, 24 août 1816, Arnaud contre Bertaud; Metz, 19 avril 1822, Bouillard contre Dangluse; Paris, 1er mai 1826, de Luynes contre Prudhomme.

« 2° Je possède en vertu d'un titre et avec bonne foi, ce qui me permet de réduire la durée du temps pour prescrire à dix ou vingt ans, selon que la personne contre laquelle court la prescription réside dans le ressort de la Cour d'appel où se trouve l'immeuble, ou demeure en dehors de ce ressort (art. 2265 C. Nap.). Mon droit de propriété serait donc inexpugnable, même à l'égard de celui qui prouverait qu'il était légitime propriétaire de mon champ, qu'il l'avait possédé pendant trente ans ou plus, et qu'il en a été dépouillé par mon vendeur ; à plus forte raison ne devrai-je rien avoir à craindre de mon voisin qui n'articule rien, mais qui se contente de présumer que peut-être, à une époque incertaine, je pourrais bien (moi ou tout autre) avoir commis un empiétement à son préjudice. En supposant même que cet empiétement ait eu lieu, s'il s'est fait avant mon entrée en possession, du moment que mon vendeur m'a transmis le champ tel qu'il le possédait, ma possession de dix ou vingt ans a suffi pour rendre inattaquable mon droit de propriété sur la totalité du champ aussi bien que sur chacune de ses parties. Et cette solution devra être admise quand bien même mon titre énoncerait une contenance différente de ma possession; car cette énonciation n'est qu'un renseignement pour désigner l'objet vendu; l'essentiel est que le vendeur m'ait transmis tout ce qu'il possédait. Solon, *Prescription*, n°s 73, 74; Dumay, *Appendice au Traité de la compétence des juges de paix* de Curasson, t. II, n° 36.

« 3° Je me borne à opposer la possession annale. D'après la loi, je dois être maintenu dans ma possession. Je ne puis être troublé par aucune action au possessoire. Nul ne peut m'évincer s'il n'agit au pétitoire, en prouvant qu'il a droit à la propriété de l'immeuble, ce qu'il ne pourra faire qu'en établissant qu'antérieurement à ma possession il l'a possédé, soit pendant trente ans sans titre, soit pendant dix ou vingt ans avec titre (selon la distinction faite plus haut). Mon voisin, pas plus que tout autre, ne pourra donc me réclamer tout ou partie de mon champ sans faire cette preuve, et il ne lui suffira pas d'alléguer des peut-être, des suppositions, des conjectures vagues pour me déposséder. Delvincourt, t. I, p. 164, note 2.

« 4° Je possède depuis moins d'un an. Ce ne sera pas une raison pour que je cède la place au premier venu. Je suis plus vulnérable que dans le cas précédent, en ce que je suis exposé à une action au possessoire : celui qui prouvera qu'il a possédé pendant au moins un an avant moi aura droit d'être réintégré dans la possession du champ. Mais, à moins de satisfaire à cette condition, on ne pourra m'inquiéter dans ma possession, si récente qu'elle soit. Si donc mon voisin demande le déplacement de la limite de nos héritages, ce qui implique éventuellement la revendication d'une partie de mon champ, il devra libeller sa demande, articuler des faits, énoncer la partie de terrain dont je me serais emparé à son préjudice, fixer l'époque de l'usurpation alléguée et offrir de prouver qu'antérieurement à ma prétendue usurpation il a joui, pendant au moins un an, de la partie usurpée. Toute demande qui ne satisfait pas à ces conditions est une prétention vaine, qui ne peut être accueillie.

«Qu'objecte-t-on à cette argumentation? Que, quand il s'agit de champs contigus, l'usurpation peut se faire progressivement, d'une manière insensible, inappréciable; que la possession résultant d'une telle anticipation est clandestine, et qu'un tel fait ne peut ni valoir pour prescrire, ni avoir les résultats d'une possession légale. — Nous répondons d'abord que cette objection repose sur une assertion inexacte en fait. Tous ceux qui connaissent la campagne savent que rien n'échappe à la vigilance du cultivateur, qu'il a l'image de ses champs gravée dans la mémoire, que c'est là le principal objet de ses pensées et je dirai même de ses affections, et que la moindre atteinte portée à son terrain sera aussitôt visible pour lui. La possession clandestine est celle qui ne peut absolument être constatée, telle que celle d'une cave creusée secrètement sous le sol d'autrui; mais celle dont nous nous occupons n'a point ce caractère, puisqu'elle a lieu au grand jour et qu'elle n'échappe pas au cultivateur vigilant et soigneux. Celui qui a négligé de veiller en bon père de famille à l'intégrité de son champ ne peut s'en prendre qu'à lui-même des suites de son incurie. — En second lieu, c'est mal poser la question que de commencer par supposer constante une usurpation commise. L'usurpation ne doit jamais se présumer, et c'est toujours à celui qui l'affirme à la prouver. Si donc il s'agit de délimiter des champs, et qu'aucun des propriétaires n'affirme le fait d'une anticipation, il ne s'agit aucunement de peser la valeur des anticipations qui auraient pu être commises et qu'on n'a aucune raison d'admettre *de plano*, mais d'appliquer les principes généraux en matière de possession. — En troisième lieu, pour déroger aussi gravement aux règles tracées par la loi, il ne faudrait rien moins qu'une loi formelle, et elle n'existe pas. Que par la jurisprudence on explique la loi quand elle est obscure, qu'on supplée à son silence, soit : mais il n'est jamais permis de substituer des règles arbitraires à celles que posent des textes formels et exempts d'équivoque. — Enfin, la conséquence de ce système serait qu'une anticipation sur un champ contigu ne pourrait servir même à la prescription trentenaire; cependant aucun jurisconsulte n'admet cette conséquence extrême. Or, si la possession dont il s'agit peut servir à la prescription de trente ans, il faut de toute nécessité lui faire produire également, et la possession de dix ans et de vingt ans, qui est de même nature et qui ne diffère que par la durée, et les priviléges résultant de la possession annale, et enfin ceux qui résultent même d'une simple possession de moins d'une année.

« Nous croyons avoir prouvé victorieusement notre thèse. Il s'agit ici des plus graves intérêts de l'agriculture et de la propriété; il s'agit de faire jouir l'homme des champs de la sécurité sans laquelle nul n'oserait entreprendre des travaux importants, de délivrer le propriétaire paisible de la crainte incessante de voir remettre en question les limites et l'existence même de son patrimoine, et d'empêcher l'esprit de chicane de porter le trouble et la désolation dans les campagnes. Nous espérons que nos observations pourront aider à ces précieux résultats et serviront à dissiper l'erreur déplorable qui a prévalu jusqu'ici. »

OBSERVATIONS.

251. Au commencement de son article, M. Morin suppose deux cas principaux différents dans les demandes de bornage : « Ou aucun des propriétaires, dit-il, n'accuse son voisin d'avoir commis, à une époque quelconque, une usurpation ou un empiétement : alors il s'agit tout simplement d'opérer d'après la possession actuelle, et de planter des bornes aux extrémités de la ligne qui sépare les héritages; — ou bien un des propriétaires se plaint d'une

usurpation ou d'un empiétement : alors il doit être sursis au bornage jusqu'à ce qu'il ait été statué sur la plainte. Le plaignant agira suivant qu'il le jugera convenable, soit au possessoire, soit au pétitoire; il sera tenu, bien entendu, de justifier ses prétentions; puis, quand le jugement sur la contestation aura été exécuté, le bornage n'en sera que la consécration et ne pourra donner lieu à aucune difficulté. »

Il est certain que si l'on pouvait réduire toutes les demandes en bornage à ces deux seules espèces, le juge de paix n'aurait jamais à s'inquiéter des titres, ni à les examiner. Il se trouverait réduit à un rôle tout passif et d'une simplicité extrême, puisqu'il n'aurait que les bornes à poser aux endroits que lui indiqueraient les parties, d'accord entre elles, ou qu'aurait d'avance déterminés le jugement. Mais il n'en est pas ainsi : sans qu'il y ait à statuer sur une *plainte* en usurpation, pour nous servir de l'expression de M. A. Morin, les parties, dans la plupart des cas, sont en désaccord sur les limites, elles demandent elles-mêmes l'examen des titres et l'arpentage; la loi, d'ailleurs, indique au juge de paix les titres comme soumis à son examen, puisqu'elle le déclare compétent *lorsque la propriété et les titres qui l'établissent ne sont pas contestés*. Loi du 25 mai 1838, art. 6.

Non pas que nous croyions que le juge de paix puisse prononcer sur les titres; non, sa compétence se réduit à une simple vérification des titres, tout au plus à concilier les parties sur l'interprétation des titres et du mesurage qui y est contenu. Ce que nous voulons constater, c'est que le législateur, comme tous les juges de paix, comme tous les hommes pratiques, a pensé que l'examen des titres pouvait, à lui seul, conduire au bornage, lorsqu'ils ne seraient pas contestés.

Quand les titres ne sont pas contestés, c'est que le mesurage qu'ils contiennent n'est pas non plus contesté; et lors même que ce mesurage ne serait pas d'abord admis comme exact, lors même qu'il arriverait que, comme le dit M. Morin, il se serait glissé des erreurs et des erreurs considérables dans les titres, sous le rapport du mesurage, rien n'empêcherait les parties de reconnaître ces erreurs, surtout lorsque les observations du juge de paix et la comparaison des titres avec l'étendue et l'état des lieux et avec le fait de possession leur démontreraient que les erreurs existent.

Ainsi, les titres peuvent n'être pas contestés, quoique des erreurs sur le mesurage y soient signalées, si, de part et d'autre, ces erreurs sont reconnues.

Et, quant à écarter complétement les titres, parce qu'ils ne formeraient pas preuve contradictoire entre les deux propriétaires voisins pour lesquels on procède au bornage, nous croyons encore que l'auteur de l'article que nous réfutons est allé beaucoup trop loin sous ce rapport. Sans doute, des titres de vente, de partage, d'échange, n'ont pas, vis-à-vis des tiers, la même valeur qu'entre les contractants, mais on ne saurait méconnaître qu'ils peuvent servir à fortifier d'autres éléments probatifs, à contrarier même tel ou tel fait de possession, surtout lorsqu'en définitive aucun des propriétaires voisins ne peut opposer à l'autre que des titres de cette nature. Et même des titres anciens peuvent être parfaitement invoqués contre les tiers, alors principalement qu'ils servent à établir une possession longue et continue de père en fils, ou de vendeur à acquéreur.

Car la possession nous paraît, comme à M. Morin, d'une grande puissance pour prouver le droit de propriété : seulement, nous prétendons que les titres ne doivent pas être écartés et qu'ils ont aussi leur valeur; et nous sommes en cela d'accord avec le législateur, qui veut, avant toute autre preuve, la preuve par titres, lorsque la propriété ou *les titres qui l'établissent ne sont pas contestés.*

Disons même que si la possession est invoquée, comme moyen de preuve, ce n'est pas le juge de paix qui pourra la constater ni en tirer conséquences quant au bornage, à moins que les parties ne tombent d'accord sur ce point, car la contestation sur la possession équivaut à la contestation sur la propriété ; et l'on sait que toutes les questions de propriété en matière de bornage sont de la compétence des seuls tribunaux de première instance.

M. A. Morin paraît dire dans son article qu'une simple possession annale suffirait pour que les bornes fussent établies sur les limites fixées par cette possession. Il nous paraît évident que, le bornage se rapportant à la propriété et non à la possession, et les bornes étant le signe le plus certain, le plus patent, le plus durable de la propriété, une possession annale serait complétement insuffisante, à moins qu'elle ne fût reconnue par la partie adverse comme preuve de propriété pour servir de base au bornage.

Mais quelle que soit la critique que nous croyons devoir faire de l'article de M. A. Morin, quant aux conséquences qu'il en tire et à la doctrine qu'il adopte, nous répétons qu'il contient des renseignements utiles sur la force probante des titres, comparée à celle de la possession, sur la valeur que l'on peut attribuer aux chiffres et aux détails de mesurage dans les titres anciens, et sur l'arpentage : renseignements qui pourront servir de règle aux juges appelés à prononcer sur les questions de propriété en matière de bornage, et dans toutes les matières où il s'agit de fixer l'étendue des termes contestés.

252. Toutefois, ces courtes observations de notre part n'ont pas pleinement satisfait M. Morin, qui nous a, depuis, envoyé un second article en réponse à nos observations, et comme tout ce qui se rattache aux questions dont il s'agit ici intéresse au plus haut degré; comme les articles de M. Morin ont, d'ailleurs, une portée que nous nous plaisons à reconnaître, nous reproduirons aussi son second article, et nous pensons que les quelques lignes dont nous le ferons suivre seront le complément de ce qu'il y aurait à dire sur le sujet important dont il s'agit. Voici donc le texte du nouvel article de M. Morin :

252 *bis*. « Dans notre article inséré dans le cahier de mai 1856, p. 165, des ANNALES DES JUSTICES DE PAIX, nous avons examiné les principes d'après lesquels on doit procéder en matière de bornage, et nous nous sommes attaché particulièrement à combattre la doctrine soutenue par beaucoup d'auteurs et adoptée par beaucoup de praticiens, d'après laquelle on doit recourir aux titres et attribuer à chacun la contenance qui s'y trouve indiquée. M. le directeur des ANNALES DES JUSTICES DE PAIX a fait suivre notre article de quelques observations auxquelles nous croyons utile de répondre.

« Quand une affaire de bornage est portée devant un juge, si les parties sont d'accord sur les limites, il n'y a aucune difficulté, et le juge n'a qu'à faire poser des bornes pour déterminer invariablement la ligne séparative des héritages. Dans le cas contraire, il s'agit de fixer l'étendue de la propriété de chacune, et c'est alors que commence notre dissentiment avec un grand nombre de jurisconsultes et d'hommes de loi. D'après eux, le juge doit ordonner la production des titres, faire arpenter les terres et attribuer à chaque partie la contenance portée en ses titres. Nous avons soutenu, au contraire, et nous croyons avoir prouvé : 1° que celle des parties qui demande le déplacement de la ligne de séparation des héritages est tenue d'articuler des faits d'usurpation de la part de son voisin, de préciser exactement la quantité de terre réclamée, et de justifier ses prétentions ; 2° que généralement (et sauf les cas exceptionnels que nous avons indiqués) la preuve de la propriété devait se faire par la possession et non par les titres; 3° que jamais un titre ne pouvait être opposé à des tiers, et spécialement que l'indication, insérée dans un titre, de la contenance d'une pièce de terre, ne pouvait faire foi que contre les parties contractantes et leurs ayants cause.

« La question est donc nettement posée, et nous désirons qu'une controverse vienne élucider ce point important de jurisprudence.

« On nous oppose l'article 6 de la loi du 25 mai 1838, d'après lequel le juge de paix est compétent en matière de bornage, *pourvu que la propriété et les titres qui l'établissent ne soient pas contestés;* d'où l'on conclut que le juge de paix a le droit de se faire représenter les titres et de les prendre pour guides. — L'article cité est vague et a donné lieu à des explications contradictoires. Le texte n'ordonne pas que les titres soient toujours produits, et ne se prononce aucunement sur l'autorité qu'on doit leur reconnaître; il admet seulement comme possible la production de titres, et il pose une limite au delà de laquelle le juge de paix cesse d'être compétent. Il nous semble très-facile de le concilier avec la doctrine que nous défendons. Il peut arriver que les titres énonciatifs de la contenance des terres à borner émanent d'un auteur commun, et, dans ce cas, chacune des parties peut s'en prévaloir contre son adversaire : il peut arriver aussi que les parties, bien que n'étant pas d'accord sur la détermination de la ligne séparative, conviennent de s'en rapporter à leurs titres respectifs. Dans ces deux cas, le juge de paix doit se livrer à l'examen des titres. Même en dehors de ces deux cas, les titres peuvent servir de renseignements pour spécifier l'identité des terres à borner, pour reconnaître des points fixes qui auraient autrefois servi de limites. Leur production peut donc parfois être utile. Mais dès que les parties sont en désaccord sur les limites de leurs propriétés et qu'une portion quelconque du sol est en litige, quand en même temps elles ne conviennent pas de l'autorité des titres sur la détermination de la contenance des terres, alors se réalise la condition de restriction de compétence prévue par l'article 5 : *la propriété et les titres qui l'établissent sont contestés*, et le juge de paix doit se dessaisir, à moins que les parties ne se bornent à formuler une action possessoire relativement au terrain litigieux, et le juge de paix en connaîtra; mais sa décision ne s'appliquera qu'à la possession de ce terrain, chaque partie restant libre d'agir ensuite au pétitoire, et de remettre par là en question la fixation des limites.

« La loi de 1838, sainement entendue, n'autorise donc pas le système de nos adversaires.

« M. Jay nous accorde (avec MM. Curasson, Dumay, etc.) qu'en principe *les titres n'ont pas à l'égard des tiers la même force qu'entre les contractants*; mais on échappe aux conséquences de cette règle si sage et si rationnelle, en ajoutant que ces mêmes titres *peuvent servir à fortifier d'autres éléments probatifs, à contrarier même tel ou tel fait de possession, surtout lorsqu'en définitive aucun des propriétaires voisins ne peut opposer à l'autre que des titres de même nature.* « Et même, ajoute-t-on, *des titres anciens peuvent être parfaitement invoqués contre des tiers*, alors principalement qu'ils servent à établir une possession longue et continue de père en fils, ou de vendeur à acquéreur. » On invoque l'adage : *In antiquis enuntiativa probant*. D'après M. Curasson, quand il s'agit de la revendication d'un héritage entier, les titres ne peuvent aucunement être opposés aux tiers; « mais lorsque, la propriété de l'héritage n'étant pas contestée, il ne s'agit que d'en reconnaître les limites, on doit se contenter de preuves qui ne seraient pas suffisantes en matière de revendication. » T. II, p. 439.

« Il en est des adages du droit comme des proverbes : leur forme concise et énergique aide à les graver dans la mémoire, et quelques-uns ont le mérite d'exprimer heureusement des vérités reconnues par le sens commun; ceux qui nous ont été transmis avec une sorte de respect par de nombreuses générations, et que des auteurs recommandables ont invoqués comme des axiomes au-dessus de toute discussion, doivent sans doute jouir d'une autorité imposante. Cependant on ne peut les accepter comme des oracles; et comme il n'y a point de prescription contre le droit de la raison, il est toujours permis de soumettre à la critique les maximes les plus accréditées. Nous demanderons donc humblement si l'on doit accepter comme parole d'évangile l'adage : *In antiquis enuntiativa probant*. Il suffit de le traduire en français pour le dépouiller de son prestige usurpé. « Dans les écritures anciennes, les énonciations prouvent..... » Il est certain qu'en entendant formuler cette proposition, loin d'être frappé comme d'une vérité saisissante qui commande l'acquiescement de l'esprit, on doute, on cherche le pourquoi, et la réflexion ne fait qu'enlever de la valeur à la sentence; elle pèche d'abord par un vague injustifiable. Le mot *ancien*, comme les mots *grand* et *petit*, n'a rien de précis et laisse le champ ouvert à l'arbitraire. Quel âge doit avoir un titre pour être réputé ancien? Est-ce dix ans, trente ans, cent ans?..... Faut-il que le parchemin soit poudreux, enfumé, doit-il être écrit en caractères gothiques?... Il est évident qu'une règle de droit, pour mériter ce nom, doit être nettement exprimée, et qu'on ne peut donner ce nom à une proposition qui comporte une élasticité indéfinie.

« Supposons qu'au lieu d'une ancienneté indéterminée, on ait fixé un certain âge : comment des conventions ou des affirmations insérées dans un acte auquel j'aurai été étranger pourront-elles faire titre contre moi? comment cet acte, en vieillissant, a-t-il pu acquérir une force dont il était originairement dénué? Si je ne suis pas partie dans cet acte, s'il ne m'a pas été notifié, si je n'ai pas été à même de le contredire, il m'est légalement inconnu, je suis hors d'état de protester contre des énonciations qu'il pourrait contenir et qui seraient contraires à mes intérêts; les années qui se sont écoulées depuis sa date ne changent rien à cette position; on ne peut prétendre que le silence que je garde à ce sujet doit être regardé comme un acquiescement. La longueur du laps de temps ne fera donc rien à l'affaire; et un tel acte, après des siècles, n'aura pas plus d'autorité que le premier jour.

« Ainsi, peu importe que mon voisin soit muni d'un titre, aussi ancien qu'on voudra, qui assigne à son champ une certaine superficie : ce titre, où ni moi ni mes auteurs n'avons figuré, ne nous regarde pas et ne peut être invoqué contre moi. L'adage en question ne peut soutenir un examen sérieux.

« Pour en faire mieux ressortir la fausseté, prenons un exemple en dehors du bornage. Je suis propriétaire d'une maison : le propriétaire de la maison voisine prétend avoir un droit de passage dans ma cour ou le droit de puiser à mon puits; il représente des titres fort anciens, dans lesquels les vendeurs de sa maison ont énoncé qu'il en dépendait des droits de passage ou de puisage grevant ma maison. Cela prouve tout au plus que ces vendeurs avaient des prétentions; mais des prétentions ne sont pas des droits. Comme on s'est borné à les consigner dans des titres où je n'ai pas figuré; comme on n'a point cherché à les faire reconnaître, leur énonciation sera sans valeur, et il serait souverainement déraisonnable de me rendre victime de ce qu'il a plu à mes voisins d'insérer dans des actes passés en dehors de moi. La loi interdit toute valeur à la possession clandestine, par exemple à la possession même trentenaire d'une cave creusée sous mon sol, parce que, n'ayant pu avoir connaissance de ce fait, je n'ai pu combattre une usurpation faite à mon préjudice. A plus forte raison doit-on refuser toute autorité à un acte fait en dehors de moi et dont je n'ai pas à me préoccuper, quand même j'en aurais connaissance, puisqu'il ne peut servir de base à la possession.

« Que mon voisin réclame certains droits sur ma propriété : si je les conteste et qu'il tienne à les faire reconnaître, il sera obligé de plaider contre moi, de soutenir une lutte longue et périlleuse, de s'exposer à des frais, à des dommages-intérêts, avec la chance de succomber. Il aurait un moyen sûr, infaillible de gagner sans coup férir : il n'a qu'à affirmer dans un acte qu'il a droit à n'importe quoi ; aussitôt que son acte aura acquis l'âge requis pour être reputé ancien, il n'aura qu'à me le présenter (*enunciativa probant*), et je serai tenu de courber la tête... La recette est charmante pour ceux qui sont tentés de s'emparer du bien d'autrui.

« La distinction de M. Curasson n'est pas plus soutenable. Soit qu'on revendique la totalité de mon héritage, soit qu'en demandant le changement de délimitation, on en réclame une portion plus ou moins considérable, la question est la même, les mêmes principes doivent être appliqués; dans l'un comme dans l'autre cas, on ne peut me dépouiller qu'en prouvant des droits légitimes, et les preuves doivent être rigoureuses; le droit de propriété est aussi sacré, doit être aussi protégé, qu'il s'agisse d'un vaste domaine ou de quelques centiares de terre. On n'allègue aucune raison plausible pour procéder différemment dans les deux cas.

« Les titres dont il s'agit peuvent, nous dit-on, servir à fortifier d'autres éléments probatifs, à contrarier même tel ou tel fait de possession. Du moment où l'on recourt à la possession pour délimiter les terres, on adopte le système que nous avons cherché à faire prévaloir, on cesse de prendre les titres pour guides et de faire dépendre des énonciations de contenance qui y sont insérées la solution des procès de bornage. Mais alors il faut être conséquent et refuser à ces énonciations toute espèce d'autorité, qu'elles soient contraires ou conformes aux faits de possession. Que, dans un procès de bornage, mon voisin m'oppose une série de titres assignant à son champ une certaine contenance : cette énonciation, bien que répétée uniformément dans les divers actes, ne prouve aucunement que la quantité de terre par lui possédée ait la même contenance que celle qui est mentionnée en ses titres. Ses auteurs ont inséré dans leurs actes ce qu'ils ont voulu, sans contradiction possible de leurs voisins; leurs affirmations ne peuvent donc prévaloir contre ceux-ci. La possession, au contraire, est un fait éclatant, visible pour tous les intéressés, et qui, en se prolongeant pendant un certain temps, engendre des droits. On ne peut être son propre témoin pour la prouver.

« On fait encore valoir cette considération que les titres énonciatifs de la contenance doivent être invoqués « lorsqu'en définitive aucun des propriétaires voisins ne peut opposer à l'autre que des titres de cette nature. » Sans doute on doit les traiter également, les admettre tous ou les rejeter tous; mais il n'y a pas à balancer sur ce dernier parti, dès qu'on est fixé sur ce principe incontestable qu'un titre ne peut être opposé à des tiers.

« Nous persistons à dire que la possession seule devra servir à déterminer l'étendue des terres contiguës et par suite à en faire la délimitation. Suivant la durée de cette possession et les conclusions des parties, le juge aura à prononcer, soit au possessoire, soit au pétitoire. »

OBSERVATIONS.

253. Disons-le tout d'abord, sur tout ce qu'il y

a d'essentiel dans l'article de M. Morin, sur tout ce qui se rapporte à la compétence des juges de paix en matière de bornage, nous ne voyons vraiment pas en quoi notre opinion diffère de la sienne.

Nous avons dit que le juge de paix ne peut jamais prononcer sur les titres; nous avons cité l'article 6 de la loi du 25 mai 1838, qui ne lui permet de procéder au bornage que lorsque la propriété et les titres qui l'établissent ne sont pas contestés; nous avons établi que la compétence du juge de paix se réduisait à une simple vérification des titres, tout au plus à concilier les parties sur l'interprétation des titres et du mesurage qui y est contenu : que l'examen des titres, enfin, pouvait, à lui seul, conduire au bornage, *lorsqu'ils n'étaient pas contestés.*

Or, nous ne comprenons pas comment M. Morin exclurait de l'examen du juge de paix les titres *non contestés.*

Et, lors même qu'il existerait, comme nous l'avons dit encore, des erreurs dans le mesurage consigné aux titres, qu'est-ce qui empêcherait donc les parties de reconnaître ces erreurs devant le juge de paix, à l'aide même des observations que le juge de paix leur ferait? de s'en rapporter à l'examen impartial et à l'avis du juge de paix?

Si, cependant, alors, elles ne pouvaient plus s'entendre; si les titres, après avoir paru devoir être réciproquement reconnus, devenaient contestés, ce serait le cas de renvoyer devant le tribunal, puisque le juge de paix ne peut en matière de bornage rendre aucune décision sur les titres contestés.

M. Morin prétend-il le contraire? Il ne le prétend pas, il ne saurait le prétendre ; car nous n'attribuons aux juges de paix que ce qui leur appartient, suivant la plus stricte et la plus rigoureuse interprétation des règles de leur compétence. Jamais, par exemple, nous n'avons dit que *si les parties ne sont pas d'accord sur les limites de la propriété, le juge de paix doit ordonner la production des titres, faire arpenter les terres et attribuer à chaque partie la contenance portée dans ces titres.* Non, le juge de paix ne peut pas ainsi interpréter les titres, à moins qu'ils ne soient pas contestés, ou que les parties, reconnaissant la justesse de ses observations, ne renoncent à les contester, ou n'admettent les rectifications que le juge de paix lui-même indiquerait relativement à tous renseignements résultant des titres, et notamment à la contenance.

Voilà, selon nous, les véritables limites de la compétence des juges de paix en matière de bornage ; et nous croyons pouvoir porter le défi à qui que ce soit de les restreindre davantage. Quant à M. Morin, il ne pourra dire que nous rendons le juge de paix arbitre, que nous lui reconnaissons le droit de prononcer sur les titres, puisque, au contraire, dans ces observations comme dans les premières, nous excluons de ses attributions toute interprétation des titres qui ne lui serait pas déférée ou qui ne serait pas consentie par les parties, c'est-à-dire qu'il ne peut procéder au bornage que sur titres *non contestés.*

Quant à l'autre partie de la thèse soutenue par M. Morin, à savoir que les titres n'ont aucune valeur en matière de bornage, à moins qu'ils ne constatent des conventions passées entre les auteurs des propriétaires voisins intéressés au bornage, nous ne pouvons admettre la règle proposée par M. Morin, au moins telle qu'il la propose, c'est-à-dire dans ce qu'elle a d'exclusif et d'absolu. Non pas que nous hésitions à reconnaître que les mesurages contenus dans les anciens titres peuvent être erronés; non pas que nous n'accordions à la possession toute sa force et même sa supériorité comme moyen de preuves : nous avons été les premiers à proclamer l'éminente utilité de l'article de M. Morin sur ce point. Mais nous croyons qu'il devrait aussi nous accorder que si les titres ne sont pas tout, ils sont au moins quelque chose; que les titres, même étrangers aux auteurs communs des parties, peuvent servir à constater leurs droits, à poser les limites de leurs propriétés. Est-ce que la possession n'est pas, d'ailleurs, souvent équivoque? Est-ce qu'elle n'a pas besoin d'être fortifiée par les titres? Dire au juge qu'il n'aura aucun égard aux titres, qu'il ne s'en rapportera qu'aux faits de possession, que les titres *inter alios*, quelque anciens qu'ils soient, et lors même qu'ils sont appuyés de quelques faits d'exécution, n'ont aucune valeur, qu'il ne doit pas s'y arrêter, c'est renverser toutes les règles de l'art de juger : cela n'est pas soutenable!

Cependant M. Morin appelle à son aide un exemple qu'il regarde comme très-concluant : « Je suis, dit-il, propriétaire d'une maison : le propriétaire de la maison voisine prétend avoir un droit de passage dans ma cour ou le droit de puiser à mon puits; il présente des titres fort anciens, dans lesquels les vendeurs de sa maison ont énoncé qu'il en dépendait des droits de passage ou de puisage grevant ma maison. Cela prouve tout au plus que ces vendeurs avaient des prétentions; mais des prétentions ne sont pas des droits. Comme on s'est borné à les consigner dans des titres où je n'ai pas figuré; comme on n'a pas cherché à les faire reconnaître, la renonciation sera sans valeur, et il serait souverainement déraisonnable de me rendre victime de ce qu'il a plu à mes voisins d'insérer dans des actes passés en dehors de moi. »

Cet exemple, nous le déclarons, n'a fait aucune impression sur nous ; il n'a pas la moindre similitude, même la moindre analogie avec la question qui nous occupe. Qu'on le remarque, en effet, il s'agit, entre M. Morin et nous, de *bornage*, d'établir la limite entre deux propriétés contiguës, dépourvues de bornes, de signes indicateurs des droits des deux propriétaires ; or, il pourra arriver que chacun des deux propriétaires aura fait acte de possession tour à tour, et pendant un temps insuffisant pour la prescription, sur les parties de deux propriétés formant les limites. Eh bien, dans ce cas, est-ce qu'il ne sera pas de la plus haute importance de consulter les titres? Est-ce que, si les titres d'un des deux propriétaires sont d'accord, pour la contenance, avec les titres de l'autre, ou si les différences sont peu sensibles, la détermination des droits de chacun n'en résultera pas? Il ne faut pas croire que les titres soient toujours tellement en désaccord, relativement au mesurage et aux contenances. Il est évident que, dans ces cas, les titres auront une force probante supérieure à une possession équivoque ou insuffisante ; il est évident que rejeter de pareils titres, en pareilles circonstances, n'aurait aucune excuse.

Il y a loin, comme on le voit, de notre exemple à celui cité par M. Morin. Pour que sa citation eût quelque valeur, il aurait dû rester dans le bornage ;

au lieu de cela, il s'est jeté dans la citation d'une servitude de propriété à propriété voisine, entièrement séparée, ce qui n'a plus aucun rapport avec la question de bornage que nous avons eu à discuter avec M. Morin, et nous le remercions, du reste, de nous avoir fourni l'occasion de discuter un sujet qui fait partie de l'une des plus importantes attributions des juges de paix. Or, nous le disons bien sincèrement, nous sommes toujours heureux des occasions qui peuvent se présenter d'entrer dans l'examen et la discussion des points qui peuvent y donner lieu ; c'est le véritable moyen de s'éclairer.

Examen et discussion sur le même sujet, par M. BRIDOU, géomètre à Pithiviers (Loiret).

254. L'exposé des discussions ci-dessus a suggéré à M. Bridou, géomètre-expert à Pithiviers, un remarquable travail. Les questions qui viennent d'être discutées l'ont été principalement au point de vue du droit ; mais le côté pratique, essentiellement important, est exposé dans le travail de M. Bridou, avec tout le savoir de l'expérience. Nous ne le ferons pas suivre d'observations, car il est tellement complet, et l'auteur appuie et défend si bien son opinion, que nous ne pourrions rien y ajouter.

Voici donc l'article de M. Bridou :

« M. Morin pose en principe qu'en l'absence de titres provenant d'un auteur commun, aucune restitution de terrain ne pourra avoir lieu par voie de bornage, et qu'on devra toujours poser les bornes dans l'état de la possession, sans avoir aucunement égard aux titres.

« En dehors d'une communauté d'origine, les titres ne pourront jamais servir à redresser un envahissement opéré par l'une des parties au préjudice de celles qui lui sont voisines; pour que ce redressement puisse avoir lieu, selon M. Morin, il faudra que la preuve de l'envahissement soit administrée par des témoins précisant des faits de possession capables d'adjuger la propriété.

« Telle est, si nous l'avons bien comprise, la nouvelle doctrine qui est proposée; au point de vue du droit, elle a déjà été l'objet de savantes observations de la part de M. le directeur des Annales des Justices de paix; quant à nous, homme pratique avant tout, nous nous efforcerons de démontrer les erreurs de fait sur lesquelles M. Morin a basé sa thèse exclusive des titres; nous la repoussons parce qu'elle blesserait la justice et le bon droit.

« L'article de M. Morin contient en réalité d'excellentes choses qui devront être prises en sérieuse considération, notamment sur le danger qui peut résulter des exagérations de contenance; mais, dominé par le besoin de protester contre ces exagérations, l'auteur n'a pu se tenir dans un milieu convenable, c'est là ce que nous allons nous efforcer d'établir.

« Après avoir posé deux cas qui peuvent se présenter et les avoir résolus d'après le principe susindiqué, M. Morin aborde la discussion de la validité des titres ; il établit que celui qui cède à autrui un immeuble par vente, échange, donation ou autrement, lui transfère tous les droits qu'il avait sur l'immeuble, rien de plus, mais aussi rien de moins ; il démontre la facilité avec laquelle l'esprit de fraude peut enfler les titres ; il établit ensuite que cette fraude ne peut valablement être opposée aux tiers, et en cela M. Morin a raison. Mais, de ce qu'elle est possible, faut-il conclure que cette fraude sera toujours et nécessairement pratiquée dans les actes publics? Nous ne le pensons pas.

« La plupart des ventes se font par adjudication ; des affiches annoncent par avance l'étendue des champs; et, comme les habitants des campagnes connaissent ordinairement, dans nos contrées du moins, les mesures dues à chacun, par la commune renommée, presque toujours d'accord avec les anciens titres, il en résulte que des protestations peuvent s'élever, et s'élèvent en effet, au moment des enchères, ce qui concourt, en définitive, à rendre plus difficiles que ne le suppose M. Morin les exagérations des contenances; d'ailleurs le cédant transmet tous les droits qu'il possède sur l'immeuble; si ces droits ont été altérés par la culture des tiers, et cela est d'une facilité extrême, le successeur ne doit pas en être dépouillé, puisqu'ils lui ont été valablement transmis.

« M. Morin trouve les motifs d'une grave objection en ce qu'il est de style dans les actes que le cédant ne s'oblige pas à garantir la mesure indiquée. « L'énonciation de la contenance, dit-il, n'est pas sérieuse, même pour les parties contractantes, puisqu'elle ne les engage pas l'une envers l'autre; cette énonciation n'est donc qu'un renseignement sans valeur, ayant uniquement pour but d'établir la *spécification* du champ de manière à le distinguer de tout autre. » Nous n'admettons pas la conclusion de M. Morin, et, d'ailleurs, les motifs qu'il donne sont contradictoires; le dernier réfute précisément sa doctrine. La contenance est indiquée pour établir la *spécification* du champ, afin de ne pas le confondre avec un autre; donc elle est d'un grand poids; son importance se révèle d'elle-même et à son insu. En effet, le vendeur peut posséder deux champs, l'un de 40 ares, l'autre de 45; il importe de les *spécifier* par l'énonciation de leur étendue respective, afin d'éviter toute confusion.

« Cette déclaration, que la mesure n'est pas garantie, doit s'entendre ainsi selon nous : le vendeur a droit à telle mesure, cela résulte de ses titres, dont il indique l'origine, il entend céder tous ses droits; mais comme il peut se faire que le facile envahissement de quelques raies ait été opéré sur la pièce de terre cédée, l'acquéreur se les fera restituer quand et comme bon lui semblera, sans que le cédant ait le moins du monde à s'en occuper.

« En effet, il est naturel que, se dépouillant de son héritage, il ne veuille plus être exposé aux frais et aux ennuis qui peuvent devenir la conséquence de sa délimitation; nous pensons même qu'une conclusion contraire à celle de M. Morin pourrait être tirée de cette non-garantie, puisqu'elle témoigne de la confiance qu'a l'acquéreur que les droits de son vendeur lui sont loyalement cédés, et qu'il pourra facilement les faire admettre et respecter par ses joignants.

« M. Morin cherche à expliquer comment se sont formées les énonciations de contenances qu'on trouve dans les titres, et il dit: « On sait qu'avant le cadastre, les habitants des campagnes ne connaissaient que la mesure renommée, c'est-à-dire que chaque champ était réputé, dans l'opinion de la population du pays, avoir *à peu près* une certaine contenance qui était déterminée, *non d'après un arpentage*, mais d'après une appréciation faite au hasard, et, comme on le dit vulgairement, *à vue de nez.* » Il ajoute que ces contenances étaient toujours exprimées en nombres ronds, qu'il n'y avait que des champs de sept ou huit setiers, non de sept setiers et demi; que deux champs ainsi désignés pour huit setiers différaient très-sensiblement, l'un étant fort, l'autre faible, sans que l'on désignât celui qui était fort, celui qui était faible; que l'erreur se perpétuait ainsi dans tous les actes, et qu'il serait déraisonnable d'aller chercher dans de pareils titres des précédents sur une prétendue contenance normale originaire.

« M. Morin use largement de la facilité de créer des hypothèses; mais où a-t-il appris que rien de cette supposition fût vrai?

« Quoi! avant le cadastre, qui date de notre siècle, des habitants des campagnes ne connaissaient que la mesure renommée? Avant le cadastre, les mesures étaient fournies par des appréciations incertaines, *à vue de nez*, sans qu'aucun arpentage ait jamais été fait? Comment s'étonner, après cela, de toutes les erreurs dans lesquelles s'est égarée l'imagination active et féconde de M. Morin?

« Mais si aucun arpentage n'avait été fait, qui aurait donc fourni l'unité de mesure qui a servi de comparaison? Comment les gens auraient-ils pu évaluer l'étendue d'un champ à un setier plutôt qu'à une autre mesure? Serait-ce parce qu'on pouvait y récolter une certaine mesure de blé? Dans ce cas, M. Morin aurait raison : un setier eût été plus ou moins grand, selon que la terre eût été plus ou moins bonne, plus ou moins bien cultivée; mais une telle supposition serait trop naïve, elle ne pouvait se présenter à l'esprit de M. Morin.

« Il est vrai que pour des champs dont les limites étaient fixées par des repères naturels, tels que rochers, tertres ou autres accidents de terrain, il y avait moins besoin d'arpentage; mais pour ceux dont les limites n'étaient fixées par aucun objet d'une fixité certaine, et qui étaient alors soumises aux fluctuations de la culture, déplaçant très-facilement la limite d'un sillon, le besoin d'une mesure s'est de tout temps fait sentir, et de tout temps elle a pu être pratiquée pour apprécier et fixer les limites.

« M. Morin paraît ignorer qu'il existe des titres datant de cinq à six siècles, dans lesquels les mesures sont bien indiquées, non-seulement par unités de mesure, mais encore avec des fractions qu'il prétend avoir été complétement exclues; il ignore également que les chaînes qui servaient à établir les différentes mesures connues sous les noms de *perches*, *cordes*, *verges*, etc., etc. (selon les diverses provinces), étaient composées d'un certain nombre de pieds différents, et que presque tous les titres anciens ont pris le soin de l'indiquer.

« M. Morin pense aussi que la loi du 4 juillet 1837, en prohibant l'emploi des anciennes mesures, a produit une révolution dans la rédaction des titres; qu'il fallut alors chercher de la précision, et pour cela sortir de la routine : on employa quelquefois les contenances fournies par un arpentage ; il y avait certainement là, dit-il, *un grand progrès*, puisqu'au moins l'énonciation reposait sur une *opération régulière*.

« Quoi ! M. Morin prétend que c'est seulement depuis 1837 qu'on a eu recours aux opérations d'arpentage, pour fixer l'étendue des héritages dans les titres ?

« Depuis moins de vingt années! Mais dans quel pays vivrions-nous donc ? A ce compte nous serions bien en arrière des anciens peuples ! Les Grecs, les Egyptiens, dès les premiers âges, avaient souvent recours aux opérations d'arpentage pour rétablir les limites que les débordements du Nil faisaient disparaître. Le droit romain, au Digeste, fait mention des arpenteurs comme étant déjà des agents très-connus et souvent employés par les juges pour les seconder dans les questions de délimitation et bornage qui se faisaient alors sur le vu des titres.

« Il ne faut pas perdre de vue qu'il y a huit siècles, Louis VI, dit le Gros, instituait par un édit spécial un grand arpenteur ; qu'environ deux siècles après, en 1296, Philippe le Bel édictait un règlement plus étendu sur l'exercice de cette profession; que d'autres édits de 1554, 1575, 1690 et 1702 ont étendu et généralisé le corps des arpenteurs auxquels le bénéfice de certains priviléges était alloué. L'édit de 1702 a conféré aux arpenteurs le titre de notaires royaux, établis, savoir : deux dans chacune des villes, bourgs et autres lieux où il y a parlement ou autres siéges et juridictions royales, et un dans chacune des villes et bourgs où il y a foire ou marché, et dans les autres lieux où besoin sera; le tout selon les rôles qui en seront dressés. Comme on le voit, les arpenteurs-notaires (fonctions unies par l'édit de 1702) étaient nombreux, des preuves de capacité étaient exigées; et, comme les actes étaient rédigés par des hommes tout à la fois notaires et arpenteurs royaux, il n'est pas étonnant de trouver, dans les titres qui datent du dix-septième et du dix-huitième siècle, l'énonciation distinctive du nombre de pieds dont les chaines étaient alors composées; ce n'est donc pas légèrement que nous soutenons que les énonciations de contenances n'ont pas été écrites dans les titres, seulement par appréciation et à *vue de nez*, comme le soutient M. Morin, d'après lequel, chose incroyable, la grande amélioration des arpentages ne se serait produite qu'après la loi de 1837.

« Il y a loin de la réalité de ces faits aux suppositions

tions erronées de M. Morin sur l'origine de la mesure des héritages ruraux; ayant négligé de remarquer l'existence, en aussi grand nombre, d'arpenteurs et notaires-arpenteurs dans les principales bourgades de France, et la facilité qui en résultait tout naturellement pour avoir des appréciations exactes, M. Morin ne pouvait échapper à la fatalité qui l'entraînait vers des conclusions inexactes; pèchant essentiellement par la base, il ne pouvait faire autrement que d'errer.

« Avant de terminer sur ce point, il importe d'étudier quelle a pu être, dans les temps reculés, l'origine de la possession qui a créé les premiers droits à la propriété. Évidemment, celle-ci n'a pu être créée dans l'état exact qu'elle occupe aujourd'hui, ainsi que le comportent les suppositions abstraites de M. Morin. La propriété a probablement été basée, dès avant l'organisation régulière de la société, sur le droit de conquête; le plus fort sera resté le maître. Il est probable que les seigneurs des premiers âges auront fait cultiver leurs terres par les habitants des campagnes, et que les forces de ceux-ci auront été la première mesure de l'étendue de leurs portions; mais les choses se sont régularisées successivement, et, le besoin d'une plus grande précision s'étant fait sentir par le développement de la civilisation, les offices d'arpenteurs auront été créés; peu expérimentés d'abord, ils auront marché successivement dans la voie du progrès, et leurs opérations auront acquis plus de perfection au fur et à mesure que la propriété se sera divisée, ce qui aura eu lieu lorsque les habitants des campagnes sont devenus propriétaires, et notamment après la vente des biens nationaux. En les faisant propriétaires et cultivateurs de leurs propres biens, cette vente a permis aux habitants des campagnes de s'enrichir dans de très-grandes proportions; leur première richesse une fois acquise a ensuite donné lieu à un commerce de biens considérable par les ventes en détail de corps de fermes et de domaines tout entiers. Or, ce négoce ayant eu le plus souvent pour résultat de créer un grand nombre de petites parcelles, par la division des grandes propriétés, a donné lieu à des opérations de mesurage et de divisions qui n'ont pu être faites que par des arpenteurs géomètres et dans des rapports exactement déterminés.

« Nous repoussons avec M. Morin toutes mesures énoncées en fraude dans les actes; nous ne pouvons admettre, en effet, qu'elles devront faire loi contre des tiers étrangers à leur rédaction; mais nous cessons d'être de son avis, lorsqu'il prétend que les contenances énoncées dans les titres anciens, par ce motif qu'elles ont pu être entachées d'erreurs ou de fraude, doivent toutes être rejetées comme étant sans valeur, dans les opérations de bornage, lorsque les titres n'émanent pas manifestement d'un auteur commun.

« Nous appuyons nos raisons sur ce que :

« 1° Il y a très-souvent communauté d'origine entre les parties en cause, sans que les titres les plus récents aient continué à l'indiquer.

« 2° Lorsqu'il est établi par le rapprochement des titres *non contestés* de plusieurs héritages qu'il y a l'étendue nécessaire pour parfaire la mesure due à chacun, les uns ayant plus, les autres moins, les titres se corroborent entre eux et concourent tous à prouver leur exactitude. Telle est la pensée des praticiens et de tous les cultivateurs les plus intéressés à ces sortes d'opérations : dans un ensemble de faits se corroborant entre eux, il ne doit pas suffire de supposer des exagérations, pour échapper aux conséquences de la concordance des titres.

« 3° Sur ce que les appréciations originaires des surfaces auront été faites, le plus souvent, par des arpentages non *à vue de nez*, comme le dit M. Morin, surtout lorsque les confins des héritages n'étaient pas fixés par des objets naturels rendant les limites invariables.

« 4° La fraude, qui se produit sans doute trop souvent de nos jours, notamment dans les pays qu'a habités M. Morin, n'existait heureusement pas, il y a un demi-siècle, par la raison que la propriété avait relativement peu de valeur, et que l'esprit des cultivateurs était moins qu'aujourd'hui fixé sur elle et sur les moyens de l'agrandir.

« Avant d'être affranchis des servitudes que la féodalité faisait peser sur eux, les habitants des campagnes songeaient peu à introduire une fraude qui n'aurait pas eu sa raison d'être, puisque la juridiction souveraine du seigneur l'aurait facilement déjouée.

« 5° Nous jugeons enfin qu'il est très-facile de déjouer l'esprit de fraude en remontant aux titres anciens et aux plans terriers qui existent encore dans un grand nombre de communes.

« En parlant de plans terriers, nous ne pouvons résister au désir d'en citer un que nous avons souvent consulté, pour le bornage des biens des hospices de Pontoise, chez M. le baron Rendu, à Ennery (Seine-et-Oise).

« Là, on trouve plusieurs générations venant successivement faire la déclaration de l'étendue que doivent comporter les champs, pour s'acquitter exactement des droits à payer au seigneur. Ces déclarations se renouvelaient à de certaines périodes; elles étaient dressées par le notaire de la seigneurie, et elles ne pouvaient évidemment exagérer les surfaces, puisque par cela même elles eussent exagéré les redevances à payer : d'ailleurs, une fausse déclaration était impossible, puisqu'elle était contrôlée par celles précédentes. Nous connaissons encore beaucoup d'autres plans terriers, et il en existerait un bien plus grand nombre pour le profit de la justice, si le vandalisme que nous avons subi à la fin du dernier siècle n'en eût détruit beaucoup. Mais plusieurs ont été conservés en minutes par les arpenteurs chargés de les dresser, et ils se trouvent aujourd'hui entre les mains de leurs successeurs.

« M. Morin fait le procès à l'adage : *In antiquis enuntiativa probant*, dont il donne la traduction : « Dans les écritures anciennes, les énonciations prouvent... » M. Morin n'entend pas cet adage de la même manière que les auteurs recommandables qui l'ont précédé, et il prétend le dépouiller de son prestige. Nous ne partageons pas ses scrupules, et nous croyons qu'en effet « *dans les écritures anciennes, les énonciations prouvent;* » nous en avons déjà indiqué la raison : *la probité des anciens et leur défaut d'intérêt à tromper.*

« Le mot *ancien* est vague et n'a rien de précis pour M. Morin; il demande donc quel âge doit avoir un titre pour être réputé ancien. Est-ce dix, trente, cent ans? Faut-il que le parchemin soit poudreux, enfumé? Doit-il être écrit en caractères gothiques? A en croire M. Morin, la jurisprudence et les lois qui nous régissent devraient avoir une telle précision qu'aucune discussion ne fût possible. Mais est-ce que les tribunaux ne sont pas les appréciateurs du degré d'ancienneté que doivent avoir les titres? Cela dépendra évidemment des circonstances et même des pays dans lesquels les causes seront produites; il faudra plus d'ancienneté dans ceux où l'esprit de fraude est tellement mis en pratique, que M. Morin en a eu l'effroi qu'il manifeste si énergiquement; pour les biens domaniaux, qui ont subi peu de changements, on aura évidemment des titres anciens peu souvent renouvelés, et ceux-là devront inspirer plus de confiance que ceux relatifs à des biens qui auront été l'objet de nombreuses mutations. Ayant changé plus souvent de maîtres, il y aura eu plus d'occasions de créer des exagérations de contenances; il faudra moins d'ancienneté dans la Beauce et dans le centre, où les mœurs ainsi que l'esprit d'équité ont très-heureusement encore conservé d'honorables traditions. Nous ne voyons, quant à nous, aucun danger à laisser aux tribunaux et aux experts qui ont l'expérience de ces sortes d'affaires le soin d'apprécier le degré de confiance que doit inspirer un titre.

« Il faut, d'ailleurs, remarquer que les contestations ont rarement pour objet les mesures énoncées dans les titres : on conteste, non pas la mesure, mais la prétention du plaignant de ne l'avoir pas, ou la façon dont il propose d'opérer les reprises.

« Mais si M. Morin repousse tous les titres qui ne proviennent pas rigoureusement d'auteurs communs, comme étant des actes sans valeur pour être opposés aux voisins, par contre, il reporte toutes ses préférences sur les faits de possession. A l'en croire, celle-ci aurait été murée dès la création du monde, sans pouvoir varier aucunement.

« Cependant c'est tout le contraire qu'il eût dû penser !

« En pleine culture, là où il n'existe ni borne, ni autre repère certain pour assurer la fixité des limites, elles peuvent varier et se modifier sensiblement, même sans qu'il y ait une volonté bien arrêtée de les agrandir par une fraude longtemps concertée, et rien n'est facile comme de rendre absolument invisible et inappréciable l'enlèvement de une ou plusieurs raies de terres.

« Que M. Morin consulte des cultivateurs, tous lui diront qu'un laboureur adroit peut, même sans le passage immédiat de la herse, enlever une raie à son voisin, sans qu'aucune trace en reste apparente; cela dépend uniquement de la manière de le faire, et cette fraude peut se renouveler plusieurs fois chaque année.

« M. Morin dit que les gens de la campagne ont l'image de leur champ gravée dans l'esprit; mais l'image de ce champ n'est-elle pas absolument la même avec une raie en plus ou en moins ?

« Le moyen le plus assuré pour réussir à usurper sur son voisin n'est que trop connu de ceux qui le veulent faire; il consiste à procéder successivement par petites parties : on arrive sûrement en allant lentement; et c'est avec une logique au-dessus de toute discussion que la jurisprudence a posé en principe que *les usurpations commises graduellement aux champs ne peuvent servir de base à la prescription* (1), par la raison que ces usurpations sont lentes, imperceptibles, variables, puisqu'il y a souvent prise et reprise du terrain litigieux, parce qu'enfin aucun témoin ne pourrait préciser quand et où l'envahissement de chaque petite section a eu lieu, a commencé et a fini; de telle sorte que ces usurpations, d'un caractère absolument occulte, ne réunissent aucun des caractères de continuité et de certitude qui sont nécessaires pour prescrire utilement, aux termes de l'article 2229 du Code Napoléon.

« M. Morin pense qu'en matière de délimitation et bornage, comme dans toute action en dommages et intérêts, celui qui se plaint d'une anticipation doit prouver par témoins comment et quand elle a été commise.

« La possession est une chose trop mobile et trop

(1) Cour impériale de Paris, 30 novembre 1813; 28 février 1821; 30 novembre 1825; 20 août 1838.

souvent contestée pour qu'il puisse en être ainsi. Le seul article 646 du Code ne s'en explique pas, il est vrai; mais il ne pouvait prévoir tous les cas susceptibles de présenter des difficultés. La matière est trop variée; il eût fallu pour cela tout un Code rural dont nos législateurs s'occupent depuis un demi-siècle : la jurisprudence y a donc seule pourvu; dérivée de l'ancien droit romain (1), elle a établi que dans une délimitation, chaque partie fait le double personnage de demandeur et de défendeur. Plusieurs arrêts établissent la distinction qui doit sainement être faite entre une action en revendication et une action en délimitation.

« C'est donc à tort, nous ne saurions trop le répéter, que M. Morin repousse cette distinction, dont l'ancien et le nouveau droit ont proclamé l'absolue nécessité, afin de pouvoir, en l'absence d'un texte de loi précis, justement assurer le respect des droits de tous.

(1) *Digeste* : Loi 7 : Nommer des arbitres pour mesurer les terres, et si, par le partage, il se trouve que des particuliers aient plus, d'autres moins, ce qui se vérifie par la mesure, le juge doit ôter à celui qui a plus et donner à celui qui a moins. — Loi 8 : Il est du devoir du juge de faire vérifier les lieux par des arpenteurs et de décider sur leur rapport. — Loi 10 : L'action de bornage est différentielle des autres actions par cela qu'on y fait le double personnage de demandeur et de défendeur. — Loi 11 : Il faut consulter les titres et les dénombrements authentiques. — Loi 12 : Avoir égard à la déclaration qu'a faite l'ancien vendeur, etc., etc.

« Nous avons démontré qu'en tout temps, et dans toutes les circonstances, il est trop facile d'usurper sur les sillons voisins; il est cependant un moment où cette fraude est encore plus facile et plus dangereuse, c'est celui du renouvellement des baux. Lorsqu'ils cessent d'être consentis au profit des anciens fermiers, ceux-ci cessent non-seulement d'être surveillants; mais, abandonnant leur jouissance presque toujours à regret, ils se sentent mécontents, et peuvent favoriser plutôt que réprimer les anticipations que les propriétaires voisins seraient tentés de faire sur des biens dont les limites se trouvent momentanément sans défenseur et presque abandonnées à leur discrétion. Il était bon d'appeler l'attention sur ce point.

« M. Morin invoque les dispositions de l'article 2265 du Code Napoléon; il pense que si la prescription de dix et vingt ans peut courir contre le propriétaire qui a été spolié du corps entier d'un héritage, elle peut à plus forte raison courir contre une partie de l'héritage voisin. Il résulterait de cette prétention que l'acquéreur d'un bien usurpé serait plus favorablement placé qu'un légitime propriétaire, puisqu'il pourrait usurper encore sur chacun de ses joignants, sans autre danger que celui, trop souvent illusoire, de les voir exercer contre lui les poursuites usitées en cas de retirages, et leur dire ensuite qu'il a acheté le champ dans l'état où il se trouve, enveloppant ainsi dans le même système de prescription, non-seulement le corps de l'héritage tout entier, mais encore les anticipations occultes et successives qu'il a pu commettre pendant les années de jouissance utiles pour prescrire aux termes de l'article 2265.

« Nous sommes éloigné d'entendre comme l'avocat auquel nous répondons les dispositions de cet article. La prescription de dix ou vingt ans court contre le propriétaire qui a été dépouillé de son champ, selon qu'il habite ou non dans le ressort de la Cour où l'héritage est situé, et l'acquéreur de l'usurpateur prescrira tous les droits qui étaient ceux du propriétaire dépouillé ; mais si le champ usurpé était de 100 ares, qu'il ait été vendu pour 110, et que l'acquéreur soit parvenu, au moyen d'anticipations successives, à prendre encore 10 ares aux joignants, nous pensons qu'il ne pourra invoquer contre ces derniers le même droit de prescription, parce qu'en effet les circonstances ne sont plus les mêmes. S'emparer de tout un champ est un fait patent, se produisant au grand jour, que chacun peut remarquer, et contre lequel les intéressés peuvent protester, tandis que des anticipations graduelles, d'abord insensibles, plus souvent répétées et augmentées par la successivité, ne pourraient être prescrites que par trente années, si elles n'étaient dépouillées, ainsi que cela a été enseigné, du caractère de publicité exigé par l'article 2229 (1).

« Il est évident qu'en présence de l'impossibilité bien constatée et reconnue par la jurisprudence, aussi bien que par les cultivateurs et tous les hommes pratiques, que les anticipations commises graduellement aux champs, à défaut de repères certains, puissent servir de base à la prescription, M. Morin a tort de soutenir que celui auquel il manque quelques ares de terrain doit prouver par des faits de possession étrangers aux titres, c'est-à-dire par témoins, quand, comment et dans quelle étendue a eu lieu l'empiétement dont il souffre.

« Exiger une telle preuve, qu'il serait toujours impossible de produire sans le secours des titres, lorsque l'usurpateur aurait apporté dans ses envahissements successifs un peu de cet astucieux talent qui fait toujours et fatalement réussir, serait une chose injuste, qui blesserait également la morale et l'équité. En présence de la concordance de titres anciens, à l'aide desquels, en définitive, les excédants de mesure expliquent les déficit qui sont voisins, on doit repousser l'innovation proposée par M. Morin, en tant qu'elle aurait pour objet d'écar-

(1) La prescription de trente ans ne pourrait même être invoquée à l'appui d'une possession occulte ; il faut, pour opérer prescription, que la possession soit *publique, non équivoque* et *à titre de propriétaire* (C. Nap., 2229).

ter les titres qui ne seraient pas rigoureusement communs à toutes les parties en cause dans une opération de délimitation et de bornage. Il existe, au reste, un grand nombre d'arrêts fixant la jurisprudence dans le sens que nous soutenons; nous en citerons seulement un très-récent de la Cour de cassation, du 2 avril 1850, duquel il résulte que la restitution d'une portion de terrain peut, lorsqu'elle est poursuivie par voie d'action en bornage et non par voie de revendication, être ordonnée d'après l'examen des titres des parties, *même non communs entre elles*. ANNALES DES JUST. DE PAIX, vol. de 1850, p. 256.

« Le système que nous défendons, et que M. Morin cherche à refuter, ne pourrait être juste, selon lui, qu'autant qu'on prouverait préalablement la vérité des deux propositions suivantes :

« 1° L'énonciation faite par les parties, dans un acte translatif de propriété, de la contenance des terres, est toujours d'une exactitude infaillible;

« 2° Une fois la contenance d'un champ établie dans un titre, le propriétaire a droit à cette contenance à perpétuité, quels que puissent être les événements ultérieurs, et les voisins doivent la lui garantir, sous leur responsabilité.

« M. Morin s'est jeté là dans une bien plus grave erreur. Pas une de ses deux propositions n'est utile ni applicable en matière de délimitation.

« En premier lieu, à quoi bon prouver que les énonciations faites par les parties dans les actes translatifs seront toujours exactes ? Ne suffira-t-il pas de prouver qu'elles le sont dans les actes qui seront produits pour la cause dont on sera saisi ?

« A quoi bon prouver plus ?

« En quoi des énonciations inexactes, contenues dans les titres étrangers aux héritages dont on s'occupe, pourraient-elles vicier ceux relatifs à ces héritages ?

« En second lieu, à quoi peut-il être utile que la mesure d'une propriété, une fois fixée, reste forcément la même à perpétuité ?

« Ne suffira-t-il pas de prouver que, dans l'espèce dont il s'agira, cela a eu lieu ; ou bien qu'il y a eu, par vente, échange ou autre mode de transmission, telle addition ou tel retranchement ?

« M. Morin paraît croire que la distinction des mutations, ayant pour objet d'augmenter ou de diminuer l'étendue des héritages, est une chose impossible ; il se trompe : les désignations des pièces par tenants et aboutissants contiennent, outre d'autres moyens de reconnaissance, qui existent encore, des indications suffisantes pour les hommes qui ont l'habitude de faire des applications de titres.

« Les voisins ne doivent restituer que s'ils ont de

trop; et, encore une fois, l'excédant de l'un peut très-bien expliquer le moins de l'autre.

« M. Morin se livre encore à une foule de suppositions très-erronées qu'il prend pour des réalités, et il en déduit nécessairement des conséquences également erronées.

« Il dit que le propriétaire qui souffre un déficit peut s'adresser arbitrairement à tel ou tel autre de ses voisins, pour l'obliger à lui fournir ce qui lui manque; puis il se récrie et plaint très-fort ce voisin d'avoir été l'objet d'une fatale préférence.

« Il suppose une hypothèse dans laquelle une partie se trouve encore débitrice de deux minots après avoir abandonné la totalité de son champ. Il dépeint les contrariétés imposées à un homme paisible, à propos d'une querelle survenue, à une lieue de lui, entre deux petits propriétaires. Il rappelle le Mélibée de Virgile, obligé à délaisser le champ fécondé de ses sueurs et à prendre en échange, à quelques centaines de pas de là, un champ ne produisant que des cailloux. Tout cela amène M. Morin à parler de la guerre de Troie, de la justice à la turque, et lui procure le facile plaisir de se récrier contre un mal imaginaire et contre des abus qui n'existent que dans ses gratuites suppositions.

« M. Morin a pu, en effet, être témoin d'opérations excentriques, aussi mal inspirées que mal exécutées; mais quand cela serait, faudrait-il prendre l'exception pour la règle et d'un mal tomber dans un plus grand encore?

« Nous savons qu'il y a des pays dans lesquels on ne craint pas de se livrer à des partages proportionnels des différences de mesure, soit en plus, soit en moins : à notre avis, ces partages sont rarement justes, et très-souvent contraires au droit; nous les déplorons amèrement avec M. Morin; mais, pour les faire cesser, il faudrait se tenir dans un milieu convenable et se livrer à une controverse qui serait réellement utile, si elle pouvait conduire à généraliser les méthodes et les principes d'exécution du bornage et de la délimitation des héritages.

« Nous ne saurions, quant à nous, assez protester contre les changements de limites qui ne sont justifiés que par la prétendue nécessité de partager, proportionnellement aux contenances énoncées dans les titresde chacun, lesexcédants ou les déficit de mesure qui peuvent exister même dans une plaine dont les délimitations extrêmes seraient certaines. Nous admettons les déplacements de limites et leurs repoussements successifs des unes sur les autres; mais seulement lorsqu'ils sont indispensables pour attribuer à chacun les mesures qui sont énoncées dans des titres réguliers et anciens; nous pensons, avec Curasson et plusieurs autres auteurs recommandables, que celui qui possède toutes les quantités énoncées dans ses titres, qui possède enfin tout ce à quoi il a droit, ne saurait prétendre à un excédant de mesure qui n'est écrit ni dans ses titres ni dans la loi.

« Nous appuyons nos raisons sur ce qu'il a pu exister, dans l'origine, des terrains vagues, des tertres, des chemins ou autres objets non cultivés, que les premiers arpentages n'auront pas mentionnés. Tout cela ayant été successivement défriché a, tout naturellement, constitué des sortes d'alluvions, qui doivent profiter exclusivement à ceux qui les ont arrosées de leurs sueurs.

« Nous repoussons le principe des répartitions générales, parce qu'il crée des déplacements considérables, qui bouleversent et contrarient aveuglément et sans nécessité les cultures et les possessions les moins entachées de fraude. Ce principe est d'ailleurs susceptible d'être modifié ou même écarté par trop de causes différentes : la présence d'un arbre ou de tout autre objet pouvant établir une possession trentenaire suffirait pour opposer à son application un obstacle infranchissable; il ne serait donc que trop rarement possible, aussi bien que trop peu justifié, pour avoir le caractère de généralité qu'il faut pouvoir reconnaître et respecter dans un principe.

« Nous protestons enfin contre le système des répartitions générales, par la raison que rien de sérieux ne motive, à notre avis, le passage aveugle et presque brutal d'une sorte de niveau égalitaire sur toutes les propriétés; nous préférons à cette sorte de communisme l'obligation réciproque entre les propriétaires, de combler seulement les déficit au moyen des bonis qui sont les plus rapprochés, ainsi que cela se fait d'ailleurs le plus généralement dans tous les pays, et ainsi que nous l'indiquons dans l'ordre suivant :

« 1° Un bornage se faisant entre quelques-uns ou entre tous les propriétaires d'une plaine, si tous ont leur mesure, que les uns aient plus et les autres juste leur mesure, le bornage devra s'opérer dans les limites anciennes, c'est-à-dire sans changer la possession ;

« 2° Si aucun n'a sa mesure, même solution ;

« 3° Si les uns ont moins et les autres plus, on complétera la mesure des premiers au moyen des bonis qui seront les plus voisins ; et ce qui pourra excéder encore sera conservé à ceux qui le possédaient anciennement ;

« 4° Si les excédants ne suffisent pas pour compléter les déficit, ceux qui auront moins pourront appeler en cause tous les propriétaires du réage, jusqu'à limites fixes; mais ceux qui auront des excédants ne rendront que jusqu'à concurrence de cesdits excédants ;

« 5° Si l'un a moins et est placé entre deux qui

ont plus, on prendra sur chacun des deux pour combler le déficit, à moins qu'il n'y ait des raisons contraires;

« 6° Si l'un a plus entre deux qui ont moins, il rendra à chacun, toujours à moins de raisons contraires;

« 7° Les propriétaires de divers champs provenant d'une même origine, et dont les titres émaneront d'autres communs, de telle sorte qu'ils seront plutôt attributifs d'une quotité que d'une quantité, se borneront avec partage proportionnel des différences de mesure, à moins qu'il n'y ait des raisons ou des stipulations contraires;

« 8° Si les limites de plusieurs champs ou de tous ceux d'une plaine ont été confondues par une inondation ou tout autre cause qui les a rendues complétement méconnaissables, on procédera comme dans l'exemple précédent. Hors ces deux cas exceptionnels, pas de partage des différences de mesure, à moins que les parties en conviennent.

« Telles sont les règles principales que nous croyons les plus justes et les plus simples pour la pratique des opérations de bornage; il existe un grand nombre de cas particuliers dont elles ne peuvent faire disparaître toutes les difficultés; mais, sans les aggraver jamais, elles peuvent souvent en faciliter les solutions; c'est pourquoi notre longue pratique des arpentages nous engage à les proposer aux méditations des hommes compétents.

« Ach. BRIDOU,
« Expert-géomètre à Pithiviers (Loiret). »

255. Là devrait se terminer une discussion déjà bien longue et complète assurément, mais M. Morin, répondant à un article de M. Labache, juge de paix du canton de Bruyères (Vosges), publié dans le *Journal des Géomètres*, revient, dans ce même *Journal des Géomètres*, n° de juillet, p. 167, sur la négation de l'autorité des titres, et soutient de nouveau que les titres *ne doivent pas même être produits dans les instances en bornage.*

Comme il importe de ne pas laisser une pareille erreur se propager, nous réfuterons encore cet article de M. Morin, en reproduisant la réponse que lui a faite M. Labache, juge de paix du canton de Bruyères, à laquelle nous ajouterons nos considérations personnelles; mais, afin que M. Morin ne puisse pas dire que nous ne reproduisons pas son argumentation tout entière, nous donnerons textuellement son article en entier avant d'y répondre.

« En soutenant, comme je l'ai fait, dit M. Morin, que le bornage devait se faire d'après la possession et non d'après les titres, et que les titres, sans aucune autorité à l'égard des tiers, ne devaient pas même être produits dans l'instance, j'ai heurté de front une pratique consacrée par un long usage et par l'assentiment de beaucoup de jurisconsultes. J'ai eu la satisfaction de recevoir de nombreuses adhésions de magistrats et d'hommes de loi qui se sont empressés de reconnaître que le mode que je combats est illogique, injuste, et contraire aux principes les plus incontestables du droit. Toutefois une vieille routine ne peut se déraciner sans de longs efforts; je dois donc m'attendre à une lutte persistante. Je suis même charmé que des contradicteurs, en donnant de l'animation au débat, appellent de plus en plus sur cette question l'attention des hommes compétents; car la discussion, en pareil cas, ne peut manquer d'amener le triomphe de la vérité.

« M. Labache, juge de paix, est entré en lice, et a publié une réfutation de ce qu'il appelle mes *erreurs*. Les lecteurs qui se sont donné la peine de suivre le débat n'auront pas manqué de remarquer que plusieurs de mes arguments sont restés sans réponse, et que l'on reproduit des objections déjà réfutées. Je me bornerai donc à répondre aussi brièvement que possible aux nouveaux moyens de mon adversaire.

« Il n'a pu lire, sans une sorte d'épouvante, ce principe que j'ai posé, c'est que la propriété se prouve par la possession, et non par les titres; et peu s'en faut que, pour me combattre, il ne m'enveloppe dans la réprobation qui a frappé le fameux ouvrage intitulé : *Qu'est-ce que la propriété?* Nous n'avons point à faire intervenir ici de question irritante; nous sommes, Dieu merci, sur le terrain du droit civil, et nous pouvons nous expliquer avec calme. Notre adversaire déplace la question quand il dit que ce n'est qu'exceptionnellement que la propriété *s'acquiert* par la prescription. Ce n'est pas là ce dont il s'agit, mais bien de la manière dont *se prouve* la propriété. S'il existait une administration publique chargée de certifier la propriété, les titres que délivreraient les fonctionnaires auraient une autorité irréfragable. S'il avait existé autrefois une pareille administration qui, ensuite, eût cessé de fonctionner, on pourrait, en remontant par les transmissions individuelles, arriver à un titre faisant foi contre tous. Mais, comme il n'a jamais existé rien de semblable en France, un titre (qu'il soit authentique ou sous seing privé) n'est jamais autre chose qu'un acte par lequel un particulier transmet à un autre les droits qu'il a ou prétend avoir sur un immeuble déterminé ; il résulte bien de là que l'acquéreur est subrogé aux droits du vendeur, et peut opposer ce titre, non-seulement à celui-ci, mais à toutes les personnes qui pourraient invoquer des droits transmis par le même auteur. Mais cet acte n'a aucune force vis-à-vis des tiers, qui pourront toujours demander si le vendeur était bien propriétaire de ce qu'il vendait. En remontant à un vendeur précédent, on ne ferait que reculer la difficulté sans la résoudre. Remontez au plus ancien auteur auquel vos titres puissent parvenir; qui me prouve qu'il ait la propriété légitime de ce dont il disposait?.... Chez certains peuples, comme les Hébreux, on pouvait arriver à un partage primordial fait par l'autorité publique; si donc les actes particuliers étaient bien tenus, on pouvait obtenir une constatation qui ne laissait rien à désirer. En France, au contraire, l'origine de la propriété est environnée de ténèbres; l'institution du notariat n'est pas très-ancienne (il y a des contrées où il n'est établi que depuis trois siècles à peine). Pendant longtemps, les conventions se faisaient verbalement; il n'était dressé d'acte que pour les conventions intéressant les grands personnages ou les communautés religieuses. En fait, très-peu de propriétaires peuvent remonter par leurs titres au delà de soixante-dix ans, et M. Laliache avoue même que généralement on se contente de trente ans. Il est donc bien reconnu que les titres ne remontent pas à une origine commune. Donc celui qui est armé de titres de propriété n'a pas, en vertu de ces titres, plus de droits que n'en aurait le plus ancien de ses auteurs, s'il vivait encore. Si donc cet ancien auteur se prétendait propriétaire, il ne suffirait pas de l'affirmer, il ne pourrait être cru sur sa seule affirmation; eh bien ! l'affirmation de son ayant cause n'a pas plus de valeur ; il se borne à dire : Je suis aux droits de Pierre qui les tenait de Paul, et ainsi de suite, en remontant jusqu'à Jean... soit ; alors vous ou Jean, c'est tout un. Mais de ce que Jean est représenté par vous, il ne s'ensuit, ni qu'il ait été légitime propriétaire, ni que vous le soyez à sa place.

« La seule preuve consiste dans la possession. Nous en appelons à notre adversaire lui-même. Qu'il y ait contestation sur la propriété d'un immeuble ; un des prétendants a la possession sans titres, et un autre a les titres sans possession : auquel donnera-t-on gain de cause ?... La réponse n'est pas douteuse.

« Précisons les faits. L'un des prétendants, celui qui n'a pas de titre, possède depuis trente ans. L'autre présente une série de titres remontant aussi loin qu'on voudra, mais sans pouvoir prouver que lui ou ses auteurs aient possédé pendant les trente ans qui ont précédé l'entrée en possession de son adversaire. Alors la solution est claire ; la loi est formelle, et le possesseur l'emportera. Allons plus loin. Faisons varier l'hypothèse, et supposons que le possesseur n'ait qu'un an de possession ; il ne pourra être évincé que par celui qui prouvera que, antérieurement à cette année de possession, il a possédé pendant trente ans. Mais si son adversaire n'oppose que des titres sans possession, il ne pourra être écouté, ses titres étant étrangers au possesseur.

« Il n'y a de neuf, dans mon principe, que la forme de l'énoncé; car je ne fais qu'exprimer la doctrine consacrée par nos lois. L'article 1165 du Code Napoléon en jurisprudence décide que les conventions n'ont d'effet qu'entre les parties contractantes, et qu'elles ne nuisent ni ne profitent aux tiers. En présence d'un texte aussi formel et si évidemment d'accord avec la raison, je ne comprends pas que le débat puisse se prolonger. Il en résulte que, soit qu'il s'agisse de contestations sur la propriété d'un immeuble, ou seulement de la contenance d'un champ, les titres ne peuvent être opposés à ceux qui n'ont pas stipulé, et qui ne sont pas ayants cause des contractants. Donc c'est abusivement qu'on prétend, dans les procès de bornage, recourir aux titres.

« Pour me combattre, M. Lahache m'attribue un système paradoxal qu'il n'a pu lire dans mes écrits : M. Morin, dit-il, attaque tous les titres de propriété en général, il les annihile; et quand il croit les avoir faussés, il s'écrie : Ils ne valent rien, ils sont faux ! Belle et facile victoire !... De même que la bonne foi est toujours présumée, l'exactitude des titres l'est également, et c'est à celui qui en allègue la fausseté, à la prouver.

« Il n'y a qu'un fou qui puisse prétendre que

tous les titres sont faux. Je ne suis point coupable d'une telle énormité. Ce que j'ai dit et que je maintiens, c'est que les titres, ne pouvant servir de preuve contre les tiers, notamment quant à l'indication de la contenance des champs, doivent être péremptoirement écartés du procès, sans qu'on ait à examiner s'ils sont faux ou non. Quand un titre est produit dans un procès entre les contractants ou leurs ayants cause, non-seulement il doit être réputé exact, mais encore il fait foi de tout son contenu. Si, au contraire, il est opposé à des tiers, ceux-ci n'ont aucunement besoin de l'arguer de faux, il leur suffit de dire : Cela ne me regarde pas, cela m'est étranger, je n'ai pas à le discuter.

« M. Labache n'a pas même cherché à se mettre d'accord avec le grand principe posé dans l'article 1165, et pourtant toute la question est là. Toute son argumentation est basée sur le principe contraire, qu'un titre fait foi contre les tiers, ce qu'il faudrait justifier par quelque raison plausible. Seulement il prétend, dans un passage, qu'en fixant les limites d'après les contenances portées aux titres, il ne fait qu'opposer à chacun ses propres titres. C'est là un sophisme; car de même que mes titres vous sont étrangers, les vôtres me sont étrangers; on ne peut donc se servir ni de vos titres contre moi, ni de mes titres contre vous; donc les énonciations contenues dans les uns et les autres sont sans valeur dès qu'il s'agit de contestations entre nous. L'injustice de la prétention de mes adversaires ressort encore mieux quand l'une des parties n'a pas de titre; car, alors, on donne tous les avantages à la partie qui a des titres. Si les titres de mon voisin lui attribuent, par exemple, 50 ares, et que son champ n'en contienne actuellement que 30, si je possède sans titre un champ contigu, on prend le déficit sur mon héritage, quand même ce démembrement devrait le réduire à rien. Il est donc évident qu'on me dépouille en vertu d'un acte qui, d'après la loi comme d'après la raison, n'aurait pas dû m'être opposé.

« On cite l'autorité de Dumoulin : elle est sans doute fort respectable, mais elle ne peut prévaloir contre un texte formel du Code Napoléon, surtout quand l'éminent jurisconsulte ne prend pas la peine de justifier son assertion. Or, son adage : *In antiquis enuntiativa probant, etiam contrà alios,* répété servilement par une foule d'auteurs, blesse la raison et l'équité, et ne peut soutenir un examen sérieux. M. Labache, du moins, adopte une règle précise pour l'appliquer : selon lui, les titres sont réputés anciens quand ils ont trente ans. Ainsi, au-dessous de cet âge, ils ne peuvent être opposés aux tiers; et, dès qu'ils ont dépassé trente ans, ils se trouvent avoir acquis une autorité nouvelle et font foi contre toute personne. Cette distinction arbitraire est en opposition avec l'article 1165, qui ne distingue pas, et elle ne peut se justifier par aucun argument spécieux; car il est clair que des stipulations insérées en mon absence, dans un acte passé il y a trente ans, ne peuvent infirmer mes droits. Je regrette que mon adversaire n'ait pas répondu à la question que j'avais adressée sur ce point à mes précédents contradicteurs, et ne nous ait pas dit si le titre ancien faisait foi contre les tiers en toute matière autre que le bornage, par exemple quand il s'agira de servitudes discontinues. Je ne pense pas que personne ait osé jamais soutenir un système si manifestement contraire aux principes du droit. Si la maxime de Dumoulin doit être restreinte aux énonciations de contenance insérées dans les actes, comme on ne cite aucun texte de loi ancienne ou moderne qui ait introduit ce privilége exceptionnel, il restera à prouver, au nom du droit naturel, comment et en vertu de quelle raison, demeurée inconnue jusqu'ici, un titre qui, sur tout autre sujet que la contenance des terres, n'a aucune force contre les tiers, sera complétement probant contre eux dès qu'il s'agira de cette contenance.

« Les partisans du système que je combats se croient dispensés de satisfaire à la condition imposée par la règle de Dumoulin. Pour eux, la première chose à faire, dans un procès de bornage, c'est de faire représenter les titres, anciens ou non. A défaut d'anciens, on se contente des plus récents; toute énonciation de contenance est regardée comme un grave témoignage et peut suffire pour faire perdre le procès du voisin étranger à l'acte. En ne prenant, comme le veut M. Lahache, que les titres d'au moins trente ans, il pourra arriver que les deux parties n'aient que des titres d'une ancienneté moindre; alors on n'y aura aucun égard, et l'on jugera suivant la possession. Mais aussi, dans le cas où l'une des parties a des titres de plus de trente ans, et l'autre des titres moins anciens, il arrivera que cette dernière sera considérée comme possédant sans titre, et que son adversaire, pouvant seul produire son titre, jouira de l'avantage immense que j'ai signalé plus haut. C'est là un inconvénient fort grave, et l'on voit que, dans certains cas, la restriction apportée par M. Lahache se trouverait aggraver le système dont nous avons fait voir les vices.

« M. Lahache prétend que la marche qu'il indique est très-simple et coupe court à toute chicane. Il se méprend étrangement, puisqu'il admet la mise en cause des propriétaires de tout un canton, c'est-à-dire une de ces procédures colossales qu'on ne peut comparer qu'aux fléaux les plus calamiteux; tandis que, d'après ma doctrine, un propriétaire ne peut jamais avoir affaire qu'à ses voisins immédiats, et que tout se réduit à constater la possession, s'il n'est allégué aucune anticipation, et, dans le cas contraire, à en faire la preuve et à en ordonner la réparation.

« On suppose le cas où l'un des voisins possède moins que son titre ne lui assigne, et où l'autre possède davantage ; et, pour justifier le système qui consiste à combler le déficit de l'un au moyen de l'excédant de l'autre, on dit que le premier *certat de damno vitando*, et le second *de lucro captando*, que ce dernier ne peut conserver légitimement cet excédant. Ce raisonnement serait juste si chaque titre exprimait invariablement, et avec une parfaite exactitude, la mesure du champ; mais on est bien obligé de m'accorder que cette perfection est chimérique, et que les titres peuvent contenir des erreurs plus ou moins considérables. Il s'ensuit donc que le propriétaire, qui dès l'origine a possédé légitimement toute la contenance qui lui a été vendue, bien que son titre désigne une contenance inférieure, est parfaitement fondé à conserver tout ce qu'il a acquis, et que, du désaccord entre son titre et sa possession, on ne peut nullement conclure que la différence provienne d'usurpation. Et de même si l'erreur du titre primitif a été en sens contraire, et qu'il s'y trouve une contenance supérieure à celle qui a été réellement transmise, l'acquéreur ne pourra arguer de son titre pour prétendre qu'il n'a pas sa mesure, et que ses voisins sont tenus de la lui parfaire. Donc, dès qu'on admet la possibilité d'erreur dans les titres (et comment ne pas l'admettre?), il faut reconnaître aussi qu'ils ne peuvent servir de régulateur pour redresser les limites des héritages.

« M. Lahache, voulant rétorquer mon argument, prétend que mon système n'est admissible qu'autant que je démontrerai la vérité de la proposition suivante : « La contenance de chaque parcelle de terre est aujourd'hui ce qu'elle doit être, ce qu'elle a toujours été, d'une exactitude infaillible, c'est-à-dire qu'aucun propriétaire ne possède actuellement et indûment du terrain d'autrui. » — On n'aurait besoin de justifier cette proposition que dans un pays où la législation n'admettrait pas la prescription ; mais en France, où la propriété peut s'acquérir par prescription, où même la simple possession d'un an confère des avantages considérables pouvant équivaloir à la propriété, il n'y a pas à rechercher si toutes les possessions sont légitimes ; le vice des usurpations s'efface avec le temps, la loi n'a pas voulu que la sécurité des possesseurs pût indéfiniment être troublée par des recherches sur l'origine de leur possession, origine trop souvent défectueuse, il faut bien le reconnaître. Celui qui possède a donc droit d'être maintenu tant qu'on ne prouve pas contre lui qu'il a usurpé : pour agir contre lui, il ne suffit pas d'exercer l'action dans les délais légaux, il faut de plus justifier d'une possession antérieure et supérieure. Toute la difficulté consiste dans le choix du genre de preuve; et ce que je repousse, c'est l'autorité des titres étrangers à ceux auxquels on les oppose. Mon système ne tend pas, comme on me le reproche, à faciliter les usurpations : il a pour conséquence de mettre le possesseur paisible à l'abri des procès, et il offre une garantie suffisante aux propriétaires soigneux qui veillent à l'intégrité de leurs héritages.

« On ne peut soutenir qu'un propriétaire a droit à la contenance portée dans son titre, puisque personne, *pas même son vendeur*, ne lui a garanti cette contenance, et que ses voisins, intéressés à contredire l'énonciation portée dans son acte, n'ont pas été appelés à la contrôler.

« M. Lahache conteste ma proposition, qu'un propriétaire n'a pas contracté d'engagement envers ses voisins; et il m'allègue qu'il est tenu par la loi au bornage et même à certaines servitudes. Soit : mais ce n'est pas là ce qui nous importe. Ce que j'ai dit, c'est que le propriétaire étranger aux actes d'acquisition de ses voisins n'a contracté envers eux aucun engagement de leur maintenir une contenance égale à celle qu'indiquent leurs titres, et ne peut être responsable du déficit qu'autant qu'on prouverait qu'il en est l'auteur par le fait d'usurpations.

« J'aurais encore plusieurs observations à présenter en réponse à l'article de M. Labache : mais la nécessité d'abréger un polémique déjà fort étendue m'a déterminé à ne relever que les objections les plus importantes; je ne pense pas qu'aucune ait ébranlé les fondements de ma doctrine. »

Réponse de M. LABACHE, juge de paix du canton de Bruyères, insérée aussi dans le *Journal des Géomètres*, numéro d'août.

256. Des magistrats et des hommes de loi, dit M. Morin, se sont empressés de reconnaître que le mode de bornage qu'il combat est illogique, injuste et contraire aux principes les plus incontestables du droit.

Je me joins à ces magistrats, et j'ajoute à ce qu'ils ont pu dire à ce sujet, que le mode attaqué par M. Morin n'existe pas.

Ce mode, on le sait, est celui de la répartition proportionnelle des contenances exprimées dans les titres; or, j'ai dit qu'il ne saurait être réellement adopté et suivi que par quelques praticiens qui méconnaissent les notions élémentaires du bornage.

M. Morin n'a pas répondu sur ce point.

Je doute que des juges de paix, qui sont les magistrats et les hommes de loi chargés, par la loi elle-même, d'opérer les bornages, lorsque les intéressés ne s'entendent pas pour y procéder amiablement, aient écrit à M. Morin qu'ils approuvaient l'innovation, le système qu'il propose.

La réponse que j'ai faite à la proposition ainsi formulée de M. Morin : *La propriété se prouve par la possession et non par les titres*, ne l'a pas satisfait ; il prétend que j'ai déplacé la question. Je vais essayer de l'éclaircir :

La propriété est le droit de jouir et disposer, etc.

Prouver sa propriété, c'est établir, assurer, à son profit, le droit de jouir et disposer ; en d'autres termes, c'est établir comment on est devenu propriétaire, ou par quels moyens on a acquis.

Ces moyens ne sauraient donc être que les différents modes d'acquisition de la propriété des biens, qui sont, aux termes des articles 711 et 712 du Code Napoléon, la succession, la donation entre vifs, le testament, les obligations, l'accession ou l'incorporation et la prescription.

J'en appelle ici à M. Morin. Qu'est-ce que *l'établissement de la propriété* dans un acte authentique qui transmet celle d'un immeuble ?

C'est une clause, un article de cet acte, dans lequel on lit à peu près ceci :

Le vendeur est propriétaire de l'immeuble dont s'agit pour l'avoir acquis par acte du..., de A..., qui le tenait de la succession de son père, à qui il avait été donné suivant acte du..., par B..., qui l'avait échangé avec C..., ainsi qu'il résulte d'un acte du..., etc., etc.

Il est donc exact de dire que prouver sa propriété, c'est faire connaître les moyens légaux à l'aide desquels on l'a acquise.

La plupart de ces moyens sont des actes constatés par des écrits appelés titres de la propriété, parce qu'ils servent à établir ce droit.

Tout le monde sait qu'une possession prolongée durant trente ans, et sous les conditions déterminées par la loi, prouve la propriété au profit du possesseur actuel, contre et au préjudice du précédent propriétaire possesseur du titre.

Ce mode de preuve est la prescription, qui est classée, comme nous l'avons vu, à la suite de tous les autres moyens d'acquisition.

La propriété se prouve donc par les titres et par la possession; c'est ce que conteste M. Morin.

Supposons avec lui que le possesseur d'un terrain n'ait qu'un an de possession, sans titre, et que son adversaire ait des titres et une possession antérieure, prolongée durant moins de trente ans.

Il est évident qu'au possessoire le détenteur annal et actuel sera maintenu en possession, mais qu'au pétitoire il succombera, et que la propriété sera restituée, avec la possession, au véritable propriétaire, en vertu des titres, et d'une possession qui peut n'être pas trentenaire.

Dans ce cas, la propriété se prouve tout à la fois, et par le titre, et par la possession : l'un et l'autre seul étant insuffisant pour l'établir.

Dans l'exemple cité, comme dans tous les cas, si le propriétaire du titre ne pouvait pas prouver une possession antérieure et légale, le possesseur actuel, sans titre, lui serait préféré. Mais à l'égard des tiers non possesseurs, la propriété d'un terrain se prouve par les titres, contrairement à la proposition de M. Morin, et c'est à ceux qui les contestent à en démontrer la fausseté ou les erreurs.

Le titre a une telle force, une telle autorité en France, que les neuf dixièmes, peut-être plus, des propriétaires en possèdent pour chaque parcelle de leurs immeubles, et que ceux qui en manquent cherchent à s'en procurer, ne fût-ce qu'un jugement légitimant une possession, une prescription, et sans lequel ils ne se croiraient jamais propriétaires tranquilles et incommutables.

La proposition de M. Morin doit donc être ainsi rectifiée pour être vraie :

1° *Contre le possesseur annal et actuel, la propriété se prouve par une possession trentenaire, à défaut de titres, ou par une possession plus qu'annale appuyée d'un titre ;*

2° *Contre le tiers non possesseur, la propriété se prouve par les titres, ou par la possession, à défaut de titres.*

Les principes ci-dessus se déduisent, du reste, par argument de l'article 2279 du Code Napoléon, qui porte : *En fait de meubles la possession vaut titre*, et qui permet de dire, *à contrario* : en fait d'immeubles la possession ne vaut pas titre.

Je tiens à préciser, en passant, un point de discussion auquel je n'ai pas donné assez de développement dans mon premier article.

Il s'agit de la possession annale. *Exemples* : J'appelle mon voisin en bornage et, au moment de commencer l'opération, il s'y oppose, se prétendant possesseur de mon champ depuis un an. Si cette prétention est sérieuse, le juge de paix ne fera pas le bornage, il renverra les parties à se pourvoir par action possessoire.

Il en sera de même si un tiers intervient lors du bornage, pour exciper de sa possession annale de l'un ou des deux terrains contigus.

Mais si mon voisin soutient seulement (c'est l'hypothèse dans laquelle j'ai raisonné) que, depuis plus d'un an, son terrain s'étend près du mien jusqu'aux limites actuelles, en un mot, s'il n'y a contestation entre nous que sur l'étendue et les limites, le juge de paix passera outre au bornage, sur le vu des titres, la présomption de la possession invoquée n'étant pas grave, précise, ni concordante, puisqu'il s'agit du bornage de terrains entre lesquels il n'existe aucun signe invariable de délimitation.

J'ai expliqué, dans mon précédent article, pourquoi une jurisprudence constante, et tous les auteurs, M. Morin excepté, décident que les anticipations qui se font successivement, *minutatim*, *gradatim*, ne peuvent donner lieu à la prescription, ni profiter à leur auteur pour faire opérer un bornage contre et outre les termes de son propre titre.

Quoi ! il me serait permis d'opposer à M. Morin, mon voisin, les usurpations que j'aurais commises dans son champ pour devenir propriétaire du terrain qui en serait l'objet, et je ne lui permettrais pas, pour se défendre, pour réclamer ce que je lui ai enlevé, de m'opposer mon propre titre qui révèle, comme le sien, que je l'ai spolié, et que je n'ai pas prescrit contre lui mes anticipations !

Je pourrais ainsi me créer à moi-même, à son préjudice, postérieurement à mon acquisition, en dehors des cas et des conditions déterminés par la loi, un titre non écrit qui prévaudrait contre tous les modes légaux et authentiques d'acquisition de sa propriété !

Non, cela ne se peut pas, cela n'est pas, je ne me croirais plus honnête homme si j'acceptais cette proposition.

Quant à vous, monsieur Morin, qui me l'avez

faite, je ne vous en sais pas gré, retirez-la ; ne tentez personne, restez seul à soutenir la doctrine que seul vous avez enfantée, suivant laquelle, si la propriété n'est pas le vol, le vol serait la propriété.

M. Morin persiste à prétendre que mon système de bornage est en opposition avec l'article 1165 du Code Napoléon ainsi conçu : « Les conventions n'ont d'effet qu'entre les parties contractantes, elles ne nuisent point au tiers, et elles ne lui profitent que dans le cas prévu par l'article 1121. »

La discussion actuelle étant tout à fait étrangère au cas de l'article 1121, on peut laisser de côté la disposition finale qui précède.

J'ai écrit ceci, M. Morin n'en tient pas compte : « Sur les six cas, qui se présentent lors d'un bornage, il n'en est qu'un seul dans lequel ma décision soit exposée à sa critique ; c'est lorsque, d'après les titres, j'éprouve un déficit, et que mon voisin jouit d'un excédant, etc. »

Les autres propriétés limitrophes étant reconnues avoir exactement leur contenance,

Je dis à mon voisin : Je vous oppose votre propre titre pour vous réclamer le terrain que vous avez en trop et qui me manque ; M. Morin répond ce qu'aucun voisin n'oserait jamais répondre : « C'est là un sophisme, dit-il, car de même que mes titres vous sont étrangers, les vôtres me sont étrangers, on ne peut donc se servir ni des vôtres contre moi, ni des miens contre vous; donc les énonciations contenues dans les uns et les autres sont sans valeur, dès qu'il s'agit de contestations entre nous. »

Dieu me garde de jamais user de sophisme dans une discussion, mieux vaudrait pour moi ne jamais discuter. Je prends ici le lecteur pour mon juge, car un homme célèbre a dit : « Entre deux hommes d'avis contraire, ce que l'un croit démontré n'est souvent qu'un sophisme pour l'autre. »

M. Morin, avocat, repousse tous les titres dans une instance en bornage, j'ai donc eu raison de signaler l'aversion qu'éprouve, pour ses propres actes, M. Morin, ancien notaire.

Son embarras, ou plutôt l'impossibilité pour lui de démontrer la fausseté de mon objection, ne lui a-t-elle pas seule dicté la réponse qu'il m'a faite ? Voyons :

Aux termes de l'article 6, n° 2, de la loi du 25 mai 1838 : « Les juges de paix connaissent à charge d'appel : 1°.....; 2° des actions en bornage, lorsque la propriété ou les TITRES qui l'établissent ne sont pas contestés. »

En prévoyant que les titres pouvaient être contestés, le législateur a nécessairement voulu ou permis qu'ils fussent produits dans l'instance en bornage, et opposés par l'une des parties à l'autre.

S'il eût voulu, comme M. Morin le voudrait,

que l'on ne fît pas usage des titres, que l'on bornât suivant la possession actuelle, la loi le dirait, elle ne mentionnerait pas les titres ... e sujets à contestation en cette circonstance.

On doit donc, d'après cette loi, produire ses titres de propriété dans les instances en bornage; on peut contester ceux de son adversaire quand ils paraissent faux, erronés ou inapplicables au terrain. Malgré M. Morin, la loi de 1838 le dit, et soutenir le contraire est une ... dente, si palpable, si grossière enfin, s... démontrer, qu'elle ne saurait être appelée so... me.

M. Morin dit bien ceci: « On ne peut se servir ni de vos titres contre moi, ni des miens contre vous. » Il oublie de dire: « Ni des miens contre moi. » En effet, ce sont des siens que je me sers contre lui, ils ne lui sont pas étrangers, il n'en déclinera ni l'autorité, ni l'application, toujours ils lui seront opposables et opposés avec succès; lui ou ses auteurs ont été parties intéressées dans leur rédaction, dans leur contenu, dans toutes les énonciations qu'ils renferment; lui ou ses auteurs les ont acceptés, signés, et l'énonciation de la contenance des terrains à eux vendus a été pour beaucoup dans leur détermination de les acheter.

Les titres sont d'ailleurs toujours produits, invoqués, appliqués dans toutes les autres instances intéressant la propriété; il n'existe pas de raison pour les rejeter lors du bornage, à moins, bien entendu, que la fausseté ou l'inapplication de ceux qui sont présentés ne soit établie, démontrée par celui à qui ils sont opposés.

Pour combler le déficit de l'un des propriétaires, au moyen de l'excédant de son voisin, j'ai dit que le premier *certat de damno vitando*, et celui-ci *certat de lucro captando*.

« Ce raisonnement serait juste, dit M. Morin, si chaque titre exprimait invariablement, et avec une parfaite exactitude, la mesure du champ; mais on est bien obligé de m'accorder que cette perfection est chimérique, et que les titres peuvent contenir des erreurs plus ou moins considérables (p. 313). »

J'oppose M. Morin à lui-même, les lignes qui précèdent à celles que j'ai transcrites de la page 314 : il ne conteste plus les titres d'une manière absolue, il avoue que mon raisonnement est juste, si les titres sont exacts. Je prends acte de cet aveu, et je réponds : Il ne suffit pas de dire : « Mes titres, que vous m'opposez, *peuvent* être inexacts, les contenances qu'ils énoncent sont *peut-être* erronées, » il faut les contester ou les voir appliquer; si vous les contestez, prouvez-en les inexactitudes ou les erreurs.

Personne n'a jamais prétendu, d'une manière absolüe, que tous les titres fussent exacts; mais lorsqu'il s'agit de les appliquer dans un bornage, il est facile de distinguer ceux qui le sont de ceux qui ne le sont pas.

Aussi tout le monde, moins M. Morin, pense-t-il que la possession actuelle est moins exacte que les titres, qu'elle est surtout un guide moins sûr pour opérer le bornage, et qu'il vaut cent fois mieux suivre les titres comme étant le mode le plus régulier d'établissement de la propriété foncière en France.

Il est bien entendu, bien convenu entre M. Morin et moi, pour n'y plus revenir, que je n'oppose jamais mon titre à un tiers, à un voisin, pour lui nuire, c'est-à-dire pour lui enlever du terrain qu'il doit conserver d'après son titre ou la prescription.

Je me contente de lui opposer son propre contrat.

Serais-je réellement en contradiction avec l'article 1165, en opposant mon titre à mon voisin, pour lui reprendre son excédant de terrain et combler mon déficit?

Serait-ce là nuire à ce voisin en présence de son titre, qui autorise cette reprise?

Je ne le crois pas.

Je ne nuis pas à un voleur en me faisant restituer par lui le linge marqué de mon chiffre, qu'il m'a soustrait frauduleusement.

S'il pouvait arriver que l'une des parties n'eût

pas de titre, et qu'elle fût exposée à se voir enlever tout ou partie de sa propriété par le bornage des propriétés limitrophes; elle devrait répondre à l'action en bornage par une demande en revendication.

M. Morin confond, je le répète, l'action en revendication avec l'action en bornage. Cette confusion fait que nous ne nous entendons pas sur plusieurs points; il applique constamment à celle-ci les règles et les raisonnements particuliers à celle-là. Voici comment elles sont définies et distinguées l'une et l'autre par un auteur recommandable :

« Dans la demande en revendication, loin qu'il s'agisse de fixer des limites, le corps du domaine, ou le fonds revendiqué, est si peu équivoque, que sa contenance et ses confins doivent être précisés dans l'exploit d'ajournement, à peine de nullité. Le demandeur, qui revendique ainsi un objet parfaitement déterminé, avoue, par la nature même de sa demande, la possession du détenteur; il est donc tenu de prouver que cette détention est illégale : le détenteur est réputé propriétaire jusqu'à preuve contraire. Ainsi, c'est au demandeur de détruire cette présomption légale en établissant sa propriété par un titre formel ou par la preuve d'une possession qui en tienne lieu.

« Jusque-là, le défendeur, qui détient, n'a rien

à prouver; il peut se borner à dire : *Possideo quia possideo.*

« Dans l'action *finium regundorum* (le bornage), c'est différent : il s'agit de fonds ou de deux corps de domaines contigus et dont la propriété est reconnue à chacune des parties; la difficulté ne porte que sur l'étendue des héritages respectifs, attendu l'incertitude des limites qu'il s'agit de reconnaître et de fixer. Chacune des parties ne demande qu'à rentrer dans ce qui sera reconnu manquer à la contenance de son héritage par suite de la délimitation : que la propriété de telle ou telle étendue de terrain dépende du bornage, toujours est-il que la contestation ne porte point sur le corps de l'immeuble, les limites seules sont l'objet du litige; il n'y a donc pas de raison pour dispenser l'une des parties de prouver, en rejetant sur l'autre tout le fardeau de la preuve.

« Cette distinction, entre la demande en revendication et l'action en bornage, est attestée par les lois, les auteurs et la jurisprudence. » (*Compétence des juges de paix,* par Curasson, t. II, n° 750.)

Je sais que M. Morin combat cette distinction, qu'il veut la supprimer. Mais entre lui et les raisons qu'il nous donne, d'une part; les lois, les auteurs, la Cour de cassation et ses arrêts motivés, d'autre part, je n'hésite pas....., personne n'hésitera.

J'ai fait voir, dans mon précédent article, l'importance que j'attache à faire autant que possible le bornage des propriétés d'après des titres anciens remontant à trente années au moins. M. Morin en tire la conséquence; il me fait dire que je n'aurais pas égard aux titres de moins de trente ans, et que je jugerais suivant la possession, si des titres anciens ne pouvaient être produits.

M. Morin se trompe encore ici, et il trompe le lecteur en me prêtant cette erreur; il sait que je n'ai pas fait connaître comment je procéderais en cette circonstance : soit donc que l'une des parties ou toutes deux ne présentent que des titres récents, sans pouvoir s'en procurer ou en indiquer d'anciens, je n'en fais pas moins le bornage d'après ceux qu'elles produisent.

La discussion de M. Morin n'est pas plus franche, quand il dit que j'admets la mise en cause des propriétaires de tout un canton.

J'ai dit, au contraire, que les mises en cause ne s'étendaient jamais jusqu'aux extrémités du finage....; que le juge de paix apprécie, par la vue des lieux, jusqu'où ce droit peut s'étendre, et qu'il ferait bonne justice de prétentions exorbitantes à cet égard.

Je ne félicite pas M. Morin des moyens qu'il a employés pour me combattre sur ces deux points.

Lorsque l'énonciation de contenance est précédée ou suivie du mot *environ*, ou d'un équivalent, le titre qui s'exprime ainsi est moins positif que celui qui fixe nettement l'étendue; et au besoin, c'est-à-dire s'il manque du terrain pour parfaire les deux titres, celui-ci sera complété de préférence.

L'énonciation *environ* peut permettre d'évaluer, à un vingtième en plus ou en moins, la contenance portée dans un titre, suivant que l'arpentage fait connaître que l'étendue réelle des terrains à borner excède ou non le total des contenances mentionnées en leurs titres.

Cette manière d'interpréter la clause de contenance approximative s'induit, par analogie, d'une disposition de l'article 1618 du Code Napoléon. Elle est adoptée par M. Troplong.

M. Morin me semble (il sait si je me trompe) n'avoir jamais effectué de bornages sur le terrain.

En le voyant soulever ce nombre infini de difficultés possibles et impossibles sur la matière, je me représente et je crois entendre un enfant curieux et intelligent questionnant son père sur tout ce qu'il voit, ce qu'il entend, ce qu'il ignore.

Jamais, en effet, un juge de paix, un géomètre, un homme d'expérience enfin, ne songera à cette multitude d'objections qui ne sont plus sérieuses pour lui, mais qui sont autant de questions posées par l'homme sans pratique, le théoricien, pour savoir comment et pourquoi on procède de telle et telle manière dans tel et tel cas donné.

Si M. Morin habitait mon canton, nous irions ensemble chaque semaine nous exercer sur le terrain, nous discuterions tous les jours sur le bornage, et avant trois mois, j'en suis convaincu, je l'aurais converti à toutes mes opinions.

Il ne parlerait plus en avocat qui combat un adversaire réel ou imaginaire, qui soutient un intérêt, qui, en un mot, est habitué, par profession, *à ne tenir qu'un plateau de la balance de Thémis.* Il penserait comme le juge de paix, qui est chargé par la loi, et plus encore par sa conscience, de rendre bonne justice à des concitoyens qu'il aime, et auxquels il ne voudrait nuire à aucun prix.

Ce projet ne pouvant se réaliser, j'offre à M. Morin de continuer dès aujourd'hui notre discussion par la correspondance, pour ne pas fatiguer le lecteur de notre polémique devenue trop longue et désormais sans intérêt pour lui.

La lutte terminée, la victoire sera publiée sur les toits.

OBSERVATIONS.

257. Nous avons peu à ajouter à la réponse de M. le juge de paix du canton de Bruyères.

M. Morin, comme on vient de le voir, persiste toujours à soutenir que le bornage doit se faire d'après la possession et non d'après les titres, et que *les titres, sans aucune autorité à l'égard des tiers, ne doivent pas même être produits dans l'instance.*

M. Morin se félicite ensuite des nombreuses adhésions de magistrats et d'hommes de loi qu'il a reçues sur son système; or, nous éprouvons, comme M. le juge de paix du canton de Bruyères, quelque étonnement de ce que le système de M. Morin ait pu seulement être approuvé, car son opinion, dans l'extension qu'il lui donne et lorsqu'il la formule d'une manière aussi absolue, ne nous semble même pas soutenable.

Jusqu'à présent, il nous avait paru que M. Morin ne voulait pas exclure absolument les titres de l'instance en bornage, que seulement il leur préférait la possession; mais, réduite à ces termes, la question perdait presque tout son intérêt.

Si, en effet, M. Morin se bornait à dire qu'en présence de titres se contredisant et d'une possession longue et paisible, il fallait accorder la préférence à la possession, tout le monde serait d'accord avec lui sur ce point; et, quant à nous, nous nous sommes bien souvent étonné de ce qu'il ait écrit tant et tant de pages pour démontrer que des titres, auxquels les tiers ou leurs auteurs n'ont pas participé, ne peuvent leur être régulièrement opposés. Tout le monde est d'accord là-dessus, sauf la force probante que l'on accorde quelquefois aux titres anciens, surtout lorsqu'ils ne sont pas contredits par d'autres titres, et que la possession est équivoque.

Aussi, ni nos honorables collaborateurs, ni nous, n'avons-nous jamais eu l'idée de prétendre que des titres non contradictoires, même anciens, pussent être opposés à la possession, à une possession sérieuse, longue, bien établie; et ce n'est qu'en supposant fort gratuitement que ce système avait été soutenu par quelques auteurs, que M. Morin est parvenu à élever cet échafaudage d'articles, et à nous amener nous-mêmes à discuter son opinion.

Il est temps de ramener la question à sa simplicité. Aujourd'hui, d'ailleurs, notre contradicteur la pose lui-même, comme nous le disions, dans ses termes les plus absolus, puisqu'il ne veut pas que les titres non contradictoires entre les parties soient même produits dans l'instance.

Or ceci, disons-le hautement, est une véritable aberration, car les titres peuvent être un moyen certain de juger, une preuve irrécusable dans bien des espèces; ainsi, les titres du demandeur et ceux du défendeur en bornage peuvent ne pas se contredire; combien de fois n'arrive-t-il pas que la possession, cette possession dans laquelle notre honorable contradicteur a si grande confiance, n'est qu'un moyen d'usurpation du bien d'autrui. On connait l'adresse que mettent certains propriétaires à s'avancer, petit à petit, sur le terrain de leur voisin; c'est, chaque année, chaque mois, un progrès presque imperceptible; c'est un centimètre de terrain qu'on enlève, et, au bout de quelques années, ce seront un, deux, trois sillons.

Mais, si nous ne nous trompons, l'action en bornage, les formalités du bornage n'auraient été établies que pour arrêter cette usurpation insensible de la possession ; et ce serait uniquement sur la possession que pourrait être fondée la preuve en matière de bornage.

Supposons donc qu'après une usurpation longue et graduée, un propriétaire soit parvenu à enlever à son voisin quelques ares, même quelques hectares; le voisin réclame, demande l'action en bornage; d'après le système de M. Morin, le défendeur n'aura qu'une chose à dire : Je possède, j'ai possédé, donc tout m'appartient.

Au contraire, d'après notre système, le juge demandera au voisin ses titres ; il verra, par ces titres, que la propriété du voisin contenait bien autrefois l'étendue de terrain qu'il réclame ; il demandera également au défendeur ses titres; il verra, par les titres du défendeur, que sa propriété était jadis moins étendue qu'elle ne l'est aujourd'hui; il interrogera la possession, il la trouvera équivoque; il constatera bientôt l'usurpation ; la demande sera donc, par conséquent, on ne peut mieux justifiée. Or, le juge aura surtout été amené à le reconnaître par l'examen des titres, et on voudrait qu'il fût forcé de repousser de prime abord les titres, parce qu'ils n'auront pas été contradictoirement faits entre le demandeur et le défendeur, ou entre leurs auteurs, parce qu'ils sont *res inter alios acta!* En vérité, l'on ne comprend pas qu'un pareil système ait pu être soutenu, et il faut que ceux qui y ont adhéré et qui ont félicité M. Morin ne l'aient pas compris et n'en aient pas calculé les conséquences.

Enfin, M. Morin ne s'aperçoit-il pas que, dans son étrange théorie sur la preuve en matière de bornage, il renverse tous les principes du Code Napoléon sur la propriété et sur la possession? Le Code a déterminé dans quel cas et dans quelles conditions la possession peut être une présomption ou une preuve de la propriété, ou même un moyen d'acquérir la propriété; en dehors de ces règles, la possession n'a plus de force, ou du moins elle n'a qu'une force qui peut être détruite par toute espèce de preuves, même par la preuve testimoniale.

Nous savons bien qu'à l'appui du système que nous combattons, on pourrait dire : Celui qui possède, possède, et le fait seul de la possession est une preuve de son droit de propriété, jusqu'à ce qu'une autre preuve vienne la détruire. Or, votre titre que vous m'opposez n'a aucune valeur vis-à-vis de moi, puisqu'il n'a pas été fait avec moi, ou avec mon auteur ou mon vendeur. Soit, s'il en était ainsi. Mais ce n'est pas seulement mon titre que je vous oppose, c'est aussi le vôtre; la quantité de terrain que mon titre m'attribue, le vôtre vous la refuse; et si, à l'appui de cette première présomption si grave, qui s'élève contre vous, je prouve, par d'autres voies, par une enquête, par l'état des lieux comparé à la description des titres, que vous avez pris ce qui était à moi, je ne serais pas écouté! Et le juge n'aura pas même le droit de comparer nos titres communs avec nos prétentions, avec l'état des deux propriétés! Non, nous le répétons, cela n'est pas soutenable, et le législateur a été le premier à autoriser la preuve par les titres en matière de bornage, puisqu'il a voulu que le juge basât sa décision *sur les titres de propriété.*

258. Maintenant, si l'on veut savoir notre opinion tout entière, nous dirons encore, comme nous l'avons déjà exprimé, que le juge ne doit pas trop facilement ajouter foi à des titres et à des mesurages auxquels le demandeur ou le défendeur, ou leurs auteurs, n'ont pas été parties; loin de nous également la pensée d'accorder une trop grande importance à la règle si souvent citée; *In antiquis enuntiativa probant etiam contra alios;* cette règle, en effet, ne doit être appliquée qu'avec la plus grande prudence; et des énonciations de titres ne

devraient pas prévaloir, à notre avis, contre une bonne et solide possession.

Nous répéterons donc encore volontiers que la théorie de M. Morin sur la valeur des titres peut être utile, pourvu qu'on ne la pousse pas, comme lui, jusqu'à ses dernières conséquences. Mais vouloir exclure complétement les titres de la preuve en matière de bornage, empêcher le juge de chercher dans des titres, quelquefois concordants, les moyens d'éclairer sa religion, défendre d'invoquer les titres à l'appui de la preuve testimoniale, interdire surtout au juge de paix de consulter les titres, alors que les parties consentent à être jugées sur les titres, un pareil système ne se soutient pas.

FIN.

ERRATA.

Page 37, ligne 11 : Beline, *lisez* : Belime.
Page 37, ligne 28 : Beline, *lisez* : Belime.
Page 45, ligne 2 : dernier, *lisez :* premier.
Page 201, ligne 28 : des biens, *lisez* : des lieux.

TABLE

ALPHABÉTIQUE ET ANALYTIQUE DES MATIÈRES.

FIN DE LA TABLE.

TYP. HENNUYER, RUE DU BOULEVARD, 7. BATIGNOLLES.
Boulevard extérieur de Paris.

EXTRAIT DU CATALOGUE GÉNÉRAL

DES LIVRES DE JURISPRUDENCE

NOTA. Le Catalogue des livres anciens et d'occasion (300 pages) sera envoyé *franco*, moyennant deux francs de timbres-poste insérés dans la lettre de demande.

ACADÉMIE de Toulouse. — V. Recueil.

ACCARIAS, avocat. Étude historique sur le pacte commissoire et la résolution de la vente pour défaut de payement. 1855, in-8. 3 fr.

AGENDA pour les Receveurs municipaux, suivi de notes complémentaires pour les receveurs spéciaux, et d'une table alphabétique et analytique contenant une instruction sur le timbre; ouvrage utile aux maires, administrateurs d'hospices, secrétaires de communes, receveurs des finances, conseillers de préfecture, etc. 3e édit. 1856, in-8. 8 fr.

AHRENS. Cours de Droit naturel ou Philosophie du droit; suivant l'état actuel de cette science en Allemagne. 4e édition. 1853; 1 vol. grand in-8. 10 fr.

† **ALBIN LE RAT DE MAGNITOT ET HUARD-DELAMARRE**. Dictionnaire de droit public et administratif, 2 vol. gr. in-8. 12 fr.

† **ALLEMAND**, ancien bâtonnier de l'ordre des avocats à la Cour de Riom. Traité du Mariage et de ses effets. 2 forts vol. in-8. 10 fr.

L'auteur s'est occupé de toutes les parties des lois civiles qui avaient trait au mariage et aux droits personnels des époux, et il a traité un grand nombre de questions, les unes précédemment soulevées, d'autres nouvelles, en un mot, toutes celles que pouvait lui suggérer une expérience de quarante-cinq années dans l'exercice très-actif de la plaidoirie et de la consultation.

En examinant ces questions, l'auteur a rappelé le droit ancien, le droit nouveau, les opinions des jurisconsultes, la jurisprudence de tous les temps. Il a même indiqué, par des annotations, la législation des peuples voisins sur les matières importantes qu'il traitait.

† **ANCILLON**. De l'Esprit des constitutions politiques et de son influence sur la législation, trad. de l'allemand, par Mutau, juge à Dijon, 1848, in-8. 3 fr.

† **ANNOTATIONS**, sur chaque article des cinq Codes, de toutes les questions de droit traitées dans le Nouveau Répertoire de Merlin, publiées par un avocat, avec l'approbation de M. Merlin. Paris, 1 vol. in-4. 5 fr.

† **ANTHOINE DE SAINT-JOSEPH**. Concordance entre les Codes de commerce étrangers et le Code de commerce français. 1843-1851, in-4. 30 fr.

— Concordance entre les Lois hypothécaires étrangères et françaises, ouvrage contenant les textes et résumés des lois hypothécaires de *cinquante-trois* pays. 1847. 1 vol. gr. in-8. 12 fr.

ARBOIS DE JUBAINVILLE, archiviste. Recherches sur la Minorité, et ses effets en droit féodal français, etc. 1852, br. in-8. 3 fr.

ARNAUD, juge au tribunal de Marseille. Du Livret d'ouvrier. 1856, in-18. 2 fr.

† **BACQUA**. Législation des Chemins de fer. 1847, in-8. 5 fr.

† **BAUDOT**, ancien conservateur des hypothèques. Traité des Formalités hypothécaires, indiquant les lois y relatives, les obligations qu'elles imposent aux particuliers, les avis du Conseil d'Etat, la jurisprudence de la Cour de cassation et des Cours royales; enfin l'organisation des bureaux d'hypothèques, la manutention et les devoirs des conservateurs. 3e édition, mise au courant de la jurisprudence et de la doctrine, revue et considérablement augmentée, par Ch. Baudot, avocat; 2 vol. in-8. 10 fr.

BAVILLIER (J. de). L'Omnibus du roulage. Loi du 23 mai 1851, suivie du règlement du 10 août 1852. Conditions de la construction d'une diligence, etc. 1857, in-8. 1 fr. 20.

BAYON (A.), conseiller. Observations sur l'interprétation donnée par la jurisprudence de la Cour de cassation à l'art. 11 de la loi du 21 avril 1810, concernant les Mines, les Minières et les Carrières. 1852, in-8. 1 fr. 50

BEAUREPAIRE (de), archiviste. De la vicomté de l'eau de Rouen, et de ses coutumes aux XIIIe et XIVe siècles. 1856, in-8. 7 fr.

— Essai sur l'asile religieux dans l'empire romain et la monarchie française. 1854, in-8. 3 fr.

† **BEAUTEMPS-BEAUPRÉ**, substitut. De la portion de biens disponible et de la réduction. 1856, 2 vol. in-8. 14 fr.

— Covstvmes de Vermandois et cevlx de envyron, publiées d'après le manuscrit inédit des archives du département de l'Aude, 1858, vol. gr. in-8. 5 fr.

— Note sur un manuscrit du grand Covstumier de France, conservé à la bibliothèque de Troyes, 1858, in-8. (Extrait de *La Revue historique*.) 50 c.

† **BÉCANE**. Commentaire sur l'ordonnance de la marine du mois d'août 1681, par VALIN. 1828. 2 vol. in-8. 6 fr.

† — Le même, 1840. 1 vol. in-4. 6 fr.

† — Commentaire sur l'ordonnance de commerce du mois de mars 1673, par JOUSSE; suivi du Traité du contrat de change de DUPUY DE LA SERRA. 1828, in-8. 3 fr.

† — Questions de Droit commercial, suivies des Solutions. 1833. 1 vol. in-8. 5 fr.

BEDARRIDE, avocat. Traité du Dol et de la Fraude en matière civile et commerciale. 1852. 3 vol. in-8. 24 fr.

— Droit commercial, commentaire du Code de commerce. — Titre I. Des commerçants. — Titre II. Des livres de commerce. 1854, in-8. 7 fr. 50.

† — Commentaire du titre III du Code de commerce, *Des Sociétés*. 1856-1857. 2 vol. in-8. 15 fr.

† — Commentaire des lois des 17-23 juillet 1856, sur l'arbitrage forcé et les sociétés en commandite par actions. 1857, in-8. 3 fr.

BELIME. Philosophie du Droit, ou Cours d'introduction à la science du droit. 2ᵉ édit. 1856. 2 vol. in-8. 15 fr.

† **BELLART**. Œuvres, contenant Mémoires et Plaidoyers, 1827-1828. 6 vol. in-8. 12 fr.

BELLOT DES MINIÈRES, avocat. Régime dotal et communauté d'acquêts, sous la forme de commentaire. 1851-1854, 4 vol. in-8. 28 fr.

« Les trois premiers volumes de cet important ouvrage comprennent le régime dotal et la communauté; le quatrième et dernier est consacré tout entier à la société d'acquêts. C'est donc, à tous égards, le travail le plus étendu qui aura été publié sur le régime dotal et la société d'acquêts. M. Bellot des Minières aime le régime dotal; il le défend avec ardeur contre des autorités considérables qui se sont produites dans ces dernières années: son ouvrage sera recherché avec empressement par les légistes des pays où s'agitent les questions de dotalité, c'est-à-dire par ceux de la France presque entière. »

(Armand Dalloz, *Recueil périodique*.)

— Le Contrat de mariage considéré en lui-même, ou Commentaire sur le premier chapitre du Contrat de mariage. 1855, in-8. 8 fr.

† **BENECH**, professeur. Du Droit de Préférence en matière de purge des hypothèques légales dispensées d'inscription et non inscrites. 1853, in-8. 4 fr.

† **BENOID**. Traité et Manuel synthétiques et pratiques des Codes pénal et d'instruction criminelle. 1845, in-8. 2 fr.

† **BENOIT**. Traité de la Dot. 1846, 2 vol. in-8. 10 fr.

† — Traité des Biens paraphernaux. 1846, in-8. 5 fr.

† — Traité du Retrait successoral. 1846, in-8. 5 fr.

† **BENTHAM**. Tactique des Assemblées législatives. 1850, in-18. 3 fr.

BERTAULD (A.), professeur. De l'Hypothèque légale des femmes mariées sur les conquêts de la communauté. Monographie. 1852, in-8. 3 fr.

† — Questions et exceptions préjudicielles en matière répressive, ou compétence du juge criminel sur les questions de droit civil que l'action publique soulève. 1856, in-8. 4 fr.

— Questions controversées sur la loi des 2-31 mai 1854, abolitive de la peine de mort civile, groupées sur chaque article de cette loi, suivies d'études sur le sens de la règle: Le juge de l'action est juge de l'exception, etc. 1857, in-8. 3 fr.

BERTIN, avocat. Chambre du Conseil en matière civile et disciplinaire. Jurisprudence du tribunal civil de la Seine, et introduction de M. de Belleyme. Deuxième édition, revue. 1856, 2 vol. in-8. 16 fr.

Le Code Napoléon et le Code de procédure civile ne contiennent que de rares et très-laconiques dispositions sur la Chambre du conseil. Cependant, la nécessité des choses et l'expérience ont démontré que cette juridiction, trop peu connue des jurisconsultes et même des praticiens, constituait un des rouages importants de notre organisation judiciaire. Aussi la révision du Code de procédure, en 1841, la loi du 30 juin 1838 sur les aliénés, et celle du 3 mai 1841 sur l'expropriation pour utilité publique, sont venues successivement élargir le cercle de ses attributions. En présence des lacunes de la loi, du silence de la doctrine sur une matière aussi importante et aussi pratique, M. Bertin a cru devoir préciser la nature, l'étendue et les limites de la Chambre du conseil. Il a été puissamment aidé dans ses investigations par la jurisprudence du tribunal de la Seine et les nombreux documents que M. le président de Belleyme a mis à sa disposition. M. Bertin, sous forme d'observations, a fait des traités séparés sur chacune des attributions de la Chambre du conseil ; il a placé à la suite de ces observations les monuments de la jurisprudence du tribunal de la Seine.

† **BILLEQUIN** et **CHAUVEAU**. Commentaire du Tarif; nouvelle édition, mise au courant de la jurisprudence. 2 vol. in-8 (*Sous presse*).

BIOCHE. Nouveau Formulaire de procédure civile, commerciale et criminelle, contenant dans l'ordre alphabétique les modèles : 1° de tous les actes de procédure civile, commerciale et criminelle, avec leur tarif; 2° des actes sous seing-privé à l'usage le plus fréquent. 3e édit., 1858, in-8. 8 fr.

Le nom de M. Bioche est bien connu de tous les jurisconsultes et de tous les praticiens. Par ses nombreux ouvrages sur la procédure civile, cette partie de notre droit est devenue d'une intelligence et d'une application plus sûres et plus faciles. La table de 1835 à 1858 qu'il a publiée récemment et que nous avons annoncée, guide le lecteur dans les nombreux volumes du *Journal de procédure* ; et le *Formulaire* que nous avons sous les yeux sera pour les avoués et leurs auxiliaires d'une incontestable utilité. Il économisera leur temps et assurera la régularité de leurs actes. — Jurisprudence de Dalloz, 3e cahier, 1853.

— Dictionnaire de procédure civile et commerciale, 3e édit., 1856, considérablement augmentée, 6 forts volumes in-8, papier collé. 48 fr.

BLANC. (*V*. Lois.)

† **BLONDEAU**, ancien doyen à la Faculté de droit de Paris. Essais sur quelques points de Législation ou de jurisprudence. In-8. 5 fr.

On a placé à la fin de ce volume trois tables destinées à faciliter les recherches dans le Recueil intitulé *Thémis*.

† — Thèses de Droit français et Droit romain (de la Vente), in-8. 2 fr.

† — Esquisse d'un Traité sur les Obligations solidaires, in-8. 2 fr.

† — Chrestomathie, ou Choix de textes pour un cours élémentaire du droit privé des Romains, précédé d'une introduction à l'étude du droit ; édition suivie d'un appendice, par Ch. Giraud, membre de l'Institut, 1843, in-8. 6 fr.

† — et **BONJEAN**, *Institutes de l'empereur Justinien*, traduites en français, avec le texte en regard ; suivies d'un choix de textes juridiques relatifs à l'histoire externe du droit romain et du droit privé antérieur à Justinien. 2 vol. in-8. 8 fr.

† La traduction des *Institutes* se vend séparément. 3 fr.

BOECKINGII (Ed.). Notitia Dignitatum et administr. omnium tam civilium quam militarium in partibus Orientis et Occidentis, etc. *Bonnæ*, 1839-1853, 5 part. en 3 vol. in-8, dont un d'index. 35 fr.

— Corpus juris romani antejustinianei. 1841. 1 vol. in-4. 18 fr.

BOERESCO, avocat. Traité comparatif des délits et des peines. 1857, in-8. 5 fr.

BOISSARD, avocat. Des Substitutions et des Majorats, 1858, in-8. 6 fr.

† **BONJEAN**, sénateur. Traité des actions, ou Exposition historique de l'organisation judiciaire et de la procédure civile chez les Romains, 3e édit. considérablement augmentée. 2 vol. in-8. 12 fr.

La matière des actions a de tout temps excité le zèle des savants. Le traité de M. Bonjean appartient à la science du droit romain *proprement dit* ; il faut donc le séparer avec soin de ces livres qui, sous des apparences plus ou moins romaines, ont la prétention de nous faire connaître une organisation ancienne, qu'ils nous condamnent pourtant à ne considérer qu'à travers le prisme trompeur de nos institutions, de nos idées et de notre langage modernes. M. Bonjean est, à coup sûr, l'un de nos romanistes les plus distingués ; le succès obtenu par ses productions repose sur des qualités que les Français apprécient avant toutes les autres : une exposition claire et méthodique jointe à une érudition sans fatras, et une incontestable rectitude de jugement.

† **BONNIER**, professeur. Traité théorique et pratique des Preuves en droit civil et en droit criminel. 2e édit., revue et consid. augmentée. 1852, in-8. 9 fr.

Cet ouvrage est incontestablement le traité le plus complet, c'est même l'unique monographie moderne sur la matière si importante et si usuelle des preuves. Il a déjà reçu les suffrages des hommes les plus considérables dans la science du droit, et il a été traduit en italien. Des changements, des additions, des améliorations de tout genre, recommandent d'une manière spéciale cette nouvelle édition. Philosophie, histoire, théorie, pratique, rien n'a été négligé. Outre l'introduction et des notions générales, l'ouvrage renferme, dans la 1re partie : la descente sur les lieux et l'expertise ; dans la 2e partie : les divers modes de preuve orale, témoignage, commune renommée, aveu, serment... et les divers modes de preuve écrite, actes authentiques, notariés, de l'état civil, procès-verbaux, actes sous seing privé ; dans la troisième, les présomptions ; dans la quatrième : l'effet rétroactif et le droit international. Toute cette dernière partie manque à la première édition.

BORDEAUX (R.). Philosophie de la procédure civile, Réformation de la justice. (Mémoire couronné par l'Académie des sciences morales et politiques dans sa séance du 25 juin 1853.) 1857, in-8. 8 fr.

— De la législation des cours d'eau dans l'ancien droit français et dans le droit moderne. In-8. 4 fr.

Ouvrage couronné par la Faculté de droit de Caen.

+ **BOUCHER-D'ARGIS.** Code de simple police à l'usage des juges de paix, commissaires de police, maires et adjoints. 1831, in-8. 3 fr.

BOURNE, juge de paix. Transcription hypothécaire, commentaire sur la loi du 23 mars 1855. In-8. 2 fr.

BOUTHORS (Alexandre). Les Proverbes, Dictons et Maximes du droit rural traditionnel. 1858. In-18. 1 fr.

+ **BRAFF**, sous-chef du bureau de l'administration et de la comptabilité des communes au ministère de l'intérieur. Administration financière des communes, recueil méthodique et pratique des lois, décrets, ordonnances, etc., qui régissent cette matière. 1857, 2 vol. in-8. 15 fr.

+ — Des Octrois municipaux. 1857, in-8. 4 fr.

BRESSOLLES, professeur à la Faculté de Droit de Toulouse. Explication de la loi du 21 mai 1858, contenant des modifications au Code de procédure civile en matière de saisie immobilière et d'ordre, 1858, in-8 2 fr.

— Transcription en matière hypothécaire. 2e édit., in-8. 1857. 1 fr. 50.

BRESSON. De la législation des chemins de fer en général (thèse). 1858, gr. in-8°. 3 fr.

+ **BREULIER**, avocat. Du droit de perpétuité de la propriété intellectuelle. Théorie de la propriété des écrivains, des artistes, des inventeurs et des fabricants. 1854, in-8. 3 fr.

+ **BRUN**. Nouveau Manuel des Conseillers de préfecture, ou Répertoire du droit administratif. 2 vol. in-8. 12 fr.

BRUNO, notaire. Législation et Jurisprudence du notariat. Résumé en 100 tableaux synoptiques avec observation sur la pratique et la doctrine : plan d'étude et bibliographie, 1858, grand in-4°. 15 fr.

BURDET, professeur à la faculté de Grenoble. Exposition de la doctrine romaine sur le régime dotal, avec introduction historique. 1858, in-8. 4 fr.

— De l'Influence des anciennes institutions féodales, sur la formation de quelques parties du droit civil et spécialement dans la province du Dauphiné. in-8. 3 fr. 50

CALMELS (Ed.), avocat. De la Propriété et de la contrefaçon des œuvres de l'intelligence, etc. 1856, in-8. 9 fr.

— De la propriété et de la contrefaçon des marques de fabrique, comprenant les noms et raison commerciale, les enseignes et la concurrence déloyale, suivi du texte des lois françaises, de l'analyse des législations étrangères et des traités internationaux. 1858, in-8. 5 fr.

+ **CALMETTE**, chef du cabinet du préfet de l'Hérault. Traité de l'administration temporelle des Congrégations et des Communautés religieuses. In-18. 3 fr. 50.

CAPMAS (Ch.). De la révocation des actes faits par le débiteur en fraude des droits du créancier. 1847. in-8. 2 fr.

CATÉCHISME du droit pénal, par M. J.-L.-B. 1855, in-18. 2 fr.

CAUMONT (A), avocat. Dictionnaire universel du Droit commercial et maritime. 2 vol. grand in-8. 24 fr.

— Institution du crédit sur marchandises ou le commerce du monde d'après les travaux législatifs et les règlements d'adminis tration publique sur les warrants français avec un traité complet méthodique et raisonné sur les courtiers de commerce en général, précédé d'une synthèse alphabétique et analytique. 1859, in-8. 5 fr.

CELLIER (H.), notaire. La philosophie du notariat, ou lettres sur la profession du notaire. 1832. in-8. 3 fr.

+ **CHABROL-CHAMEANE.** Dictionnaire de la Législation usuelle, contenant les notions du droit civil, commercial, criminel et administratif, avec des formules d'actes et de contrats, et le droit d'enregistrement de chacun d'eux ; 4e éd., mise au courant du dernier état de la législation jusqu'en 1858. 2 vol. gr. in-8. 12 fr.

L'auteur s'est proposé, dans cet ouvrage, d'offrir un guide aux personnes de tous les états, de toutes les conditions, auxquelles la connaissance des lois est nécessaire ; et l'on peut dire avec vérité qu'elle est pour tous un besoin indispensable. Au milieu du mouvement d'affaires qui nous entraîne si vite, il n'est personne qui ne soit obligé d'avoir recours aux lois, et de prendre instantanément un parti, soit pour la gestion de sa fortune ou de son industrie, soit pour la défense de ses droits, soit enfin pour apprendre les devoirs qui lui sont imposés envers la société tout entière, etc.

† — Dictionnaire des Lois pénales, contenant le texte des lois pénales ordinaires. 2e édit., corrigée d'après les lois nouvelles sur les brevets d'invention, la chasse et les patentes. 1850, 2 forts vol. in-8. 12 fr.

CHAMBELLAN. Etudes sur l'histoire du Droit français. 1848, in-8° de 840 p. 9 fr.

CHASSAN, ancien avocat général. Traité des délits et contraventions de la parole, de l'écriture et de la presse. 2e édition, augmentée d'un Commentaire des lois sur la presse depuis le 24 février 1848. 1851, 3 vol. in-8. 18 fr.

† — Essai sur la Symbolique du Droit, précédé d'une introduction sur la poésie du droit primitif. 1847, in-8. 5 fr.

Ce livre, quoique conçu dans une pensée toute scientifique, n'est pas étranger à la pratique du droit; l'auteur a conduit ses recherches jusqu'aux usages, aux lois écrites qui gouvernent encore aujourd'hui la France. Sous ce rapport, l'étude des symboles juridiques demeure encore pour nous pleine d'intérêt.

CHAUVOT (H), avocat. Le barreau de Bordeaux de 1775 à 1815. 1856, in-8. 6 fr.

† **CLAMAGERAN**, avocat. Du louage d'industrie, du mandat et de la commission, en droit romain, dans l'ancien droit français et dans le droit actuel. 1857, in-8. 6 fr.

CODE FORMULAIRE.

— De la police du roulage et de la messagerie. In-8. 1 fr. 50
— Du Crédit foncier de France. 1853. Broch. in-8. 1 fr. 50
— De la garde nationale et des sap.-pompiers. In-8. 1 fr. 50
— Des pensions civiles. 1854, in-8. 1 fr. 50
— Des Sociétés de secours mutuels. 1854, in-8. 1 fr. 50
— Du possesseur de chiens et d'animaux domestiques, contenant la loi, le décret et les instructions. 1856, in-8. 1 fr. 50

CODE DE LA GENDARMERIE. Décret du 1er mars 1854. 1854, in-8. 2 fr.

— de l'organisation et des élections municipales. 1855, in-8. 1 fr. 50

— de la Caisse des retraites pour la vieillesse. In-8. 25 c.

— du timbre, de l'administration des communes et établissements de bienfaisance, in-8. 2 fr. 50.

CODIGO civil. Portuguez projecto redigido por Antonio Luiz de Seabra. 1858, Coimbra, fort vol. in-8. 8 fr.

† **COIN-DELISLE**, avocat. Commentaire du titre des Donations et Testaments (Code Napoléon, livre III, titre II). 1855, in-4 imp. sur papier collé. 20 fr.

CORPUS LEGUM, sive Batrylogus Juris civilis ad fidem IV Mss. Edente Boecking, cum epitome medio XII seculo facta; 1829, in-8. 2 fr.

† **CUBAIN**, avocat. Traité de Procédure devant les Cours d'assises. 1851, in-8. 6 fr.

CUSSY (Baron de). Dictionnaire, ou Manuel lexique du diplomate et du consul. 1846. 1 gros vol. in-12. 10 fr.

— Phases et causes célèbres du droit maritime des nations. 1856, 2 vol. in-8. 18 fr.

— Réglements consulaires des principaux États maritimes de l'Europe et de l'Amérique: fonctions et attributions des consuls. 1851, in-8 8 fr.

— et **CH. DE MARTENS.** Recueil manuel pratique de traités, conventions et autres ouvrages diplomatiques, etc., 1846-1857, 7 vol. in-8. 72 fr.

† **DARESTE** (R.), avocat au Conseil d'Etat et à la Cour de cassation. De la propriété en Algérie, commentaire de la loi du 17 juin 1851. 1852, in-12. 2 fr. 50.
— De forma et conditione Siciliæ Provinciæ Romanæ. 1851, in-8. 1 fr. 50.

DE CAQUERAY, prof. à la Fac. de Rennes. Explication des passages de Droit privé contenus dans les œuvres de Cicéron. 1857, 1 fort vol. gr. in-8. 8 fr.

DE FREVILLE, ancien élève de l'Ecole des Chartes. Mémoire sur le commerce maritime de Rouen depuis les temps les plus reculés jusqu'à la fin du XVIe siècle, 1858, 2 vol. in-8. 14 fr.

Le livre de M. Em. de Fréville se divise en deux parties : la première est une histoire du commerce maritime de Rouen et d'une grande partie de la Normandie depuis les époques les plus reculées jusqu'à la fin du XVIe siècle ; la seconde renferme les preuves de l'ouvrage et se compose d'un grand nombre de documents curieux et presque tous inédits, que M. de Fréville avait puisés dans les archives de l'Empire, dans les manuscrits de la bibliothèque impériale, dans les dépôts d'archives de Rouen et de la Seine-Inférieure. Cet ouvrage, fruit de plus de dix années de travail, est un de ceux qui répandent le plus de lumière sur l'histoire si obscure et si importante du commerce pendant le moyen âge. Une table des matières, par ordre alphabétique, rend les recherches faciles et établit la corrélation entre le mémoire et les pièces justificatives.

DEJEAN (O.), juge de paix. — Traité théorique et pratique de l'action redhibitoire dans le commerce des animaux domestiques. 1856, in-12. 3 fr.

DE LA CUISINE. Le Parlement de Bourgogne, depuis son origine jusqu'à sa chute, avec un portrait de Brulard. 1857, 2 beaux vol. in-8. 16 fr.

† **DELALLEAU.** Traités des Servitudes établies pour la défense des places de guerre et de la zone des frontières. 2 édit. 1836, in-8. 6 fr.

DELAPALUD (S.). De l'Application du Cadastre à la détermination de la propriété immobilière et autres droits réels, dans les pays soumis au Code Napoléon; ou Commentaire sur le cadastre décrété à Genève en 1841. 1854, in-8. 6 fr.

DELSOL, docteur en droit. Le Code Napoléon expliqué, d'après les doctrines généralement adoptées à la Faculté de droit de Paris. Tome I, contenant les matières exigées pour le premier examen de baccalauréat (art. 1-710 du Code). 1855, in-8. 7 fr.

— Tome II, contenant les matières exigées pour le deuxième examen de baccalauréat (art. 711 à 1386, 2210 à 2281 du Code). 1855, 1 gros vol. in-8. 8 fr.

— Tome III, contenant les matières exigées pour le deuxième examen de licence (art. 1387 à 2319). 1856, in-8 (Chaque Traité se vend séparément). 7 fr.

DELVINCOURT (Ed). Jurisprudence du conseil d'État en matière de travaux publics. 1852, in-8°. 3 fr.

DE MADRE, notaire à Paris. Formulaire pour Contrats de mariage. 2e édit. in-4. 6 fr.

— Formulaire pour Inventaires. 1852, in-4. 4 fr.

M. Massé indique dans son *Parfait Notaire* qu'il avait été rendu jadis un édit qui ordonnait à tous les notaires de faire les contrats de mariage dans la forme adoptée par les notaires de Paris, et il appelait de ses vœux le moment où la pratique et l'unité de nos nouvelles lois auraient réalisé l'uniformité des formules en cette matière.—C'est sous cette invocation que nous plaçons avec confiance l'excellent formulaire que nous annonçons.

DE MANTE. Exposition raisonnée des principes de l'enregistrement en forme de Commentaire de la loi du 22 frimaire an VII. 1858, 1 fort vol. in-8. 10 fr.

— Études sur la réhabilitation des condamnés pour crimes et pour délits. 1849, broch. in-8. 1 fr. 50

— De la loi et de la jurisprudence en matière de donations déguisées. in-8. 1 fr. 50

† **DEMOLOMBE,** professeur doyen de la Faculté de droit de Caen. Cours de Code Napoléon.

— 1er *livre*. — Traité complet de l'État des Personnes. 8 vol. in-8. 64 fr.

Chaque partie du traité se vend séparément :

1° De la Publication, des Effets et de l'Application des lois en général; — De la Jouissance et de la Privation des droits civils; — Des Actes de l'état civil; — du Domicile (Code Napoléon, art. 1 à 111). In-8. 8 fr.

2° De l'Absence (Code Napoléon, art. 112 à 143). In-8. 8 fr.

3° Du Mariage et de la Séparation de corps (Code Napoléon, art. 144 à 311). 2 vol. in-8. 16 fr.

4° De la Paternité et de la Filiation (Code Nap., art. 312 à 352). In-8. 8 fr.

5° De l'Adoption et de la Tutelle officieuse; — De la Puissance paternelle (Code Napoléon, art. 343 à 387). In-8. 8 fr.

6° De la Minorité, de la Tutelle et de l'Émancipation; de la Majorité, de l'Interdiction et du Conseil judiciaire; — Des individus placés dans un établissement public ou privé d'aliénés (Code Nap., art. 388 à 515). 2 vol. in-8. 16 fr.

— 2e *livre*.—De la Distinction des biens; de la Propriété; de l'Usufruit; de l'Usage et de l'Habitation (t. IX et X). Art. 516-636. 2 vol. in-8. 16 fr.

— Traité des servitudes, ou services fonciers (t. XI et XII). Art. 637 à 710. 1856, 2 vol. in-8. 16 fr.

— Traité des Successions, XIII à XVI (Art. 711-892). 1858. 5 vol. in-8.

Les tomes I, II et III sont en vente. Prix de chaque vol. 8 fr.

L'ouvrage de M. Demolombe est à la fois un livre de science et un livre de pratique; il s'adresse également au Palais, aux étudiants et avocats. Cette double destination, si difficile à remplir, en constitue le caractère particulier, et est devenue pour l'auteur l'occasion de déployer les mérites les plus divers et le plus rarement associés : l'étendue et la sobriété de l'érudition, la sagesse et la vigueur du raisonnement, la gravité et l'éclat du style. C'est là l'hommage qui lui a été rendu par un ancien bâtonnier de l'ordre des avocats de Paris, dans un excellent article de la *Gazette des Tribunaux* : « Toutes les sources du droit, dit-il, sont familières à l'auteur : ancienne législation, anciens jurisconsultes, travaux préparatoires du Code civil, monographies sur toutes les matières qu'il traite : je ne dirai pas qu'il a tout lu, c'est le devoir d'un écrivain consciencieux, mais il a tout approfondi. Il s'est approprié la science des autres en y ajoutant la sienne ; et, plus complet par cela même qu'il vient après eux, plus sûr peut-être dans ses décisions, puisqu'il a pu profiter à la fois de leurs découvertes et de leurs erreurs, il a eu toutefois le bon esprit de ne pas surcharger son ouvrage du vain appareil de l'érudition, de ces citations trop nombreuses, de ces formes surannées du raisonnement et du langage que la science invente, et que la science plus avancée dédaigne... Un mérite qui n'est pas moins grand à nos yeux, et qui est plus rare peut-être dans les ouvrages de ce genre, c'est celui de la forme. M. Demolombe a fait faire un pas à la langue du droit ; il a compris que les sciences, à l'exception de celles qui empruntent un langage algébrique, ne montent au rang qui leur appartient qu'après qu'elles ont reçu une forme littéraire; et que les découvertes mêmes de l'érudition ont besoin d'être fécondées par le génie du style. Il écrit avec clarté, avec précision, avec force, et souvent à la correction de l'écrivain il unit la vivacité de l'improvisateur..... »

Ces qualités, révélées avec tant d'éclat dès le commencement de la publication, ne font que se développer à mesure qu'elle avance. « Lors de l'apparition des deux premiers volumes, M. Laboulaye disait : « Que M. Demolombe continue comme il a commencé, et nous » lui prédisons un grand et légitime succès. » Depuis 1845, M. Demolombe, sans se laisser arrêter par les obstacles, a publié 15 volumes ; et aujourd'hui la prédiction de notre honorable collaborateur est réalisée.

« M. Demolombe n'est point de ces savants de la veille, qui ont hâte de mettre en œuvre leurs récentes conquêtes, et de faire croire à l'étendue de leur érudition par le nombre et le luxe des citations ; dès longtemps il a fait ample provision de science, réuni et préparé ses matériaux. C'est dans ses sources qu'il a étudié la loi ; il connaît et cite toujours à propos les dispositions de la loi romaine, de notre ancien droit français, et tous les documents qui ont servi à la confection du Code civil. Lorsque M. Demolombe s'attaque à un adversaire, il est facile de reconnaître un jouteur exercé, auquel sont familières toutes les ressources de la dialectique. »

+ **DE ROZIÈRE et E. CHATEL.** Table générale et méthodique des Mémoires de l'Académie des Inscriptions et Belles-Lettres, publiée en 1791, par LAVERDY. Nouvelle édition, revue, corrigée et considérablement augmentée, contenant l'indication des Mémoires insérés dans cette collection depuis son origine jusques et y compris 1850. 1 vol. in-4° imprimé sur papier collé propre à recevoir des notes. 1855. 25 fr.

— Formules wisigothiques inédites, publiées d'après un manuscrit de Madrid. 1854, in-8. (V. *Revue Historique*.) 3 fr.

— Formules inédites, publiées d'après un manuscrit de la Bibliothèque de Strasbourg. 1851, in-8. 2 fr.

— Formules inédites, publiées d'après un manuscrit de la Bibliothèque de Saint-Gall. 1853, in-8. 2 fr.

— Cartulaire de l'Église du Saint-Sépulcre de Jérusalem, publié d'après les manuscrits de la Bibliothèque Vaticane. 1849, in-4. 15 fr.

— Formules inédites publiées d'après un mss. de la bibliothèque impériale de Munich. 1858, une feuille in-8. 1 fr.

DESHAIRES (G.). Considérations sur l'administration départementale. 1858, in-8. 1 fr. 50

DESJARDINS. De Tabulis alimentariis. 1854, in-4. 3 planches. 10 fr.

— Académie des inscriptions et belles-lettres; comptes rendus des séances, précédés d'une notice historique sur cette compagnie. Années 1857-1858, 2 vol. in-8. Chaque année se vend séparément. 5 fr.

DESPORTES (F.). Essai historique sur les enfants naturels. 1857, in-8. 2 fr.

DESTRIVAUX. Traité du Droit public. 1851. 8 vol. in-8. 18 fr.

DICTIONNAIRE alphabétique et chronologique de la jurisprudence du royaume de Belgique, de 1814 à 1850, par l'un des rédacteurs de la *Jurisprudence des Cours de Belgique*, 1850. 2 vol. grand in-8. 25 fr.

— De législation, de jurisprudence et de doctrine en matière de mines. 1857, 2 vol. grand in-8. 12 fr.

DUBARRY, secrétaire de préf. Nouveau manuel des gardes champêtres communaux et particuliers, des gardes forestiers de l'État, des communes et des gardes-pêche et rivières, etc. 1855, in-12. 3 fr. 50

— Le Secrétaire de Mairie, ouvrage pratique, etc. 4ᵉ édit., 1855, in-8. 7 fr. 50

— Code de l'instruction primaire et des salles d'asile, ou Recueil complet des lois, décrets et instructions ministérielles, rendus sur ces deux importantes matières depuis 1830. 1856, in-12. 4 fr.

— Transport par la poste des imprimés de toute nature, des échantillons et des papiers d'affaires ou de commerce; la loi du 25 juin 1856 et l'arrêté ministériel du 0 juillet suivant. In-8. 1 fr.

DUBOYS (Alb.), ancien magistrat. Histoire du Droit criminel des peuples anciens, depuis la formation des sociétés jusqu'à l'établissement du Christianisme. 1845, in-8. 7 fr. 50

— Histoire du Droit criminel des peuples modernes, considéré dans ses rapports avec les progrès de la civilisation, depuis la chute de l'empire romain jusqu'au dix-neuvième siècle. 1854, 1858, 2 vol. in-8. 15 fr

NOTA. Le deuxième volume se vend séparément.

Ces ouvrages sont le fruit de recherches et de méditations longues et consciencieuses; ils seront consultés avec avantage par toutes les personnes qui s'occupent de droit pénal et de procédure criminelle, soit en théorie, soit en pratique.

DUFOUR, avocat à la Cour impériale à Rouen. Droit Maritime, commentaire de Titres 1 et 2 du Livre 2 du Code de commerce, 1859, 2 vol. in-8°. 12 fr.

DUFRESNE (L. G. S.). Traité de la séparation des patrimoines. 1842, in-8. 4 fr.

DUFRESNE, greffier en chef du tribunal de Rennes. Traité théorique et pratique sur le tarif des droits et indemnités alloués aux greffiers en chef des Cours impériales et des Tribunaux de première instance. 1858, in-8°. 7 fr.

† **DUPIN**, procureur général. Opuscules de Jurisprudence. 1851, grand in-18. 5 fr.

En réunissant ces divers écrits, dont la plupart étaient épuisés, M. Dupin a rendu un service signalé aux étudiants; ce recueil contient les préliminaires indispensables à l'étude de la science du Droit, ainsi que les règles et devoirs de la profession d'avocat.

DUVERGER, directeur des douanes en retraite. La Douane française, in-8°. 6 fr.

SOMMAIRE DE L'OUVRAGE. — PREMIÈRE PARTIE. — *La Douane dans ses rapports avec le public.* — DEUXIÈME PARTIE. — *Service administratif des Douanes.*

DIVISION DE LA DEUXIÈME PARTIE. — LIVRE I. *Service sédentaire.* — Chapit. I. Employés de bureau. — Chap. II. Receveurs. — Chap. III. Sous-inspecteurs. — Chap. IV. Inspecteur sédentaire. — Chap. V. Inspecteur divisionnaire (1re partie). — LIVRE II. *Service actif.* — Chap. I. Les brigades ou la douane armée. — Chap. II. Service des brigades. — Chap. III. Personnel des brigades. — Chap. IV. Inspecteur divisionnaire (2e partie). — LIVRE III. *Le Directeur.* — LIVRE IV. *L'Administration centrale.* — Chap. I. Aperçu historique. — Chap. II. Réorganisation de l'administration. — Chap. III. L'inspection générale. — LIVRE V. *Améliorations.* — Chap. I. Des retraites. — Chap. II. De l'organisation générale du service sédentaire. — Chap. III. Du choix des chefs. — Chap. IV. De la réorganisation du service actif. — Chap. V. Des récompenses honorifiques. — APPENDICE. De l'organisation militaire des douaniers. Projet d'un décret d'organisation.

ETIENNE, professeur. Institutes de Justinien. Traduites et expliquées. 1847, 2 vol. in-8. 12 fr.

ÉTUDE DE LÉGISLATION PÉNALE COMPARÉE. Code français de 1810, avec les motifs, les discussions au Conseil d'Etat, et les dispositions correspondantes des Codes de 1791 et de l'an IV, Code révisé de 1832, Projet belge de 1833, et observations de M. Haus sur ce projet. Nouveau Code des Pays-Bas. — Nouveaux Codes d'Allemagne. — Codes de Sardaigne et du royaume des Deux-Siciles. 1852, gr. in-8 à 2 colonnes, de 900 pag. 22 fr.

Complément nécess. de la théorie du Code pénal, par MM. Faustin-Hélie et Chauveau.

FABRE. Études historiques sur les clercs de la Bazoche, suivies de pièces justificatives. 1856. 1 vol. in-8, avec figures style gothique (V. MUTEAU). 8 fr.

FERRAUD GIRAUD, conseiller à la Cour impériale à Aix. De la Juridiction française dans les échelles du Levant et de Barbarie, 1858, un fort vol. in-8°. 9 fr.

— Servitudes de voirie (voies de terre), 1855, 2 vol. in-8. 15 fr.

† — Législation des chemins de fer par rapport aux propriétés riveraines. 1855, in-8. 7 fr. 50

— Des dommages occasionnés à la propriété privée par les travaux publics. 1851, in-8. 6 fr.

— Législation française concernant les ouvriers. Exposé théorique et pratique des dispositions législatives et réglementaires. 1856, in-8. 4 fr.

† **FILON**, professeur. Histoire de la Démocratie athénienne. 1854, in-8. 6 fr.

FLOQUET. Histoire du Parlement de Normandie. 1840, 7 vol. in-8. 30 fr.

FOELIX. Des Lettres de change et Billets à ordre d'Angleterre, d'Ecosse et d'Irlande. 1835, br. in-8. 1 fr. 50

FONS (V.) Précis de la loi du 23 mars 1855, sur la Transcription en matière hypothécaire à l'usage des magistrats, 1857, in-18. 1 fr. 25

† **FONTAINE DE RESBECQ** (A. de), sous-chef des bureaux du personnel de l'enseignement supérieur au ministère de l'instruction publique. — Notice sur le doctorat en droit, suivie de la liste nominative des docteurs admis par les diverses Facultés de l'Empire, depuis 1804, avec indication des sujets de thèse de 1830 à 1857. Grand in-8, sur papier collé. 6 fr.

† — Notice sur l'enseignement et les études dans les neuf Facultés de droit de l'Empire. — Guide des étudiants, suivi d'une analyse chronologique des lois, statuts, décrets, règlements et circulaires relatifs à l'enseignement juridique, de 1791 à 1858, in-8°. 1 fr.

FREMY-LIGNEVILLE, avocat. Dictionnaire général des Actes sous seing privé et Conventions verbales en matière civile, commerciale et administrative. 1850, 2 vol. in-8. 14 fr.

Ce Dictionnaire contient, sous chaque mot, les règles du droit et de la jurisprudence concernant les actes et écrits sous seing privé, leur nature, leur forme, leur validité, leur nullité, leurs effets et leur mise à exécution, l'indication du papier timbré à employer, le coût de l'enregistrement de tous les actes et de formules d'actes les plus complètes. On y traite aussi des conventions purement verbales, de leur nature, de leur valeur, de leurs effets et de leurs moyens de preuve. Une division par paragraphes et une table alphabétique à la fin de chaque volume, donnent le moyen de trouver à l'instant la notion dont on a besoin. Cet ouvrage est d'une grande utilité pratique pour tous les hommes de loi, *les avocats, notaires, avoués, agréés, huissiers, agents d'affaires, commerçants*, et tous ceux en général qui s'occupent des affaires.

FROUART, docteur en droit. Conseils aux industriels et aux capitalistes, ou Exposition méthodique et pratique des règles de la société en commandite par actions, 1857, in-8. 3 fr.

† **GABRIEL**. Essai sur la nature des Preuves, édition revue par Solon. 1845, in-8. 5 fr.

GAND. Code des Etrangers, ou État civil et politique, en France, des étrangers de tout rang et de toutes conditions, etc. 1853, in-8. 10 fr.

— Traité général de l'Exprop. pour cause d'utilité publique. 1842, in-8. 7 fr. 50

— Traité de Législation nouvelle du Notariat. 1843, in-8. 6 fr.

— Traité de la police et de la voirie des Chemins de fer, et de la Législation des locomotives qui les desservent. 1846, in-8. 7 fr.

GARDEN (comte de). Histoire générale des Traités de Paix et autres transactions principales entre toutes les puissances, depuis la paix de Westphalie, ouvrage comprenant les travaux de Koch, Schoell, etc. 1848, et suiv. 20 vol. in-8 (15 sont en vente); prix de chaque vol. 7 fr. 50

GAUDRY, ancien bâtonnier. Traité de la Législation des Cultes, et spécialement du culte catholique, ou de l'origine, du développement et de l'état actuel du droit ecclésiastique en France. 3 vol. in-8. 21 fr.

Cet ouvrage est le fruit des travaux et de la longue expérience d'un savant jurisconsulte, qui occupe depuis plus de trente années un rang distingué dans le barreau, et qui a été en même temps conseil de grands établissements civils et ecclésiastiques ; il a donc été appelé à traiter un grand nombre de questions qui se rattachent au Droit ecclésiastique. Son ouvrage est le résultat de ses études et de ses méditations et des discussions auxquelles il a pris part, soit dans les conseils du clergé, soit devant les tribunaux civils, soit dans les recueils périodiques traitant de la législation des cultes et de l'administration temporelle des paroisses; nous le croyons destiné à prendre place dans l'enseignement, et un rang honorable dans la bibliothèque des ecclésiastiques et des jurisconsultes.

GENDEBIEN, avocat à Bruxelles. Législation et jurisprudence des chemins de fer de la Belgique. 1858. in-8. 5 fr.

GENTY, professeur. Traité des Partages d'ascendants, précédé d'une introduction historique sur la matière correspondante, tant dans le droit romain que dans l'ancien droit français. 1849, in-8. 5 fr.

— Traité des Droits d'usufruit, d'usage et d'habitation, d'après le droit romain. 1854, in-8. 6 fr.

GEOFFROY, avocat. Code pratique des Faillites. 1853, in-8. 7 fr. 50

Ce livre n'a d'autre but que d'initier dans les connaissances pratiques les personnes qui ont intérêt aux faillites, soit comme jurisconsultes, soit comme syndics, soit enfin comme créanciers ou débiteurs; pratique et théorique, il est d'une utilité incontestable; les juges de commerce, les syndics y trouveront, selon leurs attributions respectives, une bonne et prompte direction, c'est-à-dire la procédure la plus simple et la moins coûteuse; les commerçants y puiseront aussi les renseignements qu'ils ont besoin de connaître pour suivre eux-mêmes leurs intérêts, dans ces sortes d'affaires; enfin, on y trouve un formulaire contenant des modèles simples et clairs.

GIBELIN (E.). Etudes sur le Droit civil des Hindous; recherches de législation comparée sur les lois de l'Inde, les lois d'Athènes et de Rome, et les coutumes des Germains. 1846-1847, 2 vol. in-8. 14 fr.

† **GILLET**, Analyse chronologique des Circulaires, Instructions et Décisions émanées du Ministère de la Justice, depuis le 12 janvier 1791 jusqu'au 1er janvier 1810, suivie d'une table détaillée des matières. In 8. 5 fr.

† **GILLON** et **DE VILLEPIN**. Nouveau Code des Chasses, contenant: 1° une instruction historique du droit de chasse; 2° la loi fondamentale du 3 mai 1844, et les autres lois, décrets, ordonnances et règlements sur la police de la chasse, 3° les discussions parlementaires qui expliquent les textes; 4° les circulaires des ministres et directeurs généraux qui s'y rapportent; 5° la jurisprudence des Cours et Tribunaux. 1850, in-18. 3 fr. 50

GINOULHIAC, professeur. Revue bibliographique. (*V. Revue*).

+ **GIRAUD**, professeur à la faculté de droit de Paris. Précis de l'ancien Droit coutumier français. 1852, br. in-8. 3 fr. 50
— Rei agrariæ scriptorum reliquiæ nobiliores, ad usum scholarum. 1843, in-8. 20 fr.

GOURAUD (Ch.). Essai sur la Liberté du commerce des nations. Examen de la théorie anglaise du Libre échange. 1853, in-8. 5 fr.
— Histoire de la Politique commerciale de la France, et de son influence sur le progrès de la richesse publique, depuis le moyen âge jusqu'à nos jours. 1854, 2 vol. in-8. 12 fr.
— Histoire des causes de la grandeur de l'Angleterre, depuis les origines jusqu'à la paix de 1765. 1856, in-8. 7 fr.

GRANDVAUX, chef de division à la préfecture du Gers. Code pratique des chemins vicinaux, d'après le nouveau règlement général, augmenté d'un commentaire, de notes, de modèles, avec le texte des lois, décrets, etc., applicables au régime de la voirie vicinale de 1789 à 1856. 1856, 2 vol. in-12. 8 fr.
— Législation des transports par terre et par eau. Recueil annoté des lois, des règlements, etc. 1845, in-8. 6 fr.

GRELLET - DUMAZEAU, conseiller. Le Barreau romain : Recherches et études sur le barreau de Rome depuis son origine jusqu'à Justinien, et principalement au temps de Cicéron ; 2e édition considérablement augmentée, 1858, in-8o. 7 fr.

GRÉTRY. Coup d'œil sur le mécanisme de l'administration départementale. 1855, br. in-8. 1 fr.

+ **GRUN**, archiviste. Les États provinciaux sous Louis XIV. 1853, in-18. 1 fr.
Sous ce titre, l'auteur a étudié l'histoire des États provinciaux dans une de leurs périodes les plus intéressantes, et cette étude, il l'a faite dans les documents authentiques de cette époque, rapports, correspondances des ministres..... On y voit mis en œuvre tous les ressorts d'une administration intelligente, pour venir à bout de certaines résistances impossibles.

GUILBON, juge de paix. Traité de la police du roulage dans ses rapports avec la compétence des tribunaux de simple police ; de la constatation, de la poursuite et de la répression des contraventions, etc. 1857-1858, in-8. 4 fr.

HAENEL. Codices : Gregorianus, Hermogenianus, Theodosianus. 1842-1844. 2 vol. in-4. 40 fr.

+ **HAUTHUILLE** (D'). De la révision du régime hypothécaire. 1843, in-8. 3 fr.

HELLO, conseiller. Du Régime constitutionnel, dans ses rapports avec l'état actuel de la science sociale et politique. 3e édit. 1848, 2 vol. in-8. 12 fr.

+ **HENRION DE PANSEY**, président. Œuvres judiciaires, annotées par une société de jurisconsultes et de magistrats, avec une notice bibliographique par M. Crozet, avocat. 1 fort vol. gr. in-8. 6 fr.
Ce volume renferme son Traité des Justices de Paix, du Pouvoir municipal et de la Police extérieure des communes, des Biens communaux et de la Police rurale, de l'Autorité judiciaire en France et de la Pairie depuis son origine jusqu'à nos jours.
— Séparément : De l'autorité judiciaire en France. 1843, 1 vol. gr. in-8. 3 fr.

HUMBERT, docteur en droit. Des Conséquences des condamnations pénales, relativement à la capacité des personnes en droit romain et en droit français ; Mémoire qui a obtenu le premier prix de doctorat dans le concours de 1845 près la Faculté de droit de Paris, suivi d'un Commentaire de la loi portant abolition de la mort civile, etc. 1855, in-8. 6 fr.
Cet ouvrage contient une analyse développée des lois nouvelles sur la *Déportation* et la *Réhabilitation* ; de plus il est le premier qui ait traité de l'*Abolition de la mort civile* ; la loi rendue sur cette matière en 1854 y est l'objet d'un Commentaire étendu, où sont posées et discutées pour la première fois les questions graves et délicates que soulèvent les art. 3, 5 et 6 de cette loi : livre indispensable aux jurisconsultes qui veulent se tenir au courant des modifications apportées dans ces derniers temps à la législation qui régit la capacité civile des condamnés en matière criminelle ou correctionnelle.

HAUTEFEUILLE, avocat au conseil d'État. Des droits et des devoirs des nations neutres en temps de guerre maritime ; 2e édition entièrement refondue, 1858, 3 vol. in-8o. 22 fr. 50.
— Histoire des origines, des progrès et des variations du droit maritime international, in-8o. 7 fr.

+ **HUTEAU D'ORIGNY**. De l'état civil et des améliorations dont il est susceptible. 1823, in-8. 5 fr.

+ **ISAMBERT**, conseiller. Histoire de Justinien. 1856. 2 vol. in-8. 12 fr.
La 1re partie contient l'introduction, la division de l'Empire, les tableaux sur le

chargement des navires; les mesures itinéraires et de longueur; la livre romaine, les monnaies, la proportion entre les métaux et les substances; traduction des *Anecdota*, et les notes historiques pour les faits antérieurs au règne de Justinien. Avec 3 planches et 2 cartes.

On trouve dans la 2me partie la Chronologie du règne de Justinien, de 527 à 655, avec table alphabétique.

+ **ISAMBERT**, conseiller. Recueil général des anciennes lois françaises depuis l'an 420 jusqu'à la révolution de 1789, contenant la notice des principaux monuments des Mérovingiens, des Carlovingiens et des Capétiens, et le texte des ordonnances, édits, déclarations, lettres patentes, règlements, arrêts du conseil, etc., de la troisième race, qui ne sont pas abrogés ou qui peuvent servir à l'histoire du droit public et privé, avec notes de concordance, table chronologique et table générale analytique et alphabétique des matières. 30 vol. in-8 y compris la table. 80 f.

Il n'est pas d'avocat ni de jurisconsulte qui n'ait à chaque moment besoin de recourir à la législation ancienne, soit pour certaines lois encore en vigueur ou seulement modifiées, soit comme point de comparaison pour juger des progrès de notre législation, soit enfin comme recherches historiques.

Il existe deux ou trois recueils abrégés d'anciennes lois; mais ces ouvrages incomplets, dans lesquels on n'a voulu mettre que les lois les plus usuelles, ont un défaut capital; c'est de ne contenir jamais la loi, l'édit ou l'ordonnance que l'on cherche; telle loi insignifiante pour les uns est d'une grande importance pour d'autres. La collection des lois anciennes que nous annonçons ici renferme *toutes* les lois, ordonnances, décrets, etc., rendus depuis l'origine de notre nation jusqu'en 1789. — L'ouvrage est terminé par une table analytique et alphabétique des matières, véritable répertoire de droit ancien.

N. B. Cet important ouvrage ayant paru par souscription, il reste quelques volumes séparés (quelques-uns même en si petit nombre, que nous sommes obligé de les tenir à un prix plus élevé que les autres. Les personnes qui n'auraient pas complété leur collection sont priées de le faire dans le courant de cette année, l'éditeur ne pouvant s'engager à donner les suites après cette époque.

Liste des volumes qui se vendent séparément.

Années.			Années.		
420 à 1270.	Depuis Pharamond jusqu'à saint Louis. 1 vol.	5 fr.	1483 à 1514.	De Charles VIII à Louis XII. 1 vol.	5 fr.
1270 à 1308.	De saint Louis à Philippe IV 1 vol.	5 fr.	1514 à 1546.	François Ier. 2 vol.	10 fr.
1337 à 1380.	De Jean le Bon à Charles V. 1 vol.	7 fr.	1546 à 1559.	Henri II, 1 vol.	5 fr.
1380 à 1400.	Charles VI. 1 vol.	5	1559 à 1589.	François II, Charles IX, Henri III. 1 vol.	5 fr.
1401 à 1415.	Charles VI. 1 vol.	5	1589 à 1610.	Henri IV. 1 vol.	5
1415 à 1437.	Fin de Charles VI; commencement de Charles VII, 1 vol.	5 fr.	1610 à 1643.	Louis XIII. 1 vol.	5
1437 à 1461.	Fin de Charles VII. 1 vol.	5 fr.	1643 a 1715.	Louis XIV. 6 vol.	30
1461 à 1483.	Louis XI. 1 vol.	5 fr.	1715 à 1774.	Louis XV. 2 vol.	10
			1774 à 1789.	Louis XVI. 6 vol.	30
				Table analytique et alphabétique. 1 volume	10 fr.

JAY (E.), avocat. De la Jouissance des droits civils au profit des étrangers. In-8. 2 fr.
— Législation russe. 1858, grand in-8. 3 fr.

JACOB (de). Science des finances, traduit de l'allemand par Henri JOUFFROY, de Berlin. 1841, 2 vol. in-8. 15 fr.

JEANNEST SAINT-HILAIRE, ancien notaire. Du notariat et des offices. In-8. 5 fr.

Cet ouvrage contient l'histoire du notariat et de la cléricature, ainsi que l'examen approfondi des questions qui intéressent les officiers publics et ministériels, et spécialement les notaires; nous citerons entre autres, la question de la propriété des offices, celles du tarif, des renvois de ventes judiciaires, des actes sous seing privés; de la situation morale du notariat comparé aux notariats étrangers et aux autres classes de la société; des rapports de l'institution avec le pouvoir et avec la magistrature, des devoirs et de la discipline des notaires et des moyens d'amélioration, etc., etc.

JOCCOTON, avocat. Des Actions civiles, envisagées sous le double rapport de la théorie et de la pratique, comme personnelles, réelles et mixtes, in-8°. 7 fr.
— Des exceptions de procédure en matière civile et commerciale. 1858, in-8°. 6 fr.

JOUFFROY (H.). Catéchisme du droit naturel. 1841. In-8. 3 fr.
— Catéchisme d'économie politique. 1841. In-8. 4 fr.
— Constitution d'Angleterre. 1843. In-8. 6 fr.
— Droit Canon. 1843. In-8. 5 fr.

KANT. Eléments métaphysiques de la doctrine du Droit, suivis d'un Essai de paix perpétuelle, trad. par Barni, agrégé. 1854. 1 fort vol. in-8. 8 fr.

Ce nouveau fragment du travail de traduction littérale et d'interprétation critique que M. J. Barni a entrepris sur les Œuvres de Kant atteste une louable persévérance à remplir la tâche qu'il s'est imposée au profit de la science philosophique, grâce au bienveillant appui de l'Académie française. La philosophie n'est que d'hier, disait naguère une voix éloquente. De quel jour date donc la science du Droit naturel, et quand notre société a-t-elle commencé à la prendre pour modèle? L'ouvrage de Kant, dont M. Barni publie la traduction et le commentaire, est contemporain de cette mémorable époque; il en respire l'esprit, il en reproduit les principes, il est la philosophie de ces principes. — Cette traduction, outre l'éternel intérêt d'un tel monument, a donc aussi son à-propos.

A la suite des Eléments métaphysiques de la doctrine du Droit, le traducteur a ajouté les Opuscules de Kant qui ont trait au Droit naturel; de telle sorte que le lecteur a sous les yeux tout l'ensemble des écrits que ce grand penseur nous a laissés sur cette partie de la philosophie. M. Barni rapproche ces opuscules dans une analyse critique très développée (1801), aussi bien que dans sa traduction du grand ouvrage de Kant sur le Droit.

+ **KŒNIGSWARTER.** Sources et monuments du Droit français, antérieurs au XVe siècle, ou Bibliothèque de l'histoire du droit civil français, depuis les premières origines jusqu'à la rédaction officielle des Coutumes. 1853, in-18. 3 fr.

+ — Histoire de l'Organisation de la Famille, en France, depuis les temps les plus reculés jusqu'à nos jours. 1851, in-8. 6 fr.

KUHLMANN. De la Réserve légale en matière de succession. 1846, in-8. 3 fr.

LABÉ, docteur en droit. Dissertation sur les effets de la ratification des actes d'un gérant d'affaires. 1856, in-8. 2 fr.

LABOULAYE, membre de l'Institut. Histoire politique des Etats-Unis, depuis les premiers essais de colonisation jusqu'à l'adoption de la constitution fédérale (1620-1789). — Histoire des colonies (1620-1761). 1855, in-8. (V. *Revue Historique.*) 8 fr.

+ — Histoire de la Procédure civ. chez les Romains, traduit de l'allem. 1841, in-8. 4 fr.

— Essai sur les Lois criminelles des Romains, concernant la Responsabilité des magistrats. 1845, in-8. 8 fr.

+ — Flores Juris antejustinianei. in-32, contenant *Caius*, *Ulpien*, *Fragmenta vaticana*, etc. 1 fr. 50

+ — Justiniani Institutionum libri IV. 1854, in-32. 1 fr. 50

Le texte est celui de la célèbre édition donnée par M. Schrader, et résulte de la comparaison patiente de tous les manuscrits et de toutes les éditions connus : on y joint les variantes principales de l'édition de Cujas.

+ — Juris civilis Promptuarium ad usum prælectionum. 1 gros vol. in-32. 3 fr.

Dans ce volume sont compris les deux ouvrages précédents.

— Etudes contemporaines sur l'Allemagne et les pays slaves (le partage de la Pologne, Georgey et Kossut, les Serbes, leurs poésies, leurs contes, les Albanais, de Savigny, de Rodwitz, Gervinius). 1855, in-12. 3 fr. 50

+ — L'Eglise catholique. 1846, br. in-8. 1 fr.

+ — Glossaire du droit français. 1846, in-12. (V. *Loysel.*) 3 fr.

+ — De la science du droit en Allemagne, précédé d'une notice sur la vie et sur les écrits de M. Warnkœnig, professeur. 1841, br. in-8. 1 fr. 50

+ — Les Tables de Bronze de Malaga et de Salpesa. 1856, br. in-8. 1 fr.

+ — De l'Enseignement et du Noviciat adm. en Allemagne. 1843, br. in-8. 1 fr.

+ — Le Testament de Dasumius. 1845, br. in-8. 1 fr.

+ — Locke, législateur de la Caroline. 1848, br. in-8. 1 fr.

— Études sur la propriété littéraire en France et en Angleterre, suivies des trois discours prononcés au parlement d'Angleterre, par sir E. Moor Talfourd, trad. de l'anglais par Paul Laboulaye. 1858, in-8°. 3 fr.

Nota. Pour paraître prochainement : L'Histoire de la Révolution, 1761-1787. Histoire de la constitution, 1787-1789.

+ — Le grand Coustumier de Charles VI. (*Sous presse.*)

+ **LACAN** et **PAULMIER.** Traité de la Législation et de la Jurisprudence des Théâtres, précédé d'une introduction, et contenant l'analyse raisonnée des droits et obligations des directeurs de théâtres vis-à-vis de l'administration; avec un appendice sur la propriété des ouvrages dramatiques, et la collection des lois, décrets, ordonnances, avis du Conseil d'État, arrêtés et ordonnances de police, concernant les Théâtres. 1853, 2 vol. in-8. 14 fr.

L'utilité d'un nouveau commentaire sur la législation et la jurisprudence des théâtres était depuis longtemps signalée. Les deux seuls ouvrages publiés par MM. Vulpian et Gauthier, par MM. Vivien et Ed. Blanc, datent de vingt-quatre ans. Depuis, la jurisprudence a marché, la législation elle-même a subi d'importantes modifications; il devenait nécessaire de résumer les éléments épars de cette jurisprudence, de mettre en lumière les principes qui en ressortissaient, et de rapprocher ceux qui pouvaient avoir été méconnus. Telle est la tâche que les auteurs ont amplement remplie, en réunissant tous les documents que fournit la jurisprudence.

L'ouvrage est précédé d'une introduction, destinée à placer sous les yeux du lecteur l'histoire des origines du théâtre; les auteurs ont ajouté à cet ouvrage un appendice sur la propriété des œuvres dramatiques; enfin, les lois, décrets et ordonnances concernant les théâtres en général, et en particulier le Théâtre Français, l'Opéra et le Conservatoire, complément nécessaire. En résumé, les auteurs se sont proposé de faire un livre utile et pratique, de présenter l'ensemble de la législation et de la jurisprudence.

LAGEMANS (E.-G.). Recueil des traités et conventions du royaume des Pays-Bas, depuis 1813 jusqu'à nos jours. — La Haye, 1858, in-8°, tome 1er. 13 fr.

LAGRANGE. Manuel de droit romain, ou Explication des Institutes de Justinien, par demandes et réponses. 6e édit. 1857, in-12. 6 fr.

LAURENT, professeur. Histoire du Droit des Gens et des relations internationales; études sur l'Histoire de l'humanité. 1857-58. 5 vol. in-8. 40 fr.
On vend séparément :
Tomes I, II, III. L'Orient, la Grèce, Rome. 24 fr.
Tome IV. Le Christianisme. 8 fr.
Tome V. Les Barbares et le Catholicisme. 8 fr.

† **LAHAYE, WALDECK-ROUSSEAU** et autres. Le Code civil, annoté des lois romaines, des lois, décrets, ordonnances, avis du Conseil d'État, etc., et des opinions des auteurs qui ont écrit sur le Code. 2e édit., 1843, in-4. 12 fr.

† **LAMÉ FLEURY**, ingénieur au Corps impérial des mines. De la législation minérale sous l'ancienne monarchie, ou Recueil méthodique et chronologique des lettres-patentes, édits, ordonnances, déclarations, arrêts du Conseil d'État du Roi, du Parlement et de la Cour des monnaies de Paris, etc., concernant la législation minérale; publié, annoté et mis en ordre sur les mss. originaux. In-8. 5 fr.

Des recherches longues et multipliées aux archives de l'Empire ont permis à M. Lamé Fleury de composer la plus grande partie de son ouvrage de documents entièrement inédits, dont quelques uns sont réellement précieux pour l'histoire générale. On citera seulement ici l'appendice, où l'épisode obscur de la *lacération des registres du Parlement de Paris*, ordonnée par Louis XIV à la suite des troubles de la Fronde, se trouve définitivement fixé dans ses curieux détails.

† — Texte annoté de la loi du 21 avril sur les mines, minières, etc. 1857, in-8. 5 fr.

LAROMBIÈRE (L), président de la Cour impériale de Limoges. Théorie et pratique des obligations ou Commentaire des titres III et IV, livre III du Code Napoléon, art. 1101 à 1386. 1858. 5 vol. in-8. 40 fr.

† **LAYA.** Droit anglais, ou Résumé de la législation anglaise sous la forme de codes. 1845. 2 vol. in-8. 10 fr.

† **LEGAT.** Code des étrangers, ou Traité de la législation française concernant les étrangers. 1832, in-8. 5 fr.

LE GENTIL. Traité historique, théorique et pratique de la Législation des Portions communales ou ménagères, contenant l'édit de 1769, pour les Trois-Évêchés; 1774, pour la Bourgogne; de lettres-patentes de 1777 pour la Flandre; l'arrêt du Conseil de 1779 pour l'Artois; 1854, in-8. 8 fr.
— Dissertations juridiques sur quelques-uns des points les moins éclaircis ou les plus controversés en doctrine ou en jurisprudence. 1857, 2 vol. 15 fr.
Le tome II séparé. 8 fr.
— Étude sur les éliminations de témoins (exclusions, reproches), solution de la question de savoir si les dispositions de l'art. 283 du Code de procédure sont rigoureusement limitatives et impératives ou simplement facultatives et énonciatives; examen de la matière sous les législations juive, grecque, romaine et barbare, etc. 1855, in-8. 2 fr.
— Examen et solution du point de savoir quelle peut être la partie du décret de décentralisation administrative sur les législations des portions communales ou ménagères. 1855, in-8. 1 fr. 50
— Examen et solution de quatre des principales questions soulevées par les législations des portions communales. 1857, in-8. 2 fr.

LEGRAND, avocat. Esquisse d'un Code criminel de l'armée. Compétence, procédure, délits et peines. 1857, in-8. 3 fr.

LEHIR. Traité de la prisée et de la vente aux enchères de meubles et de marchandises, commentaire de la loi sur la vente publique volontaire de fruits et récoltes pendants par racines, etc. 1855, 2 vol. in-8. 12 fr.

† **LEYNADIER, GAUTIER ET AUGIER.** Formulaire complet et raisonné des tribunaux de paix et de simple police, contenant tous les actes que les juges de paix et les greffiers sont appelés à indiquer en matière civile, de police et quelquefois administrative. 1847, in-8. 4 fr.

LELUT, membre de l'Institut. Mémoire sur la déportation, suivi de considérations sur l'emprisonnement cellulaire. 1853, br. in-8. 1 fr. 50

—Lettre à M*** sur l'emprisonnement cellulaire ou individuel. 1855. Broch. in-8 1 fr.

LENORMAND (F.). Des voies de recours. 1857, in-8. 2 fr.

LERMINIER. Histoire des Législations et des Constitutions de la Grèce antique. 1852, 2 vol. in-8. 10 fr.

† **LESUR ET FOUQUIER**. Annuaire historique, avec un appendice contenant les actes publics, traités, notes diplomatiques, tableaux statistiques, financiers, administratifs et judiciaires, documents historiques, officiels et non officiels, et un article *Variétés*, renfermant des chroniques des événements remarquables, des travaux publics, des lettres, des sciences et des arts, et des notices bibliographiques et nécrologiques. 1818 à 1843 compris, 25 gros vol. in-8. 125 fr.

† **LEZARDIÈRE**. Théorie des Lois politiques de la monarchie française. 1844, 4 vol. in-8. 20 fr.

LIEGEARD (Step.). De l'origine, de l'esprit et des cas d'application de la maxime: « Le partage est déclaratif de propriété. » (Mémoire couronné à la Faculté de droit de Dijon, le 15 novembre 1854). 2e édit., 1855, in-8. 3 fr.

LINSTANT (A.). Recueil général des Lois et actes du gouvernement de Haïti, depuis la déclaration de son indépendance jusqu'à nos jours (t. Ier, 1804-1808). 1851, in-8. 15 fr.

† **LOCRÉ**. Législation civile, commerciale et criminelle de la France, ou Commentaire et complément des cinq Codes français. 31 vol. in-8. *Épuisé.*

On vend séparément :

† — Le Code civil, 16 vol. 40 fr.

† — Le Code de procédure, 3 vol. 8 fr.

† **LOIS**, décrets et règlements relatifs à l'administration des Cultes, depuis le 2 décembre 1851 jusqu'au 1er janvier 1854, par MM. Hippolyte Blanc, chef de bureau à l'administration des Cultes, et Adolphe Tardif, docteur en droit, avocat à la Cour impériale, sous-chef au cabinet du ministre de l'instruction publique et des cultes. Paris, in-8 (Voir Calmette et Gaudry). 5 fr.

† **LOYSEL**. Institutes coutumières, ou Manuel de plusieurs et diverses règles, sentences et proverbes, tant anciens que modernes, du droit coutumier et plus ordinaire de la France, avec notes d'Eusèbe de Laurière. Nouvelle édit., revue, corrigée et augmentée, suivie d'un Glossaire du droit français, par MM. Dupin et Laboulaye, membres de l'Institut. 1846, 2 vol. in-12. 8 fr.

MM. Dupin et Laboulaye ont rendu un très-grand service à l'étude et à l'histoire du droit en publiant une nouvelle édition d'un ouvrage devenu très-rare; ils n'ont rien négligé, du reste, pour faire de ce livre un véritable manuel du droit coutumier; de nouvelles notes, des maximes tirées du droit germanique, un glossaire de droit français, disposé non-seulement pour l'intelligence du présent livre, mais du droit coutumier en général, forment le principal travail dû à leurs efforts communs et consciencieux. M. Dupin a donné particulièrement une introduction historique, dans ce style vif et plein de verve qui lui est particulier.

MACHELARD, professeur à la Faculté de droit de Paris. Textes de droit romain expliqués, à l'usage des élèves de la Faculté de droit, 1856, in-8. 4 fr.

— De l'accroissement entre les héritiers testamentaires et colégataires aux diverses époques du droit romain. 1858, in-8. 4 fr.

† **MACKELDEY**, professeur. Manuel du Droit romain, contenant la théorie des Institutes, précédé d'une Introduction à l'étude du Droit Romain, traduit de l'allemand, par Beving. 1852, gr. in-8. 9 fr.

† **MAILHER DE CHASSAT**, ancien magistrat. Traité de la Rétroactivité des lois, ou Commentaire approfondi du Code civil. 1845, 2 vol. in-8. 10 fr.

Cet ouvrage est, sans contredit, le commentaire le plus étendu qui ait été composé sur les art. 1 et 2 du Code Nap. Il n'est aucune des matières auxquelles se rattache la rétroactivité et des nombreuses et délicates questions qu'elle fait naître qui n'y soit examinée et résolue. La jurisprudence y occupe aussi une large place. C'est là un de ces travaux que les personnes qui s'occupent de ces matières doivent nécessairement consulter.

MALLEIN, professeur à la faculté de Grenoble. Considérations sur l'enseignement du droit administratif. 1857, in-8°. 6 fr.

Extrait d'un rapport fait à l'Académie des sciences morales et politiques, par M. Laferrière : « Le livre que M. Mallein, professeur de droit à la faculté de Grenoble, a offert » à l'Académie, est le fruit de longues expériences et de mûres réflexions. Pendant un » professorat de vingt années, M. J. Mallein s'est trouvé trop à l'étroit dans l'obligation » de faire un cours annuel sur des matières d'une grande étendue et d'une grande variété. » En se pénétrant de l'insuffisance *de ce qui est*, il a médité sur *ce qui devait être*, et il » s'est demandé quelles seraient les améliorations nécessaires pour fonder, d'une manière définitive, l'enseignement du droit administratif; le livre des Considérations, né » d'une conviction forte, peut en préparer la solution favorable par la lumière, dont il

» entoure les deux questions principales : le professeur a montré une grande sûreté de » vues en mettant toujours dans son système d'améliorations les études de droit à la » base des études administratives ; et son ouvrage, qui tend à fortifier ainsi le lien entre » l'enseignement supérieur et l'administration des pays, paraîtra sans doute mériter l'es- » time et l'intérêt de l'Académie, juste récompense des travaux inspirés par l'amour et » la conscience du bien public. »

MARTENS (Baron Ch.). Causes célèbres du droit des gens. 2e édit., revue, 1858, 2 vol. in-8°. 12 fr.

MAYNZ, prof. à l'Université de Bruxelles. Eléments du droit romain. 1857. In-8. (Tome 1er.). 9 fr.

(Les Tomes 2 et 3 paraîtront prochainement.)

+ **MARCEL**. Du Régime dotal et de la nécessité d'une réforme. 1842, in-8. 2 fr.

+ **MARNIER**. Conseil de Pierre de Fontaines, ou Traité de l'ancienne jurisprudence française. Nouvelle édit., publiée d'après un manuscrit du XIIIe siècle, appartenant à la bibliothèque de Troyes, avec notes explicatives du texte et des variantes tirées des manuscrits de la Bibliothèque royale. 1846, 1 gros vol. in-8. 6 fr.

Ouvrage indispensable aux personnes qui s'occupent de l'histoire du droit français au moyen âge. En tête de son travail, M. Marnier a placé la Vie de Pierre de Fontaines et quelques notices sur la féodalité des lois romaines, sur les coutumiers au moyen âge, et en particulier sur les mss. du *Conseil*, avec une table des principales abréviations qui s'y rencontrent, travail qui permet d'apprécier la critique de l'auteur dans l'établissement de son texte.

— Anciens Usages inédits d'Anjou, publiés d'après un mss. du XIIIe siècle. 1853, br. in-8. 1 fr. 50

— Ancien coutumier de Bourgogne, 1858, in-8. 2 fr.

MARTENS (Baron Ch. de). Le Guide diplomatique, précis des droits et des fonctions des agents diplomatiques consulaires, etc., accompagné d'une bibliothèque diplomatique choisie, et notes de F. de WEGMANN. 1851. 2 vol. in-8. 16 fr.

— Nouvelles causes célèbres du droit des gens. 1843, 2 vol. in-8. 10 fr.

+ **MASSABIAU**. Manuel du Procureur du roi, ou Résumé des fonctions du ministère public près les tribunaux de première instance. Deuxième édition, 1843-1844, 3 vol. in-8. 12 fr.

MASSOL, professeur à la faculté de Toulouse. De l'Obligation naturelle en droit romain et en droit français. 1858, in-8. 5 fr.

Ce livre de M. Massol révèle tout à la fois de la part de son auteur et une profonde étude des textes du droit romain et un esprit original qui a su faire sortir de cette étude une théorie vraiment nouvelle de l'obligation naturelle en droit romain et en droit français. M. Massol ne s'est pas borné, en effet, à faire du droit romain ; comme les principes de ce droit lui ont paru être ceux de la raison elle-même, il a cru les retrouver dans notre droit actuel, et, suivant en cela l'exemple du plus grand romaniste de notre siècle, il a mis en rapport les deux législations ancienne et moderne. (*Revue bibliographique du droit.*)

MAUROCORDATO, docteur en droit, membre de la commission pour la rédaction d'un code civil en Grèce. Essai historique sur la législation russe depuis les temps les plus reculés jusqu'à nos jours. Athènes, 1858, in-8°. (En grec moderne.) 6 fr.

+ **MEAUME**. Des Droits d'Usage dans les forêts, etc. 1851, 2 vol. in-8. 12 fr.

Plus à même que personne, par sa position, de traiter les nombreuses et difficiles questions qui se rattachent à cette matière, l'auteur a fait un ouvrage qui convient à la fois aux jurisconsultes, aux maires des communes des pays boisés et aux propriétaires de forêts.

MENSH. Manuel pratique du consulat, particulièrement destiné aux consuls de Prusse et autres états formant le Zollwerein. 1846, in-8. 6 fr.

MIROIR ET JOURDAN. Formulaire municipal, contenant l'analyse, par ordre alphabétique, de toutes les matières qui sont du ressort d'une administration municipale. 2e édit. 1844-1846, 6 vol. in-8. 54 fr.

—Répertoire administratif, journal complémentaire du Formulaire municipal : années 1844 à 1858, 13 vol. in-8. 78 fr.

— *Abonnement annuel*. 8 fr.

MOLITOR, professeur. Cours de Droit romain approfondi, avec les rapports entre la législation romaine et la législation française ; *Traité des Obligations*. 1850-1853, 3 vol. in 8. 24 fr.

— Traité de la Possession, de la Revendication. 1851, in-8. 8 fr.

+ **MOLLOT**. De la Compétence des conseils de Prud'hommes. 1842, in-8. 5 fr.

MOREL (A.), professeur. Etude historique sur les Coutumes de Beauvoisis, de Philippe de Beaumanoir. 1851, in-8. 2 fr. 50

— Esquisses du droit international public et privé, 6 tableaux in-folio. 6 fr.

† **MORIN**, avocat à la Cour de cassation. Répertoire général et raisonné du Droit criminel, où sont méthodiquement exposées la législation, la doctrine et la jurisprudence, etc. 1851, 2 vol. gr. in-8. 30 fr.

Cet ouvrage est incontestablement le traité le plus complet qui existe sur la législation criminelle. Il a déjà reçu les suffrages des hommes les plus considérables dans la science du droit, par son explication méthodique, depuis les sources jusqu'aux derniers monuments de la jurisprudence ; travail remarquable par l'érudition, la profondeur des vues, la clarté des déductions, la méthode dans l'exécution. Tel est le jugement qu'en ont porté tous les jurisconsultes qui ont eu à l'apprécier.

M. Nicias Gaillard, premier avocat général à la Cour de cassation, s'exprime ainsi :

« M. Morin est l'un des hommes de notre temps qui se sont le plus occupés de droit criminel... Il connaît fort bien, en particulier, la jurisprudence de la chambre criminelle de la Cour de cassation. On pourrait dire que lui-même concourt à fournir cette jurisprudence, et même doublement : comme avocat, par des discussions toujours préparées avec soin, et dont la confiance publique multiplie pour lui les occasions; comme arrêtiste, par les observations, pleines de justesse, dont il accompagne les décisions qu'il recueille. En 1842, M. Morin a publié un *Dictionnaire du Droit criminel*, ouvrage utile, surtout commode, d'un usage facile dans la pratique des affaires... Le *Répertoire* n'est pas simplement une édition nouvelle, plus ou moins corrigée et augmentée, du *Dictionnaire*. Les deux ouvrages, dit avec raison M. Morin, ne se ressemblent que par le format, qui convient à la plupart des bibliothèques, et par l'ordre alphabétique des matières, mieux classées d'ailleurs dans le dernier. Celui-ci diffère de l'autre, par la rédaction, qui est presque entièrement nouvelle, par la méthode, que je crois meilleure, par l'étendue qui est moindre. »

— De la Discipline des Cours et Tribunaux, du Barreau et des Corporations des officiers publics. 2ᵉ édit., 1847, 2 vol. grand in-8. 15 fr.

MUTEAU. Les clercs à Dijon; note pour servir à l'histoire de la bazoche, 1857, in-8. 2 fr.

NEUMANN, professeur de droit des gens à Vienne. Recueil des traités conclus par l'Autriche avec les puissances étrangères, depuis 1763 jusqu'à nos jours. 4 forts vol. in-8. 44 fr.

NOBLET, avocat. Du Compte courant. 1845, in-8. 9 fr. 50.

NICOLAS, ancien notaire. Manuel du partage des successions. 1855, in-8. 5 fr.

ORLANDO (D.). Un codice di Leggi e diplomi siciliani del medio evo. Palermo, 1857, grand in-8. 9 fr.

† **OUDOT**, professeur à la Faculté de droit de Paris. Conscience et science du devoir, introduction à une explication nouvelle du Code Napoléon. 1856. 2 vol. in-8. 14 fr.

« Cet ouvrage, résumé de vingt-cinq ans d'enseignement, était attendu depuis longtemps par les élèves de M. Oudot. Tous les étudiants qui aspirent à une instruction sérieuse doivent le consulter au début de leurs études. — Les lecteurs des ouvrages de *MM. Cousin, Simon* et autres philosophes modernes seront curieux de comparer avec les opinions, qui ont cours, les théories toutes nouvelles de cette introduction, que doit suivre une explication, toute nouvelle elle-même, du Code Napoléon. »

† **PAIGNON**, avocat à la Cour de cassation. Éloquence et Improvisation, art de la parole oratoire. 3ᵉ tirage 1854, in-8. 6 fr.

Un éminent magistrat a caractérisé en quelques mots les qualités de ce livre. « Cet ouvrage, dit M. Dupin, n'est pas une rhétorique, c'est un livre écrit avec le sentiment et l'amour de l'art. » La première édition avait été publiée en 1846, sous le pseudonyme de Gorgias, l'un des plus célèbres orateurs de l'antiquité, créateur de l'éloquence parlée En se couvrant d'un voile, M. Paignon laissait ainsi à la critique et à l'opinion publique une entière liberté, ou d'assurer le succès de son livre, ou de le laisser dans l'oubli. La critique a fait avec bienveillance à l'auteur le reproche de n'avoir pas hautement avoué son œuvre; il a dû céder et révéler son nom. Les bornes de cet extrait ne permettent pas de faire connaître avec quelle ampleur les traditions de l'éloquence et de l'improvisation ont été reproduites depuis les temps anciens jusqu'à nos jours dans cet ouvrage, divisé en neuf livres, traitant de toutes les parties de l'art oratoire.

PALIERNE DE LA HAUDUSSAIS. Manuel de l'aspirant au Surnumérariat dans l'administration de l'Enregistrement et des domaines, suivi du tarif des droits et amendes d'enregistrement, de timbre, etc., et d'un dictionnaire des termes de droit. 2ᵉ édit., 1852, in-8. 4 fr.

† **PANNIER**. Les Ruines de la coutume de Normandie, ou petit Dictionnaire du Droit normand restant en vigueur pour les droits acquis. 2ᵉ édit., précédée d'une notice bibliographique sur les diverses éditions de la Coutume de Normandie, par Ed. Frère. 1856, in-18. 2 fr. 50

† **PARDESSUS**. Loi salique, ou Recueil contenant les anciennes rédactions de cette loi et le texte connu sous le nom de *Lex emendata*. 1843, in-4. 25 fr.

Ce volume commence par une préface de 80 pages, contenant la description de toutes les éditions et de tous les manuscrits connus de la loi salique; il est composé de huit textes différents, d'après les manuscrits, avec variantes; quarante titres qu'on ne trouve point dans la *Lex emendata*, d'après le manuscrit 4404 de la Bibliothèque Impériale de Paris et le manuscrit 119, in-4, de Leyde; les prologues, l'épilogue et les récapitulations, d'après divers manuscrits; un commentaire composé de 824 notes; 14 dissertations, dont la première sur les diverses rédactions de la loi salique, et les autres sur les points les plus remarquables du droit privé des Francs sous la première race.

Les dissertations comprennent 309 pages, et sont suivies d'une table alphabétique des matières.

— Collection des Lois maritimes antérieures au XVIIIe siècle. 1888-1845; 6 vol. in-4 (épuisé). 200 fr.

+ — Us et coutumes de la mer, ou Collection des usages maritimes des peuples de l'antiquité et du moyen âge (Reproduction des 14 premiers chapitres de la Collection des Lois maritimes). 1847, 2 vol. in-4. 20 fr.

L'ouvrage que nous annonçons aujourd'hui sous le titre d'*Us et Coutumes de la mer* reproduit littéralement les quatorze premiers chapitres de la *Collection des Lois maritimes* antérieures au dix-huitième siècle, 6 vol., 1828, 1831, 1834, 1837, 1839, 1845, imprimés à l'Imprimerie royale, auxquels l'auteur joint les additions concernant ces chapitres, qui sont à la suite du tome VI. C'est un devoir de le déclarer, afin que ceux qui possèdent cette Collection ne soient pas induits à faire une acquisition qui deviendrait un double emploi pour eux. L'auteur s'est décidé à cette publication particulière, dans l'intérêt des personnes qui n'ont point acquis la *Collection des Lois maritimes.*

+ — Essai historique sur l'Organisation judiciaire et l'administration de la justice, depuis Hugues Capet jusqu'à Louis XII. 1851, gr. in-8. 6 fr.

Dans son grand ouvrage sur la loi salique, M. Pardessus avait traité de l'administration de la justice sous les rois des deux premières races; il n'a donc eu qu'à se continuer lui-même, en suivant à travers d'autres siècles la marche des juridictions diverses dont il avait sondé les origines. M. Pardessus conduit cette intéressante histoire jusqu'au règne de Louis XII, époque où s'arrête la collection des ordonnances des rois de France : ce beau travail sert d'introduction au tome XXI de ce grand ouvrage. On ne peut qu'approuver l'idée qu'on a eue de mettre, par une publication séparée, cet ouvrage à la portée du plus grand nombre.

+ — Le même, tiré sur papier de Hollande, format in-8. 10 fr.

+ — Mémoire sur les différents rapports sous lesquels l'âge était considéré dans la législation romaine. 1837, br. in-4. 2 fr.

+ **PELLAT**, doyen de la Faculté de droit de Paris Précis d'un Cours sur l'ensemble du Droit privé des Romains, traduit de l'allemand de Mazeroll. 2e édit. 1852, in-8. 8 fr.

M. Pellat a rendu un vrai service aux jurisconsultes français, en faisant passer dans notre langue l'ouvrage original de M. Mazeroll.

Il a introduit, dans cette deuxième édition de sa traduction française, toutes les additions et tous les changements, et, par suite, toutes les améliorations que l'auteur allemand avait faites à son livre dans quatre éditions successives.

« Grâce aux modifications et aux perfectionnements qui y ont été apportés, l'auteur en a fait un ouvrage tout nouveau. L'ouvrage de M. Mazeroll était très-digne d'être l'objet d'un consciencieux travail de traduction : il est du petit nombre des ouvrages de ce genre qui peuvent, sans trop d'efforts, être entendus, indépendamment de l'explication du professeur. Les doctrines en sont généralement exactes, bien liées, présentées avec netteté et précision, et assez exemptes d'idées métaphysiques et systématiques modernes; le plan simple et régulier; les divisions peu multipliées, faciles à suivre et à retenir, etc... L'ouvrage de M. Mazeroll, si fidèlement reproduit par M. Pellat, se recommande aux élèves en droit. » (*Revue critique de Genève.*)

PELLAULT (H.), docteur en droit. Code des pharmaciens, contenant le texte de toutes les lois, ordonnances, édits, règlements et décrets qui intéressent la profession pharmaceutique, avec un commentaire raisonné de la doctrine et de la jurisprudence. Petit in-8. 6 fr.

PERRECIOT (J.). De l'État civil des Personnes, et de la condition des terres dans les Gaules, dès les temps celtiques jusqu'à la rédaction des Coutumes. Nouv. édit. 1845, 3 vol. in-8. 18 fr.

+ **PÉTIGNY**, membre de l'Institut. Études sur l'histoire, les lois et les institutions de l'époque mérovingienne. 1843-1851, 3 vol. in-8. 18 fr.

La question de l'établissement des Barbares dans les Gaules, à l'examen de laquelle l'auteur a consacré les deux premiers volumes de cet ouvrage, est une des plus intéressantes de notre histoire nationale, surtout lorsqu'on l'expose avec cette étendue et cette profondeur. « M. de Pétigny, disait M. Laboulaye dans un rapport à l'Académie sur cet ouvrage, a consacré de longues années de sa vie à l'étude d'un point capital de notre ancienne histoire. Sur ce point unique, il a accumulé toutes ses études, concentré toute sa science, pour décider enfin, *et en dernier ressort*, une question des plus difficiles et des plus controversées. Son livre est essentiellement une œuvre d'érudition. » C'est à la suite de ce rapport que l'*Académie décerna à l'ouvrage le prix Gobert*. Depuis, l'auteur a publié son troisième volume, contenant les lois et les institutions de l'époque mérovingienne, et surtout la loi salique.

+ **PETIT.** Traité de l'Usure, commentaire de la loi du 3 septembre 1807. 1840, in-8. 4 fr.

+ **PINEL-GRANCHAMP.** Immo Gothofredi, hoc est conciliatio legum in speciem pugnantium, quas in notis ad pandectas juris civilis Gothofredus indicaverat, etc. Nova editio accuratiùs emendata. 3 vol. in-8. 10 fr.

PIOGEY, avocat, secrétaire de la commission nommée par M. le garde des sceaux. Commentaire de la loi du 21 mai 1858 sur la saisie immobilière, l'ordre et la surenchère sur aliénation volontaire, contenant : 1° le rapport à l'Empereur, l'exposé des motifs, le rapport et la discussion du corps législatif; 2° le texte ancien, le projet de la commission, le projet du gouvernement et le texte nouveau *en regard*, avec notes explicatives; 3° les instructions ministérielles; 4° les formules; 5° l'explication, avec tableaux, des lois, ordonnances et décrets relatifs aux droits de greffe et d'enregistrement, et aux émoluments des avoués, greffiers et huissiers. in-8. 5 fr. 50

— Du morcellement du sol en France. 1858, in-8. 3 fr.

— De l'influence des lois de procédure civile sur le crédit foncier en France. 1855, in-8. 5 fr.

PISTOYE (de) et Ch. **DUVERDY,** avocats. Traité des Prises maritimes, dans lequel on a refondu celui de Valin, en l'appropriant à la législation actuelle. 2 vol. in-8. 15 fr.

Cet ouvrage contient un grand nombre de décisions inédites de l'ancien Code des Prises.

POLAIN, conservateur des archives à Liége. Recueil des ordonnances de la principauté de Liége. — 3° série, 1684-1793. Premier volume, contenant les ordonnances du 28 novembre 1684 au 3 mars 1744. 1856, in-folio. 35 fr.

+ **PONCELET,** Cours d'histoire du droit romain. 1843, in-8. 4 fr.

PORT (C.). archiviste. Essai sur l'Histoire maritime de Narbonne, mémoire qui a obtenu une médaille d'or au concours des antiquités. 1854, in-8. 4 fr.

+ **POTHIER.** Pandectæ Justinianeæ, cum legibus Codicis et Novellarum quæ jus Pandectarum confirmant, explicant aut abrogant. 1818, 5 vol. in-4. 25 fr.

POUGET (Louis), avocat. Dictionnaire des assurances terrestres. — Principes. — Doctrine. — Jurisprudence. — Statistique. — Economie de l'assurance. — Concordance des polices françaises avec les polices et les codes étrangers. — Analogie avec les assurances maritimes et fluviales. 1855. 2 vol. grand in-8. 24 fr.

— Des droits et des obligations des divers commissionnaires ou de la commission en matière d'achats et de ventes, opérations de banque, assurance, navigation fluviale et maritime, etc., suivi d'une table alphabétique de la matière et de la jurisprudence. 1858. 4 vol. in-8. 32 fr.

M. Jallon, conseiller à la Cour de cassation, écrivait à M. Louis Pouget le 3 février 1858 « Votre ouvrage sur les droits et obligations des commissionnaires, dont j'ai lu la plus grande partie, m'a complètement satisfait sous le rapport de la science, de la clarté et de la méthode parfaite qu'on y rencontre. *Ce sera un ouvrage pratique pour les gens du metier* et que consulteront avec fruit *tous les jurisconsultes.* »

— Principes de droit maritime, suivant le Code de commerce français; analogie avec les lois ou codes étrangers : abordage, affrètement, assurances, armateur, capitaine, connaissement, consuls, contrat à la grosse, frêt, usages et ventes maritimes, etc., etc., 1858, 2 forts vol. in-8. 16 fr.

— De la prime en matière d'assurances terrestres, ou Manuel de l'agent d'assurances pour le recouvrement des primes en justice. 1858, in-12. 3 fr.

— Transport par eau et par terre, navigation maritime et intérieure, commissionnaires, *messageries, chemins de fer, télégraphie, postes, voitures.* 1859, 2 forts vol. in-8. 16 fr.

— Journal des Assurances. (Voir la page 23 de ce catalogue.)

PRADIÉ (P.). La question religieuse en 1682, 1790, 1802, 1848. Paris, 1849, in-8°. 5 fr.

RAINGUET. Le Notariat considéré dans ses rapports intimes et journaliers avec la morale. Ouvrage précédé d'un coup d'œil rapide sur l'institution notariale, depuis les temps les plus reculés jusqu'à nos jours. 1847, in-8. 4 fr.

RAVEL (A.). De la nature des divisions et de l'établissement des servitudes réelles en droit romain et français. 1857, in-8. 3 fr.

RECITATIONES in IV libros Digestorum, ex lectionibus tam publicis quam privatis *professorum Universitatis Lovaniensis* (edit. neapol.). Neapoli, 1858, gr. in-8. 6 fr.

RECUEIL DE L'ACADÉMIE DE LÉGISLATION DE TOULOUSE. 1851-1859. 8 vol. in-8. 35 fr.

REGNARD, avocat. De l'Organisation judiciaire de la procédure civile en France. 1855, in-8. 8 fr.

REGNARD (N.), docteur en droit. Mémoire sur quelques questions d'enregistrement du plus haut intérêt pour la sucrerie indigène. 1854, gr. in-8. 6 fr.

— Examen du droit des seigneurs hauts-justiciers du Hainaut sur les mines de charbon, avant et depuis la réunion d'une partie de cette province à la France. 1844, in-8. 6 fr.

— Examen du périmètre de la concession de Condé et du Vieux-Condé, d'après l'arrêt du Conseil du 14 octobre 1749 ; suivi d'une Dissertation sur la nature des mainfermes du Hainaut, et d'une Note sur la valeur relative de l'argent et des denrées à diverses époques. 1845, in-8. 6 fr.

— Examen, en ce qui concerne la seigneurie gagère ou du château de Condé, de l'arrêt rendu par la Cour d'appel de Douai, le 16 juillet 1849. 1850, in-8. 6 fr.

† **RÉPERTOIRE DES OUVRAGES DE DROIT**, de Législation et de Jurisprudence en matière civile, administrative, commerciale et criminelle, publiés en France, depuis 1789 jusqu'en janvier 1858, avec une table analytique et raisonnée des matières, précédé d'un tableau de l'enseignement et des études dans les neuf facultés de droit, et d'une analyse chronologique des lois, statuts, décrets, règlements et circulaires relatifs à cet enseignement, de 1791 à décembre 1858. 2 fr.
Livre indispensable à tous ceux qui s'occupent de la partie juridique.

RÉPERTOIRE GÉNÉRAL. La loi civile et la loi de l'Enregistrement comparées, — doctrine et jurisprudence. — Nouveau dictionnaire des droits d'enregistrement, de transcription, de timbre, de greffe, et contraventions dont la répression est confiée à l'administration de l'enregistrement. 1857, 3 forts vol. in-4. 36 fr.
Avec ou sans abonnement au répertoire périodique. 37 fr.

RÉPERTOIRE GÉNÉRAL DE L'ENREGISTREMENT, ou Recueil de toutes les décisions administratives et judiciaires sur l'enregistrement et le timbre : faisant suite au répertoire, in-8. Prix d'abonnement. 7 fr.

† **RESBECQ (A. de)**. Voyez **FONTAINE**.

REVUE HISTORIQUE de droit français et étranger, publiée sous la direction de MM. Ed. Laboulaye, membre de l'Institut, professeur de législation comparée au Collége de France ; E. de Rozière, ancien professeur à l'école des Chartes ; R. Dareste, avocat au Conseil d'État et à la Cour de cassation ; C. Ginoulhiac, chargé du cours d'histoire de droit à la Faculté de Toulouse. Prix, Paris, 10 fr. ; Départements et Étranger. 12 fr.
Cette revue paraît tous les deux mois. 1858, 4e année.

« Il y a trente-cinq ans, une réunion de magistrats, de professeurs et de jurisconsultes fondait la *Thémis*, et donnait à la science du droit le premier organe spécial et périodique qu'elle ait possédé dans notre pays. C'était le moment où la découverte des *Commentaires* de Gaius et la publication des premiers ouvrages de M. Savigny venaient de renouveler l'étude en droit romain. La *Thémis* fut l'interprète fidèle de cette renaissance, et communiqua à la France une partie de l'ardeur scientifique dont l'Allemagne était animée. Plus tard, MM. Fœlix et Wolowski rendirent d'éminents services. Le premier consacra la *Revue Étrangère* aux recherches de législation comparée et nous fit successivement connaître les lois des différents pays de l'Europe ; le second accueillit dans la *Revue de législation* tous les jeunes écrivains, aujourd'hui célèbres, qui voulaient féconder la science du droit par l'étude simultanée de l'histoire, de l'économie politique et de la philosophie. Les circonstances ont interrompu ces deux publications ; mais l'œuvre qu'elles avaient entreprise n'est point achevée. Le mouvement scientifique, parti de l'Allemagne, a traversé la France et se manifeste aujourd'hui en Espagne et en Italie. Il faut un centre commun à ces efforts individuels. Comparer les travaux accomplis dans une contrée avec ceux qui se poursuivent dans une autre contrée, les réunir, les éclairer, les fortifier les uns par les autres, tel est le but que se sont proposé les fondateurs et l'éditeur de la *Revue historique*. »

EXTRAITS DE LA REVUE :

† **ABEL**. Du passé, du présent et de l'av. militaire en France. 1857, in-8 br. 1 fr.
† **ASHER**. Procédure civile des Romains. In-8. 50 c.
† **AUBEPIN**, substitut. Delisle, sa vie et ses ouvrages. In-8. 50 c.
— Molitor, sa vie et ses ouvrages, in-8. 50 c.
— Portalis, avocat au parlement de Provence, in-8. 50 c.

† **BARDOUX**. Légistes au XVIe siècle. In-8, 1856 et 1857. 2 fr.

† **BEAUTEMPS BEAUPRÉ**. Note sur un manuscrit du grand Covstumier de France, conservé à la bibliothèque de Troyes. 1858, in-8. 50 c.

† **BOSCHERON DESPORTES**, président. Règlement administratif et judiciaire des établissements français dans les Indes. In-8. 50 c.

† **DE FRESQUET**, professeur à la Faculté de droit à Aix. De l'origine politique et de l'importance de la distinction du : *Res mancipi et nec mancipi* dans l'ancien droit romain. 1858 1 fr.

† **DE LUCAY**. Des assemblées provinciales sous Louis XVI. 1857, in-8. 1 fr. 50.

† **DUBOYS (Ab.)**. Étude sur le droit primitif des sociétés humaines. In-8. 50 c.

† **LABOULAYE (P.)**. Étude sur le droit de propriété littéraire en Allemagne. In-8. 1 fr.

— Recherches sur la Lex Francorum Chamavorum, trad. de Gaupp. 1855, in-8. 1 fr.

† **LEFÈVRE PORTALIS.** Du pouvoir judiciaire en Angleterre. In-8. 1 fr.

† **LE GENTIL.** Recherches sur le droit coutumier de l'Artois. In-8. 50 c.

† **LEVY-MARIA JORDAO.** Étude historique sur la quotité disponible en Portugal. 1858, in-8. 1 fr.

† **MARMIER**, ancien coutumier de Bourgogne. 1858, in-8. 2 fr.

† **MINIER.** Anciennes coutumes du Poitou. 1856, in-8. 1 fr.

† **REVILLOUT.** Étude sur le colonat. In-8. 2 fr.

† **SCLOPIS.** Montesquieu et Machiavel. In-8. 50 c.

† **SGOUTA**, directeur de la Thémis, à Athènes. Des derniers travaux des jurisconsultes grecs. In-8. 50 c.

† **TRUINET.** Pourquoi Molière n'a pas joué les avocats. In-8. 50 c.

† — Antoine Loisel, 1536-1617. In-8. 1 fr.

RHALLY, président de l'Aréopage, à Athènes. Les Codes grecs : Lois et ordonnances qui les ont modifiés. Constitution, avis, circulaires ministérielles sur le service des tribunaux, code de procédure civile, de commerce, pénal ; lois par ordre alphabétique, et deux tables. 3e édit., 3 vol. in-18, Athènes, 1856 (Texte grec). 20 fr.

Le Code civil, livre 1er, avec une traduction française.

RIBBE (Ch. de), avocat. Pascalis, étude sur la fin de la constitution provençale, 1787-1790. 1855, in-8, avec portrait. 3 fr. 50

« On doit savoir gré à l'auteur de ce livre, dit M. Philarète Chasles, d'avoir exposé avec une netteté d'analyse parfaite, avec une grande connaissance des événements, des causes, des effets et des personnages, les origines de la constitution provençale, ses variations et ses phases, ses sources.....

« Pour se faire une idée juste de la *Provincia Romana*, de sa vie politique, des différences qui séparaient les pays d'états et les pays d'élections, pour comprendre les rôles curieux et complexes joués par Mirabeau et par le fameux abbé Rives en 1789, il faudra toujours consulter cet excellent volume, dont le style est net et ardent, et où la couleur dramatique n'enlève rien à la vérité des caractères et à la précision du détail. Nous ne pouvons trop recommander ce nouveau livre à tous les amateurs de la vérité en histoire. »

(*Journal des Débats*, 5 octobre 1854.)

RIVIÈRE (H.-F.). Examen du régime de la Propriété mobilière en France (Mémoire couronné). 1854, in-8. 5 fr.

RIVIÈRE (A.). Histoire des biens communaux en France, depuis leur origine jusqu'à la fin du XIIIe siècle. In-8. 5 fr.

Ouvrage couronné par l'Institut (Académie des inscriptions et belles-lettres, dans sa séance du 19 août 1853).

ROBERNIER, président. De la preuve du droit de Propriété en fait d'immeubles, nécessité et moyen d'organiser, selon le même principe, l'abonnement invariable et le terrier perpétuel des possessions foncières. 1844, 2 vol. in-8. 12 fr.

— Du cadastre et de la conservation. 1845, in-8. 1 fr.

— Examen critique du nouveau projet de loi sur le cadastre. 1846, in-8. 1 fr.

— Terrier perpétuel de M. Robernier. Critiques et Notes en réponse à cette critique. 1855, in-8. 1 fr.

RODIÈRE (A.), professeur. De la Solidarité et de l'Indivisibilité en matière civile, matière de procédure, matière criminelle. 1852. In-8. 6 fr.

Les théories de la solidarité et de l'indivisibilité sont certainement les théories les plus difficiles du droit, et leur importance pratique ne saurait plus être contestée ; dans les traités ou commentaires généraux des auteurs, on ne trouve, sur ces matières, que des principes vagues et de rares applications. L'ouvrage de M. Rodière est le seul dans lequel la solidarité et l'indivisibilité sont examinées à tous leurs points de vue, pour les matières civile, commerciale et criminelle ; aussi y trouve-t-on une foule de solutions sur des questions délicates, qu'on chercherait vainement ailleurs.

† **ROGRON.** Législation ancienne et moderne, et jurisprudence sur les domaines engagés, et notamment sur la loi de ventôse an VIII. 1820, in-8. 3 fr.

ROQUEMONT (HECQUET DE). V. Wolter.

ROUSILHE, avocat au Parlement. Traité de la Dot, à l'usage du pays de droit écrit et de celui de coutume, mis en corrélation avec le Code Napoléon et la jurisprudence moderne ; avec un aperçu historique et critique sur le régime dotal, par M. SACASE, conseiller. 1856, in-8. 8 fr.

† **RUMPF.** Droits et devoirs des fonctionnaires et employés prussiens. Traduit de l'allemand par Ch. NOEL. 1840, in-8. 4 fr.

SACASE, conseiller. De la Folie, considérée dans ses rapports avec la capacité civile. 1851, in-8 (V. Rousilhe). 4 fr.

† **SAINTESPES-LESCOT.** Des Donations entre-vifs et des Testaments; précédé d'une introduction historique, par M. ISAMBERT. 4 vol. in-8. 28 fr.
Tome I. Des substitutions prohibées, et de la capacité de disposer ou de recevoir. 1849. 7 fr.
Tome II. De la portion disponible et de la réduction. 1849. 7 fr.
Tome III. De la forme des donations entre-vifs et de leur irrévocabilité. 1855. 5 fr.
Tome IV, contenant les règles sur la forme des testaments, des institutions d'héritier et des legs. 1858. In-8. 7 fr.
Chaque volume se vend séparément.

† **SAINT-NEXENT.** De la Réforme du Régime hypothécaire. 1845, in-8. 6 fr.
† — Traité des Faillites et Banqueroutes, d'après la loi du 28 mai 1838. 1844, 3 vol. in-8. 15 fr.

SALVANDY (P. DE). Essai sur l'histoire et la législation particulière des gains de survie entre époux. 1855, in-8. 5 fr.

† **SAULNIER.** Le Barreau du parlement de Bretagne au XVIIIe siècle, 1783-1790. 1856. br. in-8. 1 fr.

† **SCHOELL.** Cours d'histoire des Etats européens, depuis le bouleversement de l'empire d'Occident jusqu'en 1789. 1830-1835. 47 vol. in-8. 100 fr.

SÉANCES ET TRAVAUX de l'Académie des sciences morales et politiques. Compte rendu par M. Ch. VERGÉ, docteur en droit, sous la direction de M. MIGNET, secrétaire perpétuel de l'Académie. 1843-1858 (1re, 2e et 3e séries). 40 vol. in-8. 320 fr.
— 4 vol. par an. Prix de chaque année, séparément. 20 fr.
Abonnement 1859. { Départements. 20 fr.
Étranger. 25 fr.

SERRIGNY, professeur à la Faculté de Dijon. Traité de l'Organisation, de a Compétence et de la Procédure en matière contentieuse administrative, dans leurs rapports avec le droit civil. 2 vol. 1850, in-8. 16 fr.
— Traité du Droit public des Français, précédé d'une introduction sur les fondements des sociétés politiques. 1846, 2 vol. in-8. 12 fr.
— Questions et Traités de Droit administratif. 1853, in-8. 8 fr.

† **SIBILLE.** Jurisprudence et doctrine en matière d'Abordage, ou Commentaire sur les art. 407, 435 et 436 du Code de commerce. 1853, in-8. 6 fr.

SIMONNET (J.), avocat. Histoire et théorie de la Saisine héréditaire, dans les Transmissions de biens par décès. (Monographie couronnée par la Faculté de droit de Paris.) 1851, in-8. 6 fr.

SORBET (S.-P.). Guide des Tribunaux de simple police. 1854, in-8. 4 fr.
— Guide des gardes champêtres : in-12. 50 c.
— Dictionnaire Formulaire des commissaires de police. 1855, in-8. 5 fr.
« Cet ouvrage contient, sous la forme alphabétique, la réunion de tous les faits qui « peuvent se présenter dans un bureau de police ; les peines qui leur sont applicables ; de « nombreuses formules d'actes de nature à faciliter la contestation de chaque cas, et un « résumé succinct de la jurisprudence nouvelle. »
— Code des populations, contenant par ordre alphabétique, l'analyse, le texte même des lois, et suivi des formules d'actes sous seing privé. 1857, in-12. 3 fr.

TABLEAUX DE CONCORDANCE des instructions et circulaires de l'administration de l'enregistrement et des domaines. 4 fr.

† **TAILLANDIER.** Commentaire sur l'ordonnance des conflits (1er juin 1828. In-8. 2 fr.

TAILLEFER (A.). Des Priviléges sur les meubles. 1852, in-8. 2 fr. 50

TARDIF. (*V.* Lois.)

† **TILLARD (L.).** Des Actes dissolutifs de communauté, ou des Actes de partage et de leurs variétés. 1855, in-8. 6 fr.

† **TREBUTIEN,** professeur à la faculté de Caen. Cours élémentaire du Droit criminel; comprenant l'exposé et le commentaire des deux premiers livres du Code pénal, du Code d'instruction criminelle en entier, et des lois et décrets qui sont venus modifier ces Codes, jusques et y compris 1853, notamment les lois du 4 juin 1853, sur la Composition du jury, du 10 juin, sur les pourvois en matière criminelle, et sur les attentats contre la Famille impériale. 1854, 2 vol. in-8. 15 fr.

VALENTIN SMITH, conseiller. De l'origine de la possession annale. In-8. 2 fr.

VATEL, avocat. Code pénal du royaume de Bavière, traduit de l'allemand, avec des explications tirées du Commentaire officiel, et un appendice renfermant : 1° des notes historiques ; 2° la traduction d'appréciations critiques du Code de Bavière, par MM. Rorshirt et Mittermaier ; 3° les prolégomènes du Traité du Droit pénal, par Feurbach, 1852, gr. in-8. 7 fr.

+ VERGÉ, docteur en droit. Diplomates et Publicistes. in-8 contenant : Maurice d'Hauterive, de Gentz, Pinheiro-Ferreira, Ancillon, d'Entraigues, Sieyès, Chateaubriand, Mignet. 1856 (Voir Séances et travaux). 4 fr.

+ VERLET-DUMESNIL, substitut. Police du roulage. Nouveau code théorique et pratique. 1857, in-8. 1 fr. 50.

VIAUD, avocat, docteur en droit. De la puissance maritale, considérée sous les rapports : historique, philosophique et juridique. Précédé d'une Introduction sur les lois de son adoucissement progressif, depuis les lois primitives jusqu'aux législations contemporaines. 1855, in-8. 5 fr.

VIGNERTE (B.). La Justice en Belgique avant 1789. 1855, in-18. 2 fr.

+ VINCENS, conseiller. Des sociétés par actions, des Banques en France. 1837. br. in-8. 1 fr.

+ VOET (J.). Commentarius ad Pandectas ; editio nova multis mendis expurgata cui, præter indicem alphabeticum generalem, nunc primùm accessit tabula, secundum ordinem Codicum Gallicorum disposita curâ et studio D. à Maurice, in curiâ Bisontinâ supremo magistratu. 1829, 4 vol. in-4. 25 fr.

VOYSIN DE GARTEMPE. Tables chronologiques et alphabétiques des Lois d'un intérêt public et général, depuis 1789 jusqu'à 1855. 1855, in-12. 1 fr. 50

VUATINÉ, juge de paix. Code annoté et Guide spécial des tribunaux de simple police. Ouvrage destiné aux juges de paix et leurs suppléants, aux commissaires de police, maires, adjoints, huissiers, greffiers, officiers de police judiciaire, etc. 1857-1858, 2 vol. in-18. 6 fr.

+ VUILLAUME, avocat. Commentaire analytique du Code Napoléon, renfermant les principes généraux du droit, les motifs de chaque article, des solutions motivées des questions auxquelles il donne lieu ; les opinions des auteurs qui les ont traitées et approfondies, et la jurisprudence. 1856. Un fort vol. in-8. 9 fr.

WALKMAR. Parœmia et regulæ juris Romanorum, Germanorum, Franco-Gallorum, Britannorum, etc. Berolini. 1854, in-18. 3 fr.

WALTER. Manuel du Droit ecclésiastique de toutes les Confessions chrétiennes, traduit de l'allemand par M. Hecquet de Roquemont. 1841, gr. in-8. 8 fr.

+ WALTER (Ferd.). Corpus juris Germanici antiqui. 1824, 3 vol. in-8. 25 fr.

+ WESTOBY, avocat. Résumé de la Législation anglaise en matière civile et commerciale, à l'usage des étrangers. 1854, in-8. 6 fr.
— The Wills of British subjects. in-12, cart. 1858. 2 fr. 50
— The Legal Guide for residents in France. 1 vol. in-18, cartonné. 5 fr.

WHEATON (H.). Eléments de droit international. 3e édit. 1852. 2 vol. in-8. 15 fr.
— Histoire des progrès du droit des gens en Europe et en Amérique, depuis la paix de Westphalie jusqu'à nos jours. 1853. 2 vol. in-8. 15 fr.

+ WOLOWSKI. Des fraudes commerciales. 1843, br. in-8. 1 fr.

YMBERT. Observations critiques touchant la force obligatoire des lois. 1858, grand in 8. 1 fr.

+ ZACHARIÆ. Le Droit civil français, traduit de l'allemand sur la 5e édition, annoté et rétabli suivant l'ordre du Code Napoléon, par MM. G. Massé, président et Ch. Vergé, avocat, docteur en droit. 1855-1858, 5 vol. in-8. 37 fr. 50

Le 4e volume vient de paraître, le 5e volume, en novembre prochain.

Aucun ouvrage en France n'a formulé dans une synthèse plus puissante et à la fois plus lucide les principes du Code Napoléon ; personne n'a aussi bien exposé que Zachariæ les règles de notre droit civil et leurs conséquences immédiates. Toutefois il importait de rétablir l'ordre si rationnel du Code Napoléon, sans altérer la pensée de l'auteur. Cette tâche a été savamment et scrupuleusement accomplie par MM. Massé et Vergé, non-seulement pour le texte, mais encore pour les notes considérables qu'ils ont ajoutées à celles de Zachariæ (en les distinguant par les caractères typographiques), afin de compléter son œuvre, et la mettre au courant de la jurisprudence et de la doctrine les plus récentes.

JOURNAUX.

LA CORRESPONDANCE LITTÉRAIRE. — Critique, Beaux-arts, Érudition; 3e année. — Depuis le 1er janvier 1859, deux numéros: le 5 et le 28 de chaque mois.

Abonnement annuel { Pour la France : 12 fr.
Pour l'étranger : le port en plus.

Les deux premières années forment chacune 1 vol. in-4, terminé par une table analytique des matières; prix l'année, 12 fr.

JOURNAL DES ASSURANCES Terrestres, Maritimes, sur la Vie, etc., *Législation, Doctrine, Jurisprudence*; statistique et rapport du progrès des sciences avec les assurances; publié par Louis Pouget, avocat, *auteur de divers ouvrages d'assurances et de droit commercial*; 9e année. Paraissant le 1er de chaque mois, par 3 à 4 feuilles grand in-8.

Abonnement annuel. { Pour la France: 11 fr.
Pour l'Etranger, 15 fr.

JOURNAL DU DROIT CRIMINEL, ou jurisprudence criminelle de la France. Recueil critique des décisions judiciaires et administratives sur les matières criminelles correctionnelles et de simple police, rédigé par M. Morin, avocat à la Cour de cassation.

Abonnement annuel : 10 fr.

RÉPERTOIRE ADMINISTRATIF, journal complémentaire du formulaire municipal; années 1844 à 1858, 23 vol. in-8. 80 fr.

Abonnement annuel. 8 fr.

RÉPERTOIRE GÉNÉRAL DE L'ENREGISTREMENT, ou Recueil de toutes les décisions administratives et judiciaires sur l'enregistrement et le timbre, faisant suite au Répertoire, in-8.

Abonnement annuel. 7 fr.

REVUE BIBLIOGRAPHIQUE et critique du droit français et étranger, par une société de jurisconsultes et de savants, sous la direction de M. Charles Ginouilhac; revue paraissant tous les deux mois par livraison d'une ou deux feuilles, in-8.

Abonnement annuel: { Paris. 3 fr.
Départements et étranger. 4 fr.

REVUE HISTORIQUE du droit français et étranger, publiée sous la direction de MM. Ed. Laboulaye, membre de l'Institut, professeur de législation comparée au collége de France; E. de Rozière, ancien professeur à l'école des Chartes; R. Dareste, avocat au conseil d'État et à la Cour de Cassation; Ch. Ginouilhac, chargé du cours d'histoire de droit à la Faculté de Toulouse. — Années 1855, 1856, 1857. 4 forts vol. in-8.

Abonnement annuel : { Paris. 10 fr.
Départements et étranger. 12 fr.

Cette revue paraît tous les deux mois.

SÉANCES ET TRAVAUX de l'Académie des sciences morales et politiques. Compte rendu par M. Ch. Vergé, docteur en droit, sous la direction de M. Mignet, secrétaire perpétuel de l'Académie. 1843-1853, 1re, 2e, 3e séries, 40 vol. in-8. 320 fr.

Abonnement annuel : { Paris. 20 fr.
Départements. 25 fr.

Chaque année séparément. 20 fr.

PUBLICATIONS ET ACQUISITIONS NOUVELLES.

BOULLENOIS, ancien avocat au Parlement. Traité de la personnalité et de la réalité des lois, coutumes ou statuts, etc., avec l'ouvrage latin de Rodenburg : *de Jure quod oritur è statutorum diversitate*. 1766, 2 vol in-4. 10 fr.

Le même rel. à l'antique. 16 fr.

Il ne reste qu'un petit nombre d'exemplaires de cet excellent ouvrage.

BRAFF, sous-chef du bureau de l'administration et de la comptabilité des communes au ministère de l'intérieur. Administration financière des communes, recueil méthodique et pratique des lois, décrets, ordonnances, etc., qui régissent cette matière. 1857, 2 vol. in-8, 15 fr.

— Des Octrois municipaux. 1857, in-8. 4 fr.

DEMOLOMBE, professeur doyen de la Faculté de droit de Caen. Traité des Successions (Art. 711-892). 1857-1858, 5 vol. in-8. 40 fr.

En vente, tomes Ier, II et III.

+ **ISAMBERT**, conseiller à la Cour de Cassation. Recueil général des anciennes lois françaises depuis l'an 420 jusqu'à la révolution de 1789, contenant la notice des principaux monuments des Mérovingiens, des Carlovingiens et des Capétiens, et le texte des ordonnances, édits, déclarations, lettres patentes, règlements, arrêts du conseil, etc., de la troisième race, qui ne sont pas abrogés ou qui peuvent servir à l'histoire du droit public et privé, avec notes de concordance, table chronologique et table générale analytique et alphabétique des matières. 30 vol. in-8 y compris la table. 80 fr.

Il n'est pas d'avocat ni de jurisconsulte qui n'ait à chaque moment besoin de recourir à la législation ancienne, soit pour certaines lois encore en vigueur ou seulement modifiées, soit comme point de comparaison pour juger des progrès de notre législation, soit enfin comme recherches historiques.

Il existe deux ou trois recueils abrégés d'anciennes lois; mais ces ouvrages incomplets, dans lesquels on n'a voulu mettre que les lois les plus usuelles, ont un défaut capital; c'est de ne contenir jamais la loi, l'édit ou l'ordonnance que l'on cherche; telle loi insignifiante pour les uns est d'une grande importance pour d'autres. La collection des lois anciennes que nous annonçons ici renferme *toutes* les lois, ordonnances, décrets, etc., rendus depuis l'origine de notre nation jusqu'en 1789. — L'ouvrage est terminé par une table analytique et alphabétique des matières, véritable répertoire du droit ancien.

N. B. Les personnes dont la collection n'est pas complète sont prévenues QU'IL NE RESTE QU'UN PETIT NOMBRE DE VOLUMES SÉPARÉS; *on ne peut que les inviter à profiter de l'avantage de pouvoir compléter leurs exemplaires.*

Prix du volume séparé. 5 *fr.*

La table en 2 volumes. 10 *fr.*

LAROMBIÈRE (L.), président de la Cour impériale de Limoges. Théorie et pratique des obligations ou Commentaire des titres III et IV, livre III du Code Napoléon, art. 1101 à 1386, 5 vol. in-8, 1857-1858. 40 fr.

« Domat et Pothier se sont assimilés les principes du droit romain, ce monu- » ment complet de droit naturel, et à leur tour les rédacteurs du Code Napo- » léon ont analysé leurs ouvrages, notamment le *Traité des obligations* de Pothier. » On comprend dès lors combien une pareille matière exerce de séduction sur » l'esprit des jurisconsultes. C'est à un entraînement de cette nature que nous » devons la théorie et pratique des obligations de M. le président Larombière.

» Dans un travail de bénédictin que l'auteur vient d'accomplir, il suit la mé- » thode de M. Troplong, chaque article du Code est l'objet d'une analyse som- » maire qui se formule en propositions, et ces propositions, déduites et précisées, » l'auteur les examine en détail. Nous ne pouvons qu'appeler l'attention des ju- » risconsultes sur la sûreté des doctrines, sur le luxe d'érudition qui distinguent » l'ouvrage de M. le président Larombière. »

SCHOELL. Cours d'histoire des États européens, depuis le bouleversement de l'empire d'Occident jusqu'en 1789. 1830-1835. 47 vol. in-8. 100 fr.

Paris. — Imprimerie de J.-B. Gros et Donnaud, rue Cassette, 9.

OUVRAGES DE M. JAY.

DICTIONNAIRE GÉNÉRAL ET RAISONNÉ DES JUSTICES DE PAIX en matière civile, administrative, de simple police et d'instruction criminelle, au courant de la Législation et de la Jurisprudence. — Quatre forts volumes in-8°. Prix, 28 fr.

FORMULAIRE ET MANUEL DE LA PROCÉDURE DES JUSTICES DE PAIX, en matière civile, de simple police et d'instruction criminelle. DEUXIÈME ÉDITION. — Un très-fort volume in-8°. Prix, 6 fr.

Cet ouvrage contient la matière de trois volumes ordinaires.

TRAITÉ DES SCELLÉS, DES PRISÉES ET DES INVENTAIRES, en matière civile, commerciale et criminelle. DEUXIÈME ÉDITION, revue avec soin, et considérablement augmentée. — Un beau volume in-8°. Prix, 4 fr.

TRAITÉ DES CONSEILS DE FAMILLE. TROISIÈME ÉDITION. — Un volume in-8°. Prix, 4 fr.

BULLETIN DES LOIS DES JUSTICES DE PAIX, recueil chronologique des édits, décrets, arrêtés, lois, ordonnances et circulaires ministérielles, depuis 1563 jusqu'en juin 1852, annotés et expliqués par M. J.-L. JAY. — Deux forts volumes in-8°. Prix, 6 fr.

TRAITÉ DE LA COMPÉTENCE JUDICIAIRE DES JUGES DE PAIX en matière civile et de simple police. — Un fort et beau volume in-8° de plus de 600 pages. Prix, 4 fr.

Cet ouvrage contient toutes les matières qui se rattachent à la compétence si compliquée et si étendue des juges de paix en matière civile et de simple police.

DES PENSIONS CIVILES, d'après la loi du 13 juin 1853, commentée en tant qu'elle se rapporte aux pensions de retraite des juges de paix. — In-18. Prix, 50 c.

ANNALES ET JOURNAL SPÉCIAL DES JUSTICES DE PAIX, paraissant chaque mois, par un cahier de deux à trois feuilles grand in-8°, à deux colonnes, au prix de 9 francs par an. Ce recueil, à partir de 1850, fait suite au RÉPERTOIRE GÉNÉRAL ET RAISONNÉ DES JUSTICES DE PAIX, dont il est le complément. C'est la collection la plus ancienne, et, par suite, la plus complète; les arrêts, à partir de l'an II, sont tous mis au courant de la législation actuelle, au moyen d'annotations et observations souvent fort étendues. — Quatorze volumes grand in-8°. Prix, y compris 1859, 65 fr.

COMMENTAIRE SUR LES VENTES DE MEUBLES ET MARCHANDISES, d'après la loi du 25 juin 1841, sur les attributions des commissaires-priseurs, courtiers, notaires, greffiers et huissiers, comme officiers vendeurs de meubles et de marchandises. — Un volume grand in-8°. Prix, 2 fr. 50 c.

COMMENTAIRE DU TARIF DES COMMISSAIRES-PRISEURS, d'après la loi du 18 juin 1843. — In-18. Prix, 75 c.

TYPOGRAPHIE HENNUYER, RUE DU BOULEVARD, 7. BATIGNOLLES.
Boulevard extérieur de Paris.

www.ingramcontent.com/pod-product-compliance
Ingram Content Group UK Ltd.
Pitfield, Milton Keynes, MK11 3LW, UK
UKHW021924210726
13857UKWH00008B/259

9 782012 925427